Als Deutschland zu Deutschland wurde

Eine Kulturgeschichte des 19. Jahrhundert

Hauke Christen

Als Deutschland
zu Deutschland wurde

Eine Kulturgeschichte
des 19. Jahrhunderts

Bibliografische Information der Deutschen Nationalbibliothek: Die Deutsche Nationalbibliothek verzeichnet diese Publikation in der Deutschen Nationalbibliografie; detaillierte bibliografische Daten sind im Internet über dnb.dnb.de abrufbar.

Verlag: BoD · Books on Demand GmbH, In de Tarpen 42, 22848 Norderstedt, bod@bod.de
Druck: Libri Plureos GmbH, Friedensallee 273, 22763 Hamburg
ISBN: 978-3-7693-0764-1

In Deutschland tut man alles mit Gewissenhaftigkeit,
und in der Tat kann diese Eigenschaft
nirgends entbehrt werden.

Germaine de Staël, 1813

Was verlor Deutschland in seinem Staube? Eben was
der Diamant in dem seinigen: Die dunkle
Schlackenrinde; und dann erschien der Glanz.

Jean Paul, 1814

Meine Herren, arbeiten wir rasch! Setzen wir Deutschland, sozusagen, in den Sattel;
reiten wird es schon können.

Otto von Bismarck, 1867

Welches Bild können wir uns von einer Zeit machen,
wenn wir darin keine Menschen sehen? Wenn wir nur
eine allgemeine Darstellung geben, schaffen wir nur
eine Wüste, die wir dann Geschichte nennen.

Johan Huizinga,
niederländischer Kulturhistoriker, 1919

Inhaltsverzeichnis

1. Einleitung   9

2. Veränderungen in Gesellschaft und Umwelt   21
   a.) Industrielle Revolution   21
   b.) Aufstieg der Naturwissenschaften   32
   c.) Die Stadt   42

3. Aneignung und Vergegenwärtigung der   58
   Vergangenheit
   a.) Hölderlin   58
   b.) Mommsen und die römische Geschichte   67
   c.) Auf der Suche nach Troja   82
   d.) Historismus   93

4. Kunst und Kultur   112
   a.) Die Romantik   112
   b.) Kunstraub in Napoleonischer Zeit   132
   c.) Von Beethoven zu Wagner   144
   d.) Cocooning: Die Kultur des Biedermeier   164
   e.) Die Schriftstellerin Annette von Droste-   173
   Hülshoff als Repräsentantin des Biedermeier
   f.) Ein englischer Garten mitten in der Stadt: 181
   der Hofgarten in Düsseldorf
   g.) In der Welt von Friedrich Nietzsche   190
   h.) Wien, Aufbruch der Kunst in die Moderne   202

5. Auf dem Weg zur staatlichen Einheit   212
    a.) Liberalismus und liberale Ideen   212
    b.) Otto von Bismarck: Familiärer Hintergrund   225
    und politischer Aufstieg bis 1862
    c.) Der Deutsch-Dänische Krieg 1864   236
    d.) Nur ein Mythos? Die 1871 mit der   245
    Ausrufung des Kaiserreichs und Begründung
    des Nationalstaats gewonnene deutsche
    Einheit
    e.) Kaiser Friedrich III: Ein (fast) vergessener   254
    Herrscher
    f.) Der Gründerkrach 1873: Ökonomische Ver-   263
    werfungen im noch jungen deutschen Kaiser-
    reich
    g.) Kulturkampf   272
    h.) Die Kongo-Konferenz 1884/85 in Berlin   287
    und der Wettlauf um Afrika

6. Exkurs   300
    a.) Schwieriges Erbe der Kolonialzeit: 300
    Afrikanische Raubkunst in europäischen
    Museen

7. Nachwort   309

8. Auswahlbibliografie   311

9. Bildnachweis   335

1. Einleitung

Das lange 19. Jahrhundert

Wer vom *„langen 19. Jahrhundert"* spricht, bezieht sich üblicherweise auf den zwischen dem Beginn der Französischen Revolution und dem Ausbruch des Ersten Weltkriegs aufgespannten rund 125 Jahre währenden Zeitrahmen.

Den Begriff geprägt hat der im Oktober 2012 verstorbene britische Sozialhistoriker Eric J. Hobsbawm. Das *„lange 19. Jahrhundert"* ist dabei viel mehr als eine ebenso prägnante wie griffige Formel, sie ist das Ergebnis einer jahrzehntelangen Beschäftigung Hobsbawms mit europäischer Geschichte, die ihren verschriftlichten Ausdruck insbesondere in der von 1962 bis 1987 im englischsprachigen Original erschienenen Trilogie *"The Age of Revolution"*, *"The Age of Capital"* und *"The Age of Empire"* gefunden hat. Ausgangspunkt der Analyse des Autors ist dabei die Feststellung, dass sich zeitgleich eine Doppelrevolution zugetragen habe. Einerseits die zunächst von Forderungen nach breiterer politischer Teilhabe angetriebene revolutionäre Bewegung in Frankreich und zum zweiten die Industrielle Revolution in Großbritannien, deren wirtschaftliche und soziale Auswirkungen die traditionellen gesellschaftlichen Muster ähnlich radikal für die Zukunft verändert haben.

Hobsbawm ist zwar zeitlebens für seine Mitgliedschaft in der Kommunistischen Partei Großbritanniens (CPGB) harsch kritisiert worden, hat deswegen auch so manche berufliche Benachteiligungen erfahren und in Kauf nehmen müssen, doch sein Konzept vom *„langen 19. Jahrhundert"* hat die strengen Grenzen des auf einhundert Jahre festgelegten kalendarischen Korsetts erfolgreich zu sprengen verstanden. Jedenfalls in den Augen einer Vielzahl von Fachleuten, die ihm wie auch eine an historischen Prozessen interessierte breitere Öffentlichkeit darin bereitwillig gefolgt sind. Es ist also zu fragen, welche inneren Zusammenhänge und welche Gemeinsamkeiten - in den Worten Leopold von Rankes die "*leitenden Ideen*" und "*herrschenden Tendenzen*" - die allgemein akzeptierte und dennoch eigenwillige Periodisierung rechtfertigen?

Zunächst bedarf es jedoch der Klärung des geographisch-räumlichen Geltungsbereichs. Es liegt nahe, dass in dem Jahrhundert, das Europa mit einer solchen Bedeutung wie niemals zuvor und danach versah, andere Weltregionen sich zeitgleich auf davon abweichenden Entwicklungsniveaus und Kulturstufen befunden haben, was vollkommen wertfrei zu verstehen ist. Mit Blick auf Afrika hat der mit einer monumentalen Monographie als Universalhistoriker hervorgetretene Jürgen Osterhammel dazu festgestellt, dass für den gesamten Kontinent mit der Ausnahme von Ägypten und Südafrika sowohl die traditionelle chronologische Einteilung wie auch Hobsbawms These vom *„langen 19. Jahrhundert"* irrelevant wären. Das hat nach Einschätzung des Autors von *„Die*

Verwandlung der Welt. Eine Geschichte des 19. Jahrhunderts" vor allem damit zu tun, dass mit der kolonialen Invasion der 1880er Jahre ein Epochenabschnitt eröffnet worden sei, der sich noch bis zum Höhepunkt der Dekolonisation der 1960er Jahre erstreckt habe.

Außerhalb Europas gelangt Hobsbawms These ergo sehr leicht an ihre Grenzen, was eigentlich nicht weiter erstaunt, da ureuropäische Ereignisse ihr Ausgangspunkt sind. Ureuropäische Ereignisse, die in ihrer Kombination zu spezifischen Auswirkungen geführt haben, wie sie auf anderen Kontinenten zeitnah eben einfach **nicht** stattgefunden haben. Mit der einen Ausnahme Nordamerikas versteht sich. Der dort entschieden gegen Bevormundung durch das Königreich Großbritannien gerichtete Siedlerprotest wies selbst genügend revolutionäre Züge auf. Die abgesehen von Sachbeschädigungen gewaltfreie *Boston Tea Party* vom Dezember 1773 bildete den friedfertigen Auftakt, die Ouvertüre zum ungleich blutigeren transatlantischen Geschehen in den Straßen von Paris fünfzehn Jahre später im Juli 1789 mit mehr als 90 Getöteten anlässlich des *Sturms auf die Bastille*.

Nationalstaat, Nation und nationales Denken

Die Ursprünge des Nationalstaats reichen bis weit in die Vergangenheit ins Spätmittelalter zurück. Als frühe Beispiele dafür können fraglos bereits die Königreiche Frankreich, England, Schottland und Portugal gelten. Im Zeitalter des Absolutismus ist schließlich im Unterschied zu vorhergehenden Zeiträumen eine qualitative Veränderung hin zu gesteigerten Aktivitäten und organisatorischen Verbesserungen auf staatlicher Ebene zu beobachten. In seinem Klassiker *"Aufstieg und Fall der großen Mächte"* hat schon Paul Kennedy für das Frankreich des als Sonnenkönig bekannten Ludwig XIV. Monopolisierung und Bürokratisierung der militärischen Macht durch den Staat als zentralen Teil der Nationalstaatsbildung betont. Ob nun durch stehende Armeen, königliche Flotten, eine besser entwickelte Infrastruktur mit Militärakademien, Kasernen, Werften und Verwaltern, die sie leiteten; Macht war jetzt nationale Macht geworden. Auf wirtschaftlichem Gebiet illustrieren die neuartigen der Denkschule des Merkantilismus verpflichteten Ideen einer anzustrebenden aktiven Handelsbilanz durch den Export hochwertiger Güter, denen im Idealfall erheblich geringere Importe gegenüber zu stehen hätten, anschaulich das Ausmaß des Willens zur Veränderung. Wirkungsvoll in Szene gesetzt vom seinerzeitigen Finanzminister Colbert.

Doch von Nationen im modernen Sinne sprechen wir erst seit der Französischen Revolution. Bei der Nationenbildung wirken ganz allgemein Faktoren wie gemeinsame Abstammung, Sprache, Kultur und auch Religion zusammen. Elemente sozialer Gruppenbildung wie Heimatliebe, Mißtrauen gegen Fremde, Überlegenheitsgefühle der eigenen Gruppe treten zumeist - in unterschiedlicher Intensität ausgeprägt - ergänzend hinzu. *"Nationen, so sieht man auf den ersten Blick, sind große mächtige Lebenszusammenhänge, die geschichtlich in langer Entwicklung entstanden und in unausgesetzter Bewegung und Veränderung begriffen sind,"* hat der Ideenhistoriker Friedrich

Meinecke eine wesentliche Erkenntnis dazu auf einen allgemeinen Nenner gebracht.

Während das vorrevolutionäre Frankreich eine Ständegesellschaft mit einem Herrscher von Gottes Gnaden an der Spitze des Staates gewesen ist, wurde durch die Revolution das Volk oberster Souverän. In der Volkssouveränität verkörperte sich demzufolge die Legitimationsidee des Nationalstaats. Eine bekannte politische Flugschrift vom Januar 1789, aus der Anfangszeit des *langen 19. Jahrhunderts*", in der Abbé Sieyès seine berühmt gewordenen Forderungen erhoben hat, verdeutlicht den Gedanken. Auf dem festen Fundament der Philosophie der Aufklärung basierend, wird die gottgegebene ständische Ordnung in *"Qu' est-ce que le tiers état?"* (*"Was ist der Dritte Stand?"*) angezweifelt. Mit Blick auf den die umfangreichen finanziellen Lasten des Staates tragenden Dritten Stand konnte Sieyès fragen: *"Was ist er bisher in der politischen Ordnung gewesen?"*, und ein lapidares *"Nichts!"* anfügen. Anders formuliert: Das durch persönliche Leistungen zu einigem Wohlstand gelangte Stadtbürgertum, sich darin von den qua Geburt ererbten Privilegien des Ersten und Zweiten Standes unterscheidend, hat ein politisches Äquivalent für seine Pflicht und Bereitschaft, Steuern zu zahlen und damit Lasten zugunsten des Gemeinwesens zu übernehmen, verlangt. Was bereits für die Entwicklung der attischen Demokratie der Antike im Griechenland des 6./5. Jahrhundert v. Chr. mitentscheidend war, sollte für das Frankreich des späten 18. Jahrhunderts ähnlich bedeutungsvoll werden.

Wie sah es nun östlich des Rheins aus, nachdem aus der französischen Republik - den ursprünglichen revolutionären Absichten ganz offensichtlich widersprechend - das Kaiserreich Napoleons I. hervorgegangen war? Weil der Habsburger Franz II. am 6. August 1806 auf die Kaiserkrone verzichtet hatte, war das Heilige Römische Reich deutscher Nation nach vielen Jahrhunderten Fortdauer und Bestehen an sein unwiderrufliches Ende gelangt. Der im selben Jahr gegründete Rheinbund und ein nach Jena und Auerstedt gezwungenermaßen nur noch rudimentäres Preußen bildeten augenfällig keine angemessene staatliche Ersatzexistenz. In diesem folgenreichen Ergebnis hatten sich die nur locker verbundenen und fragmentierten deutschsprachigen Einzelstaaten gegenüber dem zentralisierten französischen Nationalstaat als nicht durchsetzungsfähig genug erwiesen. Allmählich brach sich jedoch jenseits eifersüchtig gehüteter Partikularinteressen nationales Denken Bahn. Der Philosoph Johann Gottlieb Fichte veröffentlichte 1808 seine *"Reden an die deutsche Nation"*, zwei Jahre darauf erschien *"Deutsches Volkstum"* vom als Turnvater bekannten Friedrich Ludwig Jahn. Mit der größten Emphase ging wohl der evangelische Theologe Ernst Moritz Arndt zu Werke. Sein Patriotismus äußerte sich offen revanchistisch und nach Rache und Befreiung, wie Arndt schrieb, wollte er unter grünen Eichen auf dem Altar des Vaterlandes dem schützenden Gotte die fröhlichen Opfer dargebracht wissen.

Als die klassischen Texte des deutschen Nationalismus entstanden, war das alte Reich nur noch Erinnerung und nicht mehr existent. Der Historiker Heinrich August Winkler hat das Wirken von Arndt, Fichte, Jahn und Publizisten ähnlicher Gesinnung dahin gehend gedeutet, dass sie in ihren phantasievollen Vorstellungen ein neues Reich des deutschen Volkes zu begründen erstrebten. In Anlehnung an die Weltreichsträume der hochmittelalterlichen Stauferzeit sei es, um den ehrgeizigen Vergleich mit der glorreichen Vergangenheit zu bestehen, zu einer Art von Heiligung des nationalen Gedankens, einer Mission, einem Sendungsbewusstsein gekommen. Die Tristesse der eigenen Gegenwart wurde in hoffnungsvollen Zukunftsentwürfen kompensiert.

Die Realisierung des nationalstaatlichen Prinzips ist de facto zu einer der leitenden Ideen des 19. Jahrhunderts in Europa geworden. Griechenland erkämpfte nach zähem Ringen mit äußerer Unterstützung seine Unabhängigkeit vom Osmanischen Reich. Die Souveränität wurde schließlich im Londoner Protokoll vom 3. Februar 1830 bestätigt. In demselben Jahr proklamierte auch Belgien seine Unabhängigkeit. Drei Jahrzehnte darauf ist am 17. März 1861 in Turin Viktor Emanuel II. zum König Italiens ausgerufen worden. Bis zur Gründung des Deutschen Kaiserreichs sollten weitere zehn Jahre vergehen. Die in Osteuropa nach dem Ersten Weltkrieg aus den Trümmern der zaristischen, habsburgischen und osmanischen Monarchien schließlich entstehende Nationalstaats-Bewegung liegt freilich außerhalb des hier diskutierten Zeitrahmens.

15

Seit einer Reihe von Jahren mehren sich die Anzeichen in Europa und auch anderswo, die im Ergebnis in Multilateralismus und der Zusammenarbeit in internationalen Organisationen keinen besonderen Wert mehr erkennen wollen. Stattdessen predigen Populisten allenthalben die Rückbesinnung auf nationale Eigenart und vermeintliche Größe. Komplexe Probleme wirtschaftlicher, politischer und gesellschaftlicher Natur werden gerne simplifiziert dargestellt. Alternative Fakten als Ausdrucksform einer vorsätzlich reduzierten Wirklichkeit machen die Runde. Vollends in den verderblichen Chauvinismus vergangener, überwunden geglaubter Tage abzugleiten, ist es nur noch ein kleiner Schritt. Wohin ein derart eingeschlagener Weg mit hinreichendem ideellen Ballast im Marschgepäck führen kann, haben die *„Schlafwandler"* im Sommer 1914 nachdrücklich gezeigt.

Säkularisierung und Wissenschaft

Demografischer Wandel und rasantes Bevölkerungswachstum in vielen Gegenden der Welt sind keineswegs nur Erscheinungen unserer ebenso krisengeplagten wie -erprobten Gegenwart, sondern eben auch des 19. Jahrhunderts. Binnen- und Auswanderung ist eine mögliche Antwort auf lokal nicht zufriedenstellende Lebensbedingungen gewesen. Daneben jedoch ist eine rasch zunehmende Verstädterung und Urbanisierung wahrzunehmen. Der erhebliche Zuwachs in den Einwohnerzahlen zwischen 1700 und 1800 bei den heute fünf größten Städten des Landes zeigt es deutlich:

Jahr	1700	1800
Berlin	30.000	172.000
Hamburg	70.000	130.000
München	24.000	40.000
Köln	39.000	41.000
Frankfurt am Main	28.000	35.000

Eine Abnahme der Einwohnerzahl ist anhand der angeführten Beispiele nirgendwo festzustellen. Das Gegenteil ist der Fall. Die von dem Sozialhistoriker Hans-Ulrich Wehler für Deutschland in den Grenzen von 1914 errechnete Gesamtzahl der Bevölkerung beträgt rund 16 Millionen Einwohner für das Jahr 1700. Einhundert Jahre später an der Wende zum 19. Jahrhundert sind es bereits 24,5 Millionen. Der Anstieg beträgt mehr als 50 Prozent. Zum Vergleich: Zu dieser Zeit lebten in Russland etwa 38 Millionen Menschen, in Großbritannien ca. 11 Millionen und in Frankreich rund 27 Millionen.

Von der zunehmenden Säkularisierung ist zunächst die rechtlich-politische Bedeutung aufweisende Säkularisation zu unterscheiden, die mit der Revolution zunächst in Frankreich, mit den Napoleonischen Eroberungen bald darauf in den unterjochten - in anderer Sichtweise in den befreiten - Gebieten ins Werk gesetzt wurde. Damit gemeint ist die staatliche Einziehung oder Nutzung von aus Land oder Vermögen bestehendem Kirchenbesitz und die rigide Aufhebung von zum Teil bereits seit dem

Frühmittelalter bestehenden kirchlichen Einrichtungen wie Abteien, Klöstern und Stiften. Für die deutschen Lande hat beispielsweise im Jahr 1803 Artikel 35 des Reichsdeputationshauptschlusses vorgesehen, dass derart aufgehobene Institute der Verfügungsgewalt des jeweiligen Landesherrn zu unterstellen waren.

Der geschichtsphilosophische Begriff *Säkularisierung* dagegen hat viel mit dem unaufhaltsamen Aufstieg des Bürgertums im 19. Jahrhundert und dem in ihm verinnerlichten Fortschrittsdenken, den unerschütterlichen Glauben daran, dass durch vermehrtes Wissen in den Naturwissenschaften und Erfindungen technischer Art das Leben für die Menschheit besser würde, zu tun. Die zunehmende Entchristianisierung und Verweltlichung ist später vom Soziologen Max Weber in seinem 1922 gehaltenen Vortrag *„Wissenschaft als Beruf"* mit dem Thema der Rationalisierung in Verbindung gebracht und ausgeleuchtet worden: *"Die zunehmende Intellektualisierung und Rationalisierung bedeutet also nicht eine zunehmende allgemeine Kenntnis der Lebensbedingungen, unter denen man steht. Sondern sie bedeutet etwas anderes: das Wissen davon oder den Glauben daran: dass man, wenn man nur wollte, es jederzeit erfahren könnte, dass es also prinzipiell keine geheimnisvollen unberechenbaren Mächte gebe, die da hineinspielen, dass man vielmehr alle Dinge - im Prinzip - durch Berechnen beherrschen könne. Das aber bedeutet: die Entzauberung der Welt."* Auf diesen Gedanken werde ich später im Kapitel *„Aufstieg der Naturwissenschaften"* (s. S. 32 ff.) ausführlicher zurückkommen. Dass Wissenschaft, deren Auswirkungen und Fortschritte wir nahezu tagtäglich in unserem Leben erfahren, zu den bedeutendsten menschlichen Kulturleistungen zu rechnen ist, steht außer Frage.

Linearität in dem von Weber behaupteten Sinne gab es natürlich nicht, dafür waren die gesellschaftlichen und sozialen Bedingungen – wenig überraschend - zu vielfältig. Eine kleine, der Volksfrömmigkeit und Volkskultur zuzuordnende Episode aus dem traditionell katholischen, nach dem Wiener Kongress jedoch preußisch gewordenen Rheinland mag das belegen. Was in diesem Fall als Kombination von naiver Leichtgläubigkeit und mittelalterlichem Aberglauben wirkt, hat sich geradezu entgegen wissenschaftlichem Fortschrittsdenken zunächst seinen Weg gebahnt. Eine Vielzahl von Menschen angesprochen. Es war im Spätsommer 1822, als Meldungen von einem „wundersamen Feuerschein" über einem Marienbild der kleinen Kirche von Zons am Niederrhein, einem überschaubaren Städtchen zwischen Köln und Düsseldorf, anfingen die Runde zu machen. Zahlreiche Pilger in nicht geringer Zahl haben sich auf den Weg gemacht, um Zeuge des Wunders zu werden. Solange bis die zuständigen Kirchenbehörden eine Untersuchung in die Wege geleitet haben, deren Ergebnissen zufolge, der „wundersame Feuerschein" lediglich auf eine natürliche Lichtbrechung der Sonnenstrahlen durch ein Kirchenfenster zurückzuführen sei.

Der "wundersame Feuerschein" in der kleinen Kirche von Zons, der darin zum Ausdruck kommende Glaube, ein Wunder sei geschehen, steht in deutlichem, auffälligen

Kontrast zu dem, was die Bürger von Göttingen elf Jahre später, im Frühsommer 1833, an der Turmspitze ihrer Johanniskirche mitten in der Stadt erblickten. Es handelte sich dabei um den metallisch aufblitzenden Strang einer Leitung, die hoch über den Dächern der Stadt von dem Astronomen und Mathematiker Carl Friedrich Gauß und dem Physiker Wilhelm Weber aufgespannt worden war. Der elektromagnetische Telegraph war damit entdeckt und der uralte Menschheitstraum einer beschleunigten Nachrichtenübertragung verwirklicht worden.

Hierzulande wie auch anderenorts im westlichen Europa steht das 19. Jahrhundert für durch die eingangs erwähnte Doppelrevolution hervorgerufene epochale Veränderungen in vielen Bereichen. Ihren relevanten Auswirkungen in Gesellschaft und Umwelt nachzuspüren, wird die erste Aufgabe des vorliegenden Buches sein.

2. Veränderungen in Gesellschaft und Umwelt

a.) Industrielle Revolution

Als *„Siamesische Zwillinge der deutschen Wirtschaftsge-schichte"* hat der 1789 im Jahr des Sturms auf die Bastille in Reutlingen geborene Ökonom Friedrich List die parallel erfolgende Gründung des Zollvereins und den Beginn des heimischen Eisenbahnbaus bezeichnet. Während der 1834 ins Leben gerufene Zollverein die Idee des Freihandels im Landesinneren verwirklicht sehen wollte, ist der Eisenbahnbau nach der erfolgreichen Premierenfahrt des *„Adler"* im Dezember 1835 im weiteren Verlauf des Jahrhunderts zu einem wesentlichen Bestandteil des aus Eisen- und Stahlindustrie, Steinkohlenbergbau und Maschinenbau bestehenden schwerindustriellen Führungssektors hierzulande geworden. Einmal als Leitbranche etabliert, hat speziell der Maschinenbau bis heute nichts von seiner Bedeutung eingebüßt und repräsentiert - am Umsatz 2022 gemessen - nach der Automobilindustrie und dem Chemisch-pharmazeutischen Sektor immerhin die drittwichtigste Industriebranche der Gegenwart in Europas leistungsstärkster Volkswirtschaft.

Doch wo sind die Anfänge jenes vielfach als revolutionär bezeichneten Prozesses zu verorten, den wir im weiteren Verlauf Industrialisierung nennen, und woher kamen die benötigten Arbeitskräfte? Warum ist in diesem Zusammenhang überhaupt von einer *„Industriellen Revolution"* die Rede und welche Bedeutung hat sie?

Der nachholenden Entwicklung auf dem Gebiet des seit 1815 bestehenden Deutschen Bundes, eines aus 35 Einzelstaaten und vier Freien Städten bestehenden Staatenbundes, ging diejenige Englands um mehrere Jahrzehnte voraus. Zum *„take-off"*, einem beschleunigten Abheben, in der Theorie der in vorgezeichneten Stadien ablaufenden Modellvorstellung des US-amerikanischen Ökonomen und Wirtschaftshistorikers Walt W. Rostow kam es dort bereits in den frühen 1780er Jahren, und zwar anfangs eben nicht im Eisenbahn- oder Bergbau, sondern in der Konsumgüterindustrie. Innerhalb des in den westlichen und östlichen Midlands entstehenden Textil- und Bekleidungssektors sollte sich die Baumwollindustrie, die sich auf einen stetig über den Hafen von Liverpool abgewickelten Import des begehrten Rohstoffs verlassen konnte, zur Leitbranche entwickeln. Die Gründe dafür liegen offen zu Tage. Durch Nutzung der Dampfmaschine als Antriebsquelle für automatische Webstühle und Spinnmaschinen konnte nämlich das Produktionsvolumen erheblich erhöht werden. Im Ergebnis wurden Arbeitsgeräte wie die zunächst rein durch Muskelkraft betriebene *„Spinning Jenny"* nunmehr sukzessive von technologischen Innovationen, ermöglicht durch den parallel erfolgenden rasanten Aufstieg der Naturwissenschaften, ersetzt. Mit einer zeitlichen Verzögerung von ungefähr sechzig Jahren erleben wir den „*take-off*" schließlich im deutschsprachigen Raum.

Die Bedeutung der Industriellen Revolution

Insbesondere die mit quantifizierenden Methoden arbeitenden Kliometriker haben jedoch mit Verweis auf zu geringe Wachstumsraten des Nettosozialprodukts pro Kopf der Bevölkerung den sich abzeichnenden Wandel im fraglichen Zeitraum nicht revolutionär, sondern evolutionär deuten wollen. In diesem Sinne hat sich beispielsweise der Ökonom, Wirtschaftshistoriker und Nobelpreisträger Douglass North in *"Theorie des institutionellen Wandels"* geäußert: *"Die Zeit, die wir als Industrielle Revolution zu bezeichnen gewöhnt sind, war nicht der radikale Bruch mit der Vergangenheit, für den wir sie manchmal halten."* (Übers. v. Monika Streissler)

Derart formulierte Einschränkungen sind natürlich nicht nur auf das Ziel hin ausgerichtet, bestehende und fraglos vorhandene begriffliche Unschärfen zu erfassen. Daher hat sich diese Denkschule als sehr einflussreich erwiesen, und sie ist es noch. Stellvertretend für in der heutigen Forschung nach wie vor bestehende unterschiedliche Auffassungen in der Beurteilung des Tempos der industriellen Entwicklung wird deshalb auf sie verwiesen.

Verlässt man jedoch den verdichteten Zeitansatz der mathematisch-statistisch orientierten Wirtschaftsgeschichte und nimmt eine universalhistorische Deutungsperspektive ein, wie es etwa Werner Conze in den 1950er Jahren getan hat, erscheint der Stellenwert der Veränderungen in einem anderen Licht. Der deutsche Historiker Conze hat in diesem Sinne einen großen Dreischritt primärer weltgeschichtlicher Epochen herausgearbeitet. Danach hat der Mensch innerhalb der ersten vorgeschichtlichen und damit schriftlosen Stufe der Entwicklung über Jahrtausende hinweg in naturhafter Gebundenheit verbracht. Der jagende und sammelnde, durch die Wälder umherstreifende Wildbeuter entspricht diesem Bild. Das zweite Stadium in dieser Konzeption setzt dann mit dem Auftreten der Hochkulturen im 4. Jahrtausend vor unserer Zeitrechnung an und dauert schließlich unter Einbeziehung des Mittelalters und der Frühen Neuzeit bis ins 18. Jahrhundert an. Die danach seit dem späten 18. Jahrhundert von Europa ausgehenden wissenschaftlich-technischen, ökonomischen und politisch-sozialen Revolutionen haben endlich die dritte Weltepoche unserer neuesten Zeit, in der wir uns - global gesehen - immer noch befinden, eingeleitet. Aus dieser Makroperspektive nimmt die „Industrielle Revolution" unabhängig vom konkreten Entwicklungstempo in ihrer Relevanz und Bedeutung für die gesamte Geschichte der Menschheit eher den ihr zukommenden Stellenwert ein. Selbst und gerade dann, wenn es um die von ihr ausgelösten zerstörerischen Auswirkungen für die Umwelt geht.

1. Textilfabrik Cromford, Ratingen.

Fabrik, Manufaktur und Verlag

Als typischer Ort der neuen maschinengestützten Arbeitsweise entsteht die Fabrik. In ihr werden zentralisiert in einer unterschiedlichen Anzahl von arbeitsteiligen Produktionsprozessen von freien Lohnarbeitern unter der Oberleitung eines Unternehmers auf neuartige Weise Erzeugnisse hergestellt, die sich auf regionalen und überregionalen Märkten, in der Absicht Gewinne zu erzielen, vertreiben lassen.

Noch zu Zeiten des Heiligen Römischen Reiches Deutscher Nation ist im Jahr 1784 von dem Pionier Johann Gottfried

Brügelmann im südlich des Ruhrgebiets gelegenen Städtchen Ratingen die erste Betriebstätte dieser Art hierzulande errichtet worden. Die Namensbezeichnung „Cromford" (s. Abb. 1) verweist dabei auf Verbindungen in den englischen Sprachraum.

In der dogmatischen Sichtweise von Karl Marx hätte sich „Cromford" innerhalb der von der Mitte des 16. Jahrhunderts bis zum letzten Drittel des 18. Jahrhunderts dauernden Manufakturepoche aus der vorgezeichneten Stufenfolge **Manufaktur>Fabrik** entwickeln müssen. Sehr viel differenzierter hat hingegen der Sozialhistoriker Hans-Ulrich Wehler in seiner „Deutsche(n) Gesellschaftsgeschichte 1700-1815" die Genese der Fabrik erklärt: Fünf Ursprungsformen der modernen Fabrik müsse man Wehler zufolge dabei unterscheiden: Erstens: Neben dem großen Handwerksbetrieb des Zunftmeisters (für Papiererzeugung, Buchdruck, Optikwaren, Porzellan, Möbel, Maschinenbau) habe zweitens die unzünftige mechanische Werkstatt (z. B. als Gießerei oder Eisenhütte) existiert. Drittens: Neben dem Verlagsbetrieb als Endstation dezentralisierter Produktionsabläufe habe es viertens die Manufaktur als zentralisierte Werkstätte (für Woll-, Baumwoll-, Seidenherstellung, Kattundruck, Waffen, Messer, Kutschen) gegeben. Und fünftens sei zu diesen Varianten die frühe Fabrik selbst als jüngster, unmittelbarer Vorläufer des entwickelten Industrieunternehmens getreten. Dabei hätten diese Betriebe oft genug gleichzeitig nebeneinander bestanden, da die Entwicklung des gewerblichen Großbetriebs auf mehreren Gleisen parallel verlaufen sei. Jede der fünf Ursprungsformen trug das Potenzial in sich, dass aus ihnen heraus die entscheidenden Schritte zur modernen Fabrik unternommen wurden.

Regionale Entwicklungen

Auch nach Gründung des Kaiserreichs 1871 gab es Gegenden, die von der Industrialisierung weitestgehend unberührt geblieben sind wie etwa Schleswig-Holstein, Mecklenburg oder Ostpreußen. Andererseits hat die neuartige, auf einer Vielzahl technischer Erfindungen beruhende industrielle Veränderung in bestimmten Regionen besonders intensiv Einzug gehalten. Dies gilt etwa für das Königreich Sachsen bereits für das erste Drittel des 19. Jahrhunderts und natürlich für das teilweise der Rheinprovinz und teilweise Westfalen zugehörige Ruhrgebiet, das im Zuge der territorialen Neuordnung nach dem Wiener Kongress 1814/15 Preußen zugeschlagen worden ist.

Ein stetig zunehmendes Bevölkerungswachstum ist ein Kennzeichen jener Zeit. Für Deutschland insgesamt um das Jahr 1700 sind rund 16 Millionen Einwohner festgestellt worden, einhundert Jahre später sind es um das Jahr 1800 bereits ca. 24,5 Millionen Menschen (s. S. 16f.) gewesen. Für die bereits erwähnte Region Ostpreußen ergibt sich in demselben Zeitraum durch Zunahme von 400.00 auf 931.000 Einwohner mehr als eine Verdoppelung.

2. A. von Menzel, Eisenwalzwerk, 1875.

Im Verlauf des 19. Jahrhunderts gewinnt der demographische Wandel zusehends an so bisher nicht gekannter Dynamik. Wie immer in der Geschichte ist Auswanderung eine unmittelbar naheliegende mögliche Antwort auf derartige Herausforderungen gewesen. Waren zwischen 1820 und 1830 jährlich 3000 bis 5000 Personen als Emigranten zu verzeichnen, so stieg die Zahl dieses Personenkreises nach der schwerwiegenden Agrarkrise von 1847 auf 80.000 an.

Um die alternative Antwort seitens der ländlichen Bevölkerung im Sinne einer Binnenwanderung in wirtschaftlich chancenreichere Gegenden überhaupt erwägen zu können - Freizügigkeit für Arbeitnehmer wie heute in der Europäischen Union war unbekannt -, bedurfte es zunächst weitreichender gesellschaftspolitischer Maßnahmen. Sie haben ihren anerkannten Ausdruck in dem Reformwerk des seit den Tagen Friedrichs des Großen in preußischen Staatsdiensten stehenden Freiherrn vom Stein gefunden, in dessen Zeit als Minister vom September 1807 bis zum Tag seiner Entlassung am 24. November 1808 eine Reihe modernisierender Verordnungen ins Werk gesetzt worden sind. In diesem Zusammenhang ist vor allem das die Sozialstruktur des flachen Landes entscheidend verändernde *„Edikt, den erleichterten Besitz und den freien Gebrauch des Grundeigentums sowie die persönlichen Verhältnisse der Landbewohner betreffend"* vom 9. Oktober 1807 zu nennen. Es gipfelte in der mit jahrhundertealten Gewohnheiten brechenden Feststellung: *„Mit dem Martinitag eintausendachthundertzehn hört alle Gutsuntertänigkeit in unseren sämtlichen Staaten auf. Nach dem Martinitag 1810 gibt es nur noch freie Leute."* Der wackere, vom französischen Kaiser Napoleon I. geächtete und zum Staatsfeind erklärte Freiherr und seine Mitstreiter wollten mit Maßnahmen wie dieser den Aufstieg eines selbständigeren, freien Bauerntums ermöglichen und die bis dahin immer noch bestehenden Relikte des Feudalstaates endlich beseitigen. Denn die Bauern in Ostelbien waren in aller Regel nicht Eigentümer der von ihnen bewohnten Höfe, sondern sie waren lediglich verfügungsberechtigt. Im Gegenzug waren sie ihren Gutsherren dienst- und steuerpflichtig. Als wichtigste

Einzelmaßnahmen in diesem Kontext hat der Historiker Hans-Joachim Schoeps die Aufhebung der Erbuntertänigkeit, die Freiheit vom Gesindedienst, das Recht des Abzugs von der Scholle sowie die Freiheit des Güterverkehrs, das heißt, dass Adelsgüter nunmehr auch von mit der dafür notwendigen Finanzkraft ausgestatteten Bürgerlichen erworben werden konnten, hervorgehoben.

Das bedeutete natürlich nicht das Ende der Existenz der ostelbischen Rittergüter und des dort beheimateten, heute durchweg negativ konnotierten Typus des Junkers. Wie er uns später im Buch in Person des jungen ungestümen Bismarck wiederbegegnen wird (s. S. 224ff.) Wer aber wollte, der konnte ab jetzt in den allmählich aufstrebenden, mehr industriell geprägten Regionen des Westens, etwa im Ruhrgebiet, versuchen, sein gedeihliches Auskommen als Fabrikarbeiter zu finden. Die Arbeit an sich war schließlich hinreichend schwer und gefahrenvoll genug. Lärm und Schmutz dominierten den grauen Alltag, Arbeitsschutz galt vielen als Fremdwort.

Den Unternehmern stand andererseits nunmehr ein erheblich vergrößerter Pool an Arbeitskräften zur Verfügung, - um 1800 wies das traditionelle Handwerk mehr als 1,2 Millionen Beschäftigte auf, in der Landwirtschaft waren jedoch zwischen 60 und 62 Prozent aller Beschäftigten tätig - die kaum Bedingungen stellen und mit Minimallöhnen abgespeist werden konnten. Die Arbeiterklasse musste ihr Bewusstsein erst noch entwickeln. Für ihre Angehörigen waren nicht mehr die Agrarkrisen alten Typs, sondern konjunkturelle Zyklen wie sie sich in den 1870er Jahren in der Abfolge Gründerboom und Gründerkrach (s. S. 263 – 271) dann Bahn brachen daseins- und existenzbestimmend geworden.

b.) Aufstieg der Naturwissenschaften

Ein neues Weltbild

350 Jahre waren vergangen, als der rechte Zeitpunkt gekommen schien, nach sorgfältigen Vorarbeiten eine Entschuldigung auszusprechen. Das Oberhaupt der römisch-katholischen Kirche, Papst Johannes Paul II., drückte im Oktober 1992 im Rahmen einer historischen Wiedergutmachungsrede sein Bedauern darüber aus, dass der toskanische Naturforscher Galileo Galilei durch die römische Inquisition in mehrere Gerichtsprozesse verstrickt worden war. Als *"tragisches gegenseitiges Unverständnis"* bezeichnete der Nachfolger Petri die Verurteilung des gebürtigen Pisaners, der gleichwohl nicht frei von Mitschuld gewesen wäre, da er sich geweigert habe, seine 1633 noch nicht bewiesenen wissenschaftlichen Theorien lediglich als Hypothesen zu vertreten.

Ganze 200 Jahre hat es die Arbeit *"Dialogo sopra i due massimi sistemi del mondo tolemaico e copernicano"* in das Verzeichnis der verbotenen Bücher geschafft. Dort, auf dem berüchtigten *"Index librorum prohibitorum"*, befand es sich von 1634 bis 1835. Man könnte sagen: Es befand sich in guter Gesellschaft. Denn schließlich ist das epochale astronomische Hauptwerk *"De revolutionibus orbium coelestium"* von Nikolaus Kopernikus aus dem Jahr 1543, dessen neuartige Sichtweise Galilei zu ausgiebigen

Himmelsbeobachtungen mit dem Teleskop angeregt hat, ebenfalls hier gelandet. Aufgrund welchen Vergehens?

Es war das von Kopernikus als erstem nach Aristarch von Samos und Seleukos von Seleukia vertretene neue Weltbild, das mit der traditionellen Anschauung brach, die ruhende Erde befinde sich im Zentrum des Universums, das weder die Römische Kurie noch die seit Luther sich formierenden verschiedenen evangelischen Kirchen lange nicht akzeptieren konnten und wollten. Statt des seit Urzeiten gültigen aristotelisch-ptolemäischen geozentrischen Weltbildes sollte nun nach den Vorstellungen einiger weniger exzentrischer Forscher und Gelehrter alles anders sein. Die Sonne als Mittelpunkt des Universums! Und die Planeten einschließlich der sich um sich selbst drehenden Erde auf elliptischen Umlaufbahnen um die Sonne, wenn man den Berechnungen Johannes Keplers aus dem Jahr 1609 auf der Grundlage der vom dänischen Astronomen Tycho Brahe zur Verfügung gestellten Daten bereitwillig folgte. Was ergab sich daraus für die Glaubwürdigkeit und Überzeugungskraft der Schöpfungsgeschichte im Buch Genesis am Anfang des Alten Testaments? Danach hat Gott am vierten Tag die Sonne, den Mond und alle Sterne gemacht, sie an das Himmelsgewölbe gesetzt, damit sie der Erde Licht geben. Das geozentrische Weltbild war damit in Übereinstimmung zu bringen, das neue heliozentrische, das kopernikanische Weltbild im Grunde nicht mehr. Das war der scharfe Konflikt, der sich seit der frühen Neuzeit zwischen der alle menschlichen Lebensbereiche dominierenden Theologie und einer den Kinderschuhen noch nicht entwachsenen Naturwissenschaft entspann, und der im Extremfall mit dem Tod auf dem Scheiterhaufen enden konnte, wie bei dem aufmüpfigen italienischen Gelehrten Giordano Bruno im Jahr 1600 geschehen. Die diesem Konflikt innewohnenden Widersprüchlichkeiten führten schließlich im 19. Jahrhundert zu einer an Geschwindigkeit zunehmenden Entchristianisierung der Welt, ein bis in unsere Gegenwart nicht endender Prozess.

Im 19. Jahrhundert und darüber hinaus

Während in den Anfangsjahren von Astronomie und Physik verstreut über den europäischen Kontinent geniale Einzelkönner Bahnbrechendes zu leisten vermochten, steht das 19. Jahrhundert für eine umfassende Ausweitung und systematische Institutionalisierung der Naturwissenschaften. Chemie, Biologie und Geowissenschaften, zu denen etwa Geologie oder Meteorologie zählen, kommen eigentlich erst jetzt dazu. Beobachten, Messen und Analysieren des Verhaltens oder von Zuständen der Natur mit Methoden, die im Idealfall beliebig wiederholbar sind und trotzdem zu demselben Ergebnis führen, dem einer erkennbaren Regelmäßigkeit, das unterscheidet die jungen Natur- von den bereits seit alters her etablierten Geisteswissenschaften. Beschreibung und Deutung der Welt allein aus dem Geist des Christentums heraus entgleiten den religiösen Instanzen mit zunehmender Rationalisierung jedoch nach und nach immer mehr, so dass der Soziologe Max Weber ganz am Ende des „langen" 19. Jahrhunderts von einer *"Entzauberung der Welt"* gesprochen hat. In seinem Aufsatz *"Wissenschaft als Beruf"* aus dem Jahr 1919 heißt es: *"Die zunehmende Intellektualisierung und Rationalisierung bedeutet also nicht eine zunehmende allgemeine Kenntnis der Lebensbedingungen, unter denen man steht. Sondern sie bedeutet etwas anderes: das Wissen davon oder den Glauben daran: dass man, wenn man nur wollte, es jederzeit erfahren könnte, dass es also prinzipiell keine geheimnisvollen, unberechenbaren Mächte gebe, die da hineinspielen, dass man vielmehr alle Dinge - im Prinzip - durch Berechnen beherrschen könne. Das aber bedeutet: die Entzauberung der Welt. Nicht mehr, wie der Wilde, für den es solche Mächte gab, muss man zu magischen Mitteln greifen, um die Geister zu beherrschen oder zu erbitten. Sondern technische Mittel und Berechnung leisten das. Dies vor allem bedeutet die Intellektualisierung als solche."* Webers Weitsicht, die sich keineswegs von den Segnungen des seinerzeitigen wissenschaftlich-technischen Fortschritts blenden ließ, wird an anderer Stelle dieses Textes deutlich: *"Alle Naturwissenschaften geben uns Antwort auf die Frage: Was sollen wir tun, wenn wir das Leben technisch beherrschen wollen? Ob wir es aber technisch beherrschen sollen und wollen, und ob das letztlich eigentlich Sinn hat: - das lassen sie ganz dahingestellt oder setzen es für ihre Zwecke voraus."* Der weitere Verlauf des 20. und 21. Jahrhunderts und die militärische wie die zivile Nutzung von Erkenntnissen der Atomphysik und ihre in Hiroshima, Nagasaki und Tschernobyl bzw. Fukushima zu besichtigenden Folgen führen einen am Ende des Tages wohl oder übel zu dem einschränkenden Ergebnis, dass nicht alles das, was naturwissenschaftlich prinzipiell richtig erkannt wird und dessen technische Umsetzung in Apparate und Anlagen anschließend gelingen mag, ethisch und moralisch gerechtfertigt und wünschenswert ist. In Ansätzen hat der Atomphysiker Julius Robert Oppenheimer, wissenschaftlicher Leiter des mit der Entwicklung der Atombombe betrauten Manhattan-Projekts, diesen Standpunkt mutmaßlich geteilt, seine ablehnende Haltung zum Thema der noch zerstörerischen Wasserstoffbombe spricht jedenfalls dafür. Doch kehren wir nun zurück ins Jahr 1818!

Universitätsgründungen im Geiste Wilhelm von Humboldts

Die Anzahl wichtiger naturwissenschaftlicher Entdeckungen war ganz zu Beginn des 19. Jahrhunderts in Frankreich und Großbritannien sehr viel größer als auf dem Territorium des Heiligen Römischen Reiches deutscher Nation, so umständlich wurde damals das Gebiet des heutigen Deutschland bezeichnet. Erst die unter dem Eindruck der Expansionsbestrebungen Napoleons erfolgende Niederlegung der Kaiserkrone durch Kaiser Franz II. im August 1806 hat dem offensichtlichen Anachronismus ein Ende bereitet.

Der Wissenschaftssoziologe Joseph Ben-David hat den Anteil der Franzosen und Engländer an Entdeckungen in Wärme-, Elektrizitäts- und Magnetismuslehre sowie in der Optik im Zeitraum von 1806 bis 1815 mit 75 beziffert, der deutsche Anteil lag bei 26. Bei medizinischen Entdeckungen im Zeitraum von 1800 bis 1809 lag der Anteil von Franzosen und Engländern bei 22, der deutsche Anteil bei 6. Seit den 1830er Jahren kehren sich diese Verhältnisse allerdings um, so dass der deutsche Anteil bei Entdeckungen in der Optik, Wärme-, Elektrizitäts- und Magnetismuslehre im Zeitraum 1866 bis 1870 bei 136, der englische und französische zusammen nur bei 91 liegt. Ähnlich sieht das Bild bei Entdeckungen in der Physiologie und Medizin aus. Die Gründe dafür hat man neben dem dafür notwendigen Fleiß und forschender Neugier von hochbegabten Einzelnen in der Hauptsache in der Neurorientierung und dem systematischen Ausbau der hiesigen Bildungs- und Wissenschaftslandschaft zu suchen, die ein weiteres wesentliches Element der preußischen Reformen (s. S. 29f.) bildeten. Eines seit den Tagen des Wiener Kongresses 1815 geographisch nicht unerheblich vergrößerten Preußen. Immerhin war im Zuge dessen, völkerrechtlich verbindlich durch die Wiener Kongressakte, die wirtschaftsstarke Rheinprovinz hinzugekommen. Zwar fremdelte man an Spree und Rhein - nicht zuletzt aufgrund der unterschiedlichen konfessionellen Ausrichtung - miteinander, der borussische Historiker Heinrich von Treitschke, gleichermaßen glühender Nationalist wie einflussreicher Publizist, sprach vom Rheinland despektierlich als *"diese halbverwälschten Krummstabslande"*. Doch Preußen drückte seinen markanten Stempel nicht nur in der Verwaltung, sondern ebenso in der Gründung von Universitäten wie derjenigen in Bonn 1818 auf. Der Typus der vom neuhumanistischen Geist getragenen humboldtschen Reformuniversität hat damit innerhalb weniger

Jahre nach Berlin und Breslau zum dritten Mal seine Verwirklichung gefunden.

*3. Wilhelm von Humboldt, 1767 – 1835. In jüngeren Jahren mitsamt
seiner Familie der Gemeinschaft der Jenaer Frühromantiker nachbar-
schaftlich und freundschaftlich verbunden.*

Während in Berlin die Botanik und Zoologie noch in die Medizinische Fakultät verwiesen worden sind, verhalf man den Naturwissenschaften in Bonn zu mehr Unabhängigkeit und Selbständigkeit, indem man sie der Philosophischen Fakultät zuordnete. Die naturwissenschaftlichen Sammlungen fanden im Poppelsdorfer Schloss (s. Abb. 4) ihre Heimat und insgesamt sechs Professuren wurden eingerichtet: zwei für Mathematik einschließlich Astronomie und jeweils eine für allgemeine Naturgeschichte und Botanik, Chemie, Physik und Mineralogie.

4. Das Poppelsdorfer Schloss befindet sich seit 1818 im Besitz der Rheinischen Friedrich-Wilhelms-Universität Bonn.

Im 19. Jahrhundert werden nunmehr allgemein gültige Synthesen im Bereich der Naturwissenschaften möglich, wie sie etwa am Satz von der Erhaltung der Energie exemplifiziert werden können. Der von dem Heilbronner

Arzt Julius Robert Mayer 1842 aufgrund von Naturbe-
obachtungen während einer Tropenreise zuerst ausfor-
mulierte Grundgedanke besagt, dass bei allen verschiedenartigen Wechselwirkungen, die es gibt, und
Umwandlungen, die tagtäglich in der Umwelt geschehen,
eine ganz spezifische Größe immer konstant bleibt, und
zwar diejenige, die gemeinhin als *Energie* definiert wird.
Hermann von Helmholtz hat dann wenige Jahre später,
1847, in seiner Arbeit *"Über die Erhaltung der Kraft"* das
diesem Phänomen zugrunde liegende Gesetz, auf dem die
verschiedensten Energieumwandlungen bei physikali-
schen und chemischen Prozessen basieren, ausführlich
demonstriert. Der berühmte Energieerhaltungssatz von
Helmholtz besagt also, dass die Gesamtenergie eines abgeschlossenen Systems sich **nicht** mit der Zeit ändern,
sondern nur zwischen verschiedenen Energieformen umgewandelt werden kann. Anwendung findet dieser
Grundgedanke unter anderem in Elektro- und Thermody-
namik, aber auch in der Quantenmechanik und Relativi-
tätstheorie.

Evolutionstheorie vs. biblische Schöpfungsgeschichte

Während Nikolaus Kopernikus mit seinen im 16. Jahrhundert vorgetragenen astronomischen Ideen das Bild, das
wir uns von der Welt machen, auf den Kopf gestellt und
grundlegend verändert hat, ist es im 19. Jahrhundert ein
britischer Naturforscher, überaus bewandert in Geologie,
Botanik und Zoologie, gewesen, der unser Bild vom Menschen und seiner Entwicklung vollkommen neu bestimmte.

Die Rede ist natürlich von Charles Darwin, 1809 in Shrewsbury unweit von Birmingham geboren. Als junger Mann hat er sogar für einige Zeit Theologie in Cambridge studiert, weshalb er sehr wohl wusste in welchen Gegensatz er sich zur kirchlichen Lehrmeinung mit seinen Veröffentlichungen aus dem Jahr 1859 *"On The Origin Of Species"* und 1871 mit *"The Descent Of Man"* bringen würde. Sein Evolutionsgedanke, der eine von Generation zu Generation stattfindende allmähliche Veränderung der vererbbaren Merkmale einer Population von Lebewesen, ergo auch des Menschen, beinhaltete, war ja nun auch wirklich starker Tobak für diejenigen, die die im Buch Genesis enthaltene biblische Schöpfungsgeschichte zum Maßstab nahmen, an sie glaubten. Doch im Grunde war die darin enthaltene Vorstellung, dass Gott Erde nahm, daraus den Menschen formte und ihm Lebenshauch in die Nase blies, ihn erschuf, nach Darwin nicht mehr wirklich haltbar. Auch wenn so mancher vornehme Gentleman, so manche aristokratische Lady bei dem Gedanken, von wem sie abstammten, ein wenig geschaudert haben mögen. Ein Stück Entzauberung der Welt eben!

c.) Die Stadt

Seit einer Reihe von Jahren erleben ökonomisch prospe-
rierende Städte hierzulande einen kontinuierlichen Zuzug,
der sich in beständig wachsenden Einwohnerzahlen nie-
derschlägt. Deswegen ist mancherorts der Wettbewerb
um erschwinglichen Wohnraum nicht nur zur Gedulds-
probe, sondern zu einem existentiellen Problem geworden. Als Konsequenz sah sich vor einiger Zeit sogar die
Bundesregierung veranlasst, gesetzgeberisch regulierend
auf die Märkte einzuwirken. Welch ungleich größeren Belastungen indes müssen Staat und Gesellschaft im vorvergangenen Jahrhundert ausgesetzt gewesen sein, als die
Dynamik einer wachsenden Bevölkerung erheblich inten-
siver als heute war? Welche Antworten die Planer damals
gefunden haben, davon wird im Folgenden die Rede sein.
Zunächst jedoch ein allgemeiner Überblick über die Entwicklung des Städtewesens im Gang der Geschichte.

Anfänge des Städtewesens

Das Leben auf dem Land in einer dörflichen Gemeinschaft
wird seit alters her vom Leben in der Stadt unterschieden.
Schon der griechische Dichter Äsop macht in seiner Fabel
von der verwöhnten Stadtmaus und der genügsamen
Landmaus auf die Gegensätzlichkeit beider Lebensbereiche aufmerksam. Seit ungefähr jener Zeit, dem fünften
vorchristlichen Jahrhundert, beurteilen wir eine Stadt unter anderem auch danach, ob es sich um eine geplante
oder eine gewachsene Stadt handelt.

Die Rolle des Ahnherren aller heutigen Stadtplaner und mit urbanistischen Fragestellungen beschäftigten Architekten und Bauingenieure nimmt dabei Hippodamos von Milet ein. Sein seinerzeit neuartiges Wirken ist an Grundrissplänen des Piräus, der mit Athen verbundenen Hafenstadt, und von Milet, einer mehreren zehntausend Menschen Platz zum Arbeiten und Wohnen bietenden Siedlung an der Westküste der heutigen Türkei, immer noch abzulesen. Häuserblocks gleichmäßiger Größe und absichtsvoll übereinstimmenden Zuschnitts werden von sich rechtwinklig kreuzenden Straßen eingerahmt. Platz für öffentliche Gebäude und Anlagen wie Rathaus, Tempel, Magazine, Theater und Marktplätze ist sorgfältig ausgespart, ein Schachbrettmuster wird sichtbar: die sogenannte ionische Stadtplanung ist damit die Keimzelle des neuzeitlichen Gitternetzplans geworden.

Die altorientalische Stadt hingegen, wie sie in Mesopotamien zu finden ist, weist kein städtebauliches Gesamtkonzept, keinen Masterplan auf. Wohl stehen etwa im um 1500 v. Chr. am Tigris neu gegründeten Assur Tempel und Palast in einer gewissen Ordnung zueinander, Kernelement ist jedoch kein regelmäßiges Straßennetz, sondern dicht an dicht gedrängte einzelne Hauseinheiten, die jeweils über verwinkelte Gassen erschlossen werden. Die sogenannte agglutinierende Siedlungsanlage gehört damit zur gewachsenen und nicht zur geplanten Stadt. Speziell hier im Zweistromland, wo heute die modernen Staaten Irak und Iran liegen, ist es bereits im 4. Jahrtausend v. Chr. zur frühesten Anlage von Städten überhaupt gekommen. Landwirtschaftliche Überproduktion in den fruchtbaren Schwemmlandgebieten vor Ort, die durch Anlage von künstlichen Bewässerungssystemen gefördert wurde, hat Arbeitskräfte freigesetzt. Handwerkliche und bauhandwerkliche Aktivitäten konnten auf Gemeinschaftsaufgaben wie die Schaffung von Lager- und Stapelplätzen für Gerste- und Weizenvorräte, Kanalbau, die Errichtung von größeren Siedlungsverbänden und monumentalen Kultzentren, gerichtet werden. Der Übergang vom Dorf zur mit einer Mauer aus Lehmziegeln umgebenen Stadt könnte jedenfalls so stattgefunden haben, sofern die Modellvorstellungen des Althistorikers Frank Kolb und weiterer Fachleute zutreffend sind.

Die entscheidende Bedeutung der als *"Fruchtbarer Halbmond"* (engl. *fertile crescent)* bekannten Region für die Entstehung der städtischen Zivilisation ist augenfällig, zumal die im Niltal zu lokalisierende frühe ägyptische Hochkultur geographisch darin eingeschlossen ist. Die Idee der Stadt als Ort des geordneten Zusammenlebens einer größeren Gemeinschaft von Menschen haben jedoch weder die Sumerer, Babylonier, Ägypter noch die Griechen vom Mittelmeer ins nordalpine Mitteleuropa verbreitet.

Es war schließlich den Römern vorbehalten, die Konzeption der geplanten Stadt im Sinne des Hippodamos von Milet vor allem auf die von ihnen überall im *Imperium Romanum* errichteten Militärlager (lat. *castrum*) zu übertragen.

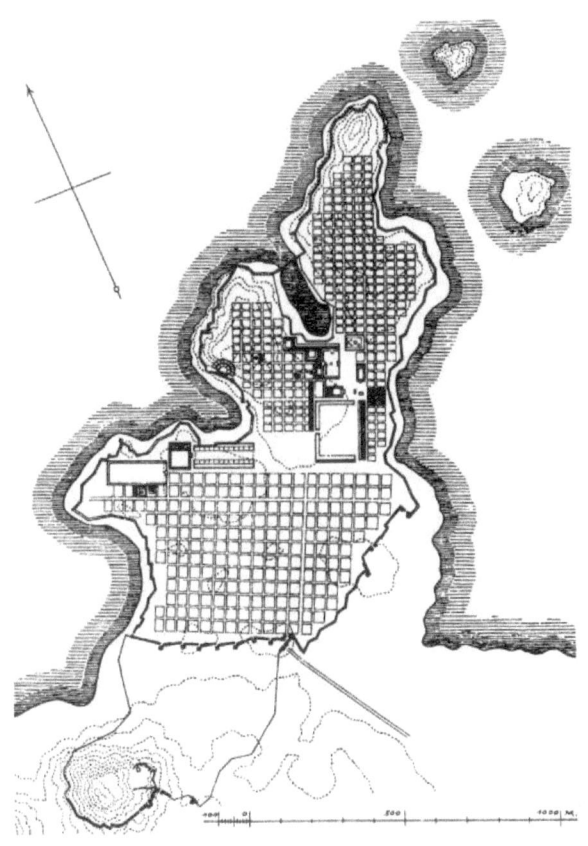

5. Grundrissplan von Milet aus dem 5. Jahrhundert v. Chr.

Dabei gingen sie nicht als unschöpferische Kopisten zu Werke, sondern schafften es, ihrer Vorliebe für das Prinzip der Axialität Ausdruck zu verleihen. Die sich in nordsüdlicher Richtung erstreckende Hauptachse des *Cardo maximus* und der von West nach Ost verlaufende *Decumanus*

45

maximus gehörten bei römischen Neugründungen militärischer und ziviler Natur eigentlich immer dazu. Noch heute sind sie in den Grundrissplänen von *Timgad* in Algerien bis *Colonia Ulpia Traiana* bei Xanten am Niederrhein deutlich erkennbar.

Wo die frühe mittelalterliche Stadt nach den Wirren der Völkerwanderungszeit auf römischem Erbe neu erwuchs, wurden die gegebenen baulichen und infrastrukturellen Gegebenheiten genutzt. Das ist beispielsweise am Plan von Köln, der vormaligen *Colonia Claudia Ara Agrippinensium* festzustellen. Inwieweit planerische Absichten ansonsten im mittelalterlichen Städtebau repräsentiert sind, ist durchaus nicht unumstritten, doch möchte ich mich hier damit begnügen, auf die 250 Jahre zwischen 1100 und 1350 zu verweisen, in denen in Mitteleuropa bis zu 3000 neue Städte entstanden sind. Die auch als *Schwarzer Tod* bekannte Pest bereitete dem schließlich vorerst ein Ende.

Vom Barock ins 19. Jahrhundert

Während im Zeitalter des Barock Schloss und Avenue, aber auch die nunmehr entstehenden Wohnplätze wie in London *Leicester Square* oder in Paris die heutige *Place des Vosges* als innovative Elemente Einzug in die urbane Baukultur hielten, ist es vor allem die Befestigungsarchitektur, deren Vorhandensein noch im 19. Jahrhundert jedweder als notwendig erkannten horizontalen Stadterweiterung zunächst buchstäblich im Wege stand. Einem namhaften Architekturkritiker zufolge habe in der Ordnung des Barock die in ihren Befestigungen eingeengte Stadt nur noch in hohen Mietskasernen nach oben wachsen können, nachdem die Hintergärten ausgefüllt worden waren. Kostbarer städtischer Lebensraum ist dagegen von Brustwehren, Bastionen und Gräben der die Stadt umfassenden Befestigung eingenommen worden. Bei Vaubans klassischer Festung Neubreisach beispielsweise betrug die Entfernung vom Fuß der Böschung bis zur Außenkante des Glacis fast 210 Meter. Ein mächtiger Gürtel somit, der sich bei seiner Anlage fortifikatorisch auf der Höhe der Zeit bewegt haben mag, als potentieller städtischer Lebensraum jedoch ganz einfach nicht zur Verfügung stand.

Dass im 19. Jahrhundert die Ausdehnung der Städte über vorhandene Befestigungsanlagen hinaus unabdingbar notwendig wurde, hängt mit der rasanten Bevölkerungszunahme zusammen, deren hauptsächliche Ursachen einerseits mit einem permanent hohen Geburtenüberschuss und andererseits mit Fortschritten der persönlichen Hygiene, dem Rückgang von Kriegsverheerungen, der Pockenimpfung und dem Ausbleiben von großen Seuchen erklärt worden sind. Die Pest ist letztmalig 1711 aufgetreten und die für das 19. Jahrhundert charakteristische Cholera hat bei weitem nicht so dramatische Auswirkungen gehabt.

Im Ergebnis bedeutete das, dass die Bevölkerung im Gebiet des dem Kaiserreich von 1871 vorausgehenden

Deutschen Bundes allein im Zeitraum von 1815 bis 1865 von 32 Millionen Einwohnern auf mehr als 52 Millionen angewachsen ist. Heute bekannte Großstädte wie Essen oder Dortmund verfügten um 1800 jeweils über spärliche 4.000 Einwohner und erlebten bis zur Reichsgründung mehr als eine Verzehnfachung. In Düsseldorf lebten zu Beginn des Jahrhunderts nicht mehr als 12.000 Menschen, 1885 waren es bereits mehr als 115.000. Neuer Lebensraum war zu schaffen, neue Quartiere mussten entstehen.

Veränderungen

Bleiben wir beim Beispiel der heutigen Landeshauptstadt von Nordrhein-Westfalen. Dem Schleifen der vorhandenen Befestigungsanlagen ist die Anlage und Entstehung eines der prachtvollsten europäischen Boulevards 1804 zu verdanken. Ursprünglich war die Königsallee als öffentliche Promenade an der östlichen Stadtgrenze konzipiert (s. Abb. 6), woher auch eine frühe Bezeichnung als Allee außerhalb der Stadt herrührt.

Ist es eigentlich glaubhaft, dass die von Einheimischen als "Kö" bezeichnete Straße nie zu ihrem Namen gekommen wäre, wenn sich im Revolutionsjahr 1848 nicht ein für die über die Rheinprovinz gebietenden Hohenzollern beschämendes Ereignis zugetragen hätte? Der preußische König Friedrich Wilhelm IV. soll nämlich auf dem Weg vom Bahnhof zum Schloss Jägerhof an eine aufgebrachte Menge geraten sein, aus deren Mitte einige Pferdeäpfel geworfen wurden. Zu allem Überfluss soll der Herrscher von Gottes Gnaden auch noch getroffen worden sein. Im Nachhinein habe man versucht, den Monarchen dadurch zu besänftigen, dass man den Straßennamen umwandelte: So sei aus der bis dahin bestehenden Kastanienallee 1854 die Königsallee geworden. Zugegeben: Es handelt sich um eine nette Anekdote. Allein, es gibt keinerlei Belege dafür. Ebenso schweigen die Polizeiberichte. Der Umstand, dass zwischen vermeintlichem Vorfall und Umbenennung sechs Jahre vergangen sein sollen, spricht auch eher dagegen.

Dass sich der Bauwille der Zeit nicht in der Anlage einer vereinzelten Straße erschöpfte, sondern dass die Erschaffung gänzlich neuer Stadtviertel angezeigt war, belegt die Errichtung eines neuen Stadtteils, der sich im Süden der Altstadt an diese angeschlossen hat. Die Rede ist von der nach dem pfälzischen Kurfürsten und Herzog von Berg Carl Theodor benannten Carlstadt.

Die im Jahr 1787 veröffentlichten Baupläne fügen sich zeitlich in die Grenzen des von dem britischen Sozialhistoriker Eric J. Hobsbawm so bezeichneten *"langen 19. Jahrhundert"* ein und offenbaren eine schachbrettartige Anordnung der Straßen, wie sie seit dem weiter oben angeführten Hippodamos von Milet aussagekräftiges Charakteristikum der geplanten Stadt geworden sind.

6. Die Kastanienallee in Düsseldorf wurde 1854 in Königsallee umbe-
nannt

Als Beispiel für die Architektur von Privathäusern jener Epoche kann das hier abgebildete zweigeschossige Gebäude, das heute unter Denkmalschutz steht, gelten (s. Abb. 7). Die Mittelachse wird durch den flachen Giebel mit Okulus und Stuckdekor betont und trägt zum harmonischen Aufbau der Vorderfassade bei.

7. Das Wohnhaus in der Düsseldorfer Carlstadt wurde im späten 18. Jahrhundert errichtet,

Die Dynamik der Veränderungen wird möglicherweise am besten dadurch deutlich, wenn man die Modernisierung der Infrastruktur in der Carlstadt näher in Augenschein nimmt. 1879 wird eine neue Pflasterung verlegt. 1893-1895 kommt es zur Verlegung von Tonröhren für die Regen- und Abwasserleitung, und drei Jahre vor Beginn des neuen Jahrhunderts werden Stromkabel für die Haus- und Straßenbeleuchtung verlegt.

Die Beleuchtung des öffentlichen Raumes erfolgte üblicherweise durch Gaslaternen, die seit dem Jahr 1866, dem Eröffnungsjahr des städtischen Gaswerks, in größerer Zahl aufgestellt worden sind. Von dem vier- bis sechsflammigen Laternentyp Alt-Düsseldorfer (s. Abb. 8) sind sogar in der Gegenwart noch etliche im Einsatz. Sie werden es leider bis auf ganz wenige Ausnahmen in der näheren Zukunft nicht mehr sein, da entsprechende denkmalschützerische Bestrebungen jüngst wieder in Frage gestellt worden sind. Der Landschaftsverband Rheinland hat dazu zwar angemerkt: *"In keiner anderen deutschen Stadt lässt sich die Quantität und Qualität der erhaltenen öffentlichen Straßenbeleuchtung mit Gaslicht so anschaulich und vielschichtig rezipieren wie in der Stadt Düsseldorf, die in industriegeschichtlicher Hinsicht als Stadt des Gaslichts schlechthin angesehen werden darf."* Doch die verantwortliche Lokalpolitik setzt inzwischen andere Prioritäten.

8. Gaslaterne vom Typ Alt-Düsseldorfer.

Wie war eigentlich das Leben in einer europäischen Großstadt des 19. Jahrhunderts in der Sicht von Zeitgenossen?

Wie es damals in London ausgesehen hat, hat Charles Dickens in seinem neunten Roman *"Bleak House"*, der von März 1852 bis September 1853 zunächst in Fortsetzungen erschienen ist, anschaulich beschrieben. London selbst hatte einen Bevölkerungsanstieg von 1,1 Millionen Einwohnern im Jahr 1800 um mehr als das Doppelte auf über 2,6 Millionen Einwohner 1850 zu bewältigen und zu verkraften. Im ersten Kapitel, das mit der Überschrift *"Im Kanzleigericht"* versehen ist, heißt es bei Dickens: *"London. Der Michaelitermin ist vorüber, und der Lordkanzler sitzt in der Lincoln's-Inn-Hall. Abscheuliches Novemberwetter. So viel Schmutz in den Straßen, als ob die Wasser des Himmels sich eben erst von der neugeschaffenen Erde verlaufen hätten und es gar nichts Wunderbares wäre, wenn man einem vierzig Fuß langen Megalosaurus begegnete, wie er gerade - ein Elefant unter den Eidechsen - Holborn-Hill hinaufwatschelt. Der Rauch senkt sich von den Schornsteinen nieder, ein dichter schwarzer Regen von Rußbatzen, so groß wie ausgewachsene Schneeflocken, die in schwarzen Kleidern den Tod der Sonne betrauern wollen. Hunde, unkenntlich vor Schmutz, Pferde nicht viel besser dran, bis an die Scheuklappen mit Kot bespritzt. Fußgänger drängen sich, von der allgemeinen Seuche übler Laune angesteckt, mit Regenschirmen aneinander vorbei und glitschen an den Straßenecken aus, wo bereits Zehntausende vor ihnen den trüben Tag über ausgerutscht sind und neue Schichten zu den Schmutzkrusten hinzugefügt haben, die an diesen Stellen zäh am Pflaster kleben und sich anhäufen mit Zinseszinsen. Nebel überall, Nebel stromauf, wo der Fluss zwischen Buschwerk und Wiesen dahinfließt; Nebel stromab, wo er sich schmutzig zwischen Reihen von Schiffen und dem Uferunrat der großen, unsauberen Stadt durchwälzt. Nebel auf den Sümpfen von Essex und Nebel auf den Höhen von Kent. Nebel kriecht in die Kabusen der Kohlenschiffe; Nebel liegt draußen auf den Rahen und klimmt durch das Tauwerk; Nebel senkt sich auf die Deckverkleidung der Barken und Boote. Nebel dringt in die Augen und Kehlen der alten Greenwichinvaliden, die am Kamin in ihren Kämmerchen husten und keuchen, dringt in das Rohr und den Kopf der Shagpfeife des grimmigen Schiffseigners unten in seiner engen Kajüte und beißt grausam in Zehen und Finger des fröstelnden kleinen Schiffsjungen auf Deck. Passanten schauen von den Brücken herab über die Geländer in einen Nebelhimmel und sind rings von Nebel umgeben, als ob sie in einem Luftballon mitten in grauen Wolken hingen. Gaslampen stieren in den Straßen trübäugig durch den Nebel wie draußen die Sonne wohl auf den durchweichten Feldern. Die meisten Läden haben zwei Stunden vor der Zeit angezündet, und das Gaslicht scheint es zu wissen, denn es sieht schmal und mürrisch aus."* (Übers. v. Gustav Meyrink)

Einen ganz anderen Eindruck des Großstadtlebens erweckt der von Januar 1892 bis April 1892, also vierzig Jahre nach Erscheinen von *"Bleak* House", in der *Deutschen Rundschau* vorabgedruckte Roman *"Frau Jenny Treibel"* von Theodor Fontane. Hier ist natürlich nicht von

London, sondern von Berlin die Rede, das vom Beginn bis zur Mitte des 19. Jahrhunderts ebenfalls einen Bevölkerungszuwachs um mehr als das Doppelte, von 170.000 auf 420.000 Bewohner, zu bewältigen hatte. Im zweiten Kapitel heißt es bei Fontane: *"Die Treibel'sche Villa lag auf einem großen Grundstücke, das, in bedeutender Tiefe, von der Köpnickerstraße bis an die Spree reichte. Früher hatten hier in unmittelbarer Nähe des Flusses nur Fabrikgebäude gestanden, in denen alljährlich ungezählte Centner von Blutlaugensalz und später, als sich die Fabrik erweiterte, kaum geringere Quantitäten von Berliner Blau hergestellt worden waren. Als aber nach dem siebziger Kriege die Milliarden ins Land kamen und die Gründeranschauungen selbst die nüchternsten Köpfe zu beherrschen anfingen, fand auch Commerzienrat Treibel sein bis dahin in der Alten Jakobstraße gelegenes Wohnhaus, trotzdem es von Gontard, ja nach einigen sogar von Knobelsdorff herrühren sollte, nicht mehr zeit- und standesgemäß, und baute sich auf seinem Fabrikgrundstück eine modische Villa mit kleinem Vorder- und parkartigem Hintergarten. Diese Villa war ein Hochparterrebau mit aufgesetztem ersten Stock, welcher letztere jedoch, um seiner niedrigen Fenster willen, eher den Eindruck eines Mezzanin als einer Bel-Etage machte. Hier wohnte Treibel seit sechzehn Jahren und begriff nicht, dass er es, einem noch dazu bloß gemutmaßten fridericianischen Baumeister zu Liebe, so lange Zeit hindurch in der unvornehmen und aller frischen Luft entbehrenden Alten Jakobstraße ausgehalten habe; Gefühle, die von seiner Frau Jenny mindestens geteilt wurden. Die Nähe der Fabrik, wenn der Wind ungünstig stand, hatte freilich auch allerlei Missliches im Geleite; Nordwind* aber, der den Qualm herantrieb, war notorisch selten, und man brauchte ja die Gesellschaften nicht gerade bei Nordwind zu geben. Außerdem ließ Treibel die Fabrikschornsteine mit jedem Jahre höher hinaufführen und beseitigte damit den anfänglichen Uebelstand immer mehr."

3. Aneignung und Vergegenwärtigung der Vergangenheit

a.) Hölderlin

Es ist gerade wenige Jahre her, da wurde am 20. März 2020 überall dort, wo Dichtung und Sprachkunst etwas gelten, an den 250sten Geburtstag Friedrich Hölderlins erinnert. Mal eher still, mal eher weihevoll und feierlich.

"An Hölderlin scheiden sich die Geister", schrieb in den frühen 1920er Jahren der Literaturwissenschaftler Franz Zinkernagel als Herausgeber einer fünfbändigen kritisch-historischen Ausgabe der Werke des Künstlers. Goethe, dem der einundzwanzig Jahre Jüngere 1797 seine Aufwartung machte, urteilte eher gönnerhaft und den Nachnamen leicht despektierlich verändernd über ihn: *"Gestern ist auch Hölterlein* (sic!) *bei mir gewesen, er sieht etwas gedrückt und kränklich aus, aber er ist wirklich liebenswürdig und mit Bescheidenheit, ja mit Ängstlichkeit offen. (...) Ich habe ihm besonders geraten, kleine Gedichte zu machen und sich zu jedem einen menschlich interessanten Gegenstand zu wählen."* Zu einer ganz anderen Bewertung ist schließlich Hugo von Hofmannsthal gelangt: *"Er ging im Schwunge noch über Schiller hinaus, Goethe meinte, er gehe zu weit, (...) doch war es nicht so, es war nur ein Hinüber, ein neuer, unbefahrener Ozean, sein eigenes Gemüt. Ich rede von Hölderlin und seinem Hyperion (...)."*

Der biographische Rahmen des ersten Lebensdrittels ist zügig nacherzählt. Aufgewachsen an den Ufern des Neckar, verbrachte Friedrich die frühen Jahre in Lauffen und Nürtingen. Im Alter von nicht einmal zehn hatte er bereits den Tod von Vater und Stiefvater erdulden und hinnehmen müssen. Die von pietistischer Frömmigkeit erfüllte Mutter, der danach ein noch höheres Maß an Bedeutung für den Heranwachsenden zukam als ohnehin, strebte für diesen die Übernahme eines geistlichen Amtes als adäquate Berufsausübung an. Materielle Not für diese Wahl ist als Motivation auszuschließen, dafür gestaltete sich die wirtschaftliche Lage zu günstig. Gründe, die mit der Erbfolge zu tun gehabt hätten, scheiden ebenso aus. Vielmehr werden die zeitgenössischen landesüblichen, eben grundsoliden schwäbischen Vorstellungen von einem ehrbaren Leben einen willkommenen Kristallisationspunkt darin gefunden haben. Also ging es 1788 zum Studium der Theologie nach Tübingen, wo die späteren Philosophen Friedrich Wilhelm Schelling und Georg Wilhelm Friedrich Hegel zu seinen Kommilitonen am 1536 von Herzog Ulrich gegründeten, in einem alten Augustinerkloster beheimateten und eng mit der dortigen Universität verbundenen Evangelischen Stift zählten. Einem strengen Regiment mit von Mönchen überwachtem, von zahlreichen Verboten bestimmtem Tagesablauf unterworfen, schlossen die drei bald Freundschaft. Doch während der fünf Jahre jüngere Schelling und der gleichaltrige Hegel hochberühmte Gestalten des deutschen Geisteslebens und prägende Vertreter des Idealismus wurden, verlief die Lebensbahn Friedrich Hölderlins so ganz anders. Obwohl der Abdruck von vier Gedichten aus eigener

Feder in Stäudlins Musenalmanach bereits zwei Jahre nach Beginn der Französischen Revolution eigentlich einen hoffnungsvollen Karrierestart bedeutete.

Noch bevor das neue Jahrhundert Einzug hielt und das vergangene ablöste, sind einige Jahre danach die zwei Bände des lyrischen Briefromans *"Hyperion"* publiziert worden. Neben äußeren Ereignissen der jüngeren Vergangenheit, die Bezug nehmen auf den griechischen Freiheitskampf gegen osmanische Unterdrückung, ist es immer wieder die Götterwelt des antiken Griechenland, der darin eine besondere Bedeutung zukommt. Im Gegensatz zu Schiller ist diese antike Götterwelt bei Hölderlin keineswegs nur vorbildhafte Vergangenheit, sondern in ihrer Verbindung mythischer und religiöser Art etwas, das in die Gegenwart zu integrieren sein müsste. Hölderlins Geschichtsbild entpuppt sich damit als zyklisch und kreislaufhaft, indem er an die Rück- und Wiederkehr des Gewesenen glaubt, es zumindest als wünschenswert im Sinne eines ganzheitlichen Einsseins des Menschen mit der ihn umgebenden Natur befindet. Hier begegnet ein erstaunlich modern anmutender Hölderlin, der im Zeitalter ökologischer Krisenhaftigkeit vielleicht nie aktueller war als gerade jetzt und dem es in jenen Jahren nicht um lineares Fortschreiten zu tun gewesen ist. Doch wie war es generell um das Thema *Antike* bestellt?

9. Friedrich Hölderlin, 1770 - 1843.

Drei Wege zur Antike

Uns stehen heute grundsätzlich drei Wege offen, um Kenntnisse und Wissen über die Antike zu erlangen, egal ob man als Wissenschaftler oder interessierter Laie an das Thema herangeht. Einen dieser Zugänge zum klassischen Altertum eröffnet die *Alte Geschichte* als diejenige historische Disziplin, deren Inhalte hauptsächlich von der griechisch-römischen Antike bestimmt werden. Zu Lebzeiten Hölderlins war das Fach *Alte Geschichte* kaum den Kinderschuhen entwachsen, die ersten Steh- und Gehversuche wurden gerade unternommen. In englischer Sprache wurde 1774 von Oliver Goldsmith die zweibändige *"The Grecian history: from the earliest state to the death of Alexander The Great"* vorgelegt. Im deutschen Sprachraum sind die Anfänge bei Arnold Hermann Ludwig Heeren und seinen 1793 bis 1796 veröffentlichten *"Ideen über die Politik, den Verkehr und den Handel der vornehmsten Völker der Alten Welt"* zu finden. Bis zum ersten wirklichen Meilenstein, den August Boeckh mit *"Die Staatshaushaltung der Athener"* 1817 in zwei Bänden errichtet hat, ist dann noch einige Zeit vergangen. Um die Wende vom 18. zum 19. Jahrhundert sind also weder aus dieser Richtung noch aus den mit der *Alten Geschichte* aufs engste verknüpften Teildisziplinen der Numismatik (Münzkunde) und Epigraphik (Inschriftenkunde) allzu tiefschürfende Wissensbestände für ein an griechischer Geschichte des Altertums interessiertes Publikum zu vermitteln gewesen.

Der zweite Weg, um sich Zugänge zur Antike zu eröffnen, er könnte als der kunstgeschichtliche oder klassischarchäologische bezeichnet werden, folgte einem zu dieser Zeit bereits besser ausgeleuchteten Pfad. Schließlich hatte Johann Joachim Winckelmman 1755 die *"Gedanken über die Nachahmung der griechischen Werke in der Malerey und Bildhauerkunst"* und einige Jahre später sein Hauptwerk die *"Geschichte der Kunst des Alterthums"* veröffentlicht. Hölderlin, das weiß man genau, war Winckelmann-Leser. Damit war ihm Winckelmannsches Gedankengut von der *"edlen Einfalt und stillen Größe"* wohlvertraut wie auch die Einsicht des 1768 in Triest früh Verstorbenen, dass eine Voraussetzung für das Erschaffen ihrer unübertroffenen Kunstwerke in dem Umstand begründet liegen würde, dass die Griechen in freien Gemeinwesen lebten. Heute würden wir eine derart verallgemeinernde Aussage so nicht mehr treffen, doch was für ein Unterschied zum seinerzeit unter herzoglicher Knute befindlichen Württemberg! Der Klassizismus in der Architektur wie die deutsche Klassik in der Literatur überhaupt, vor allem verkörpert durch die prominenten Persönlichkeiten Johann Wolfgang von Goethe, Friedrich von Schiller, Johann Gottfried Herder und Christoph Martin Wieland, wären ohne Winckelmanns Ideen- und Gedankengut wohl gar nicht erst entstanden. Ihr Einfluss auf den im wertneutralen Sinn Nicht-Klassiker, sich dem Weimarer Kreis durch Antritt einer neuen Hauslehrerstelle in Frankfurt entziehenden Hölderlin kann kaum überschätzt werden. Das Wilde und Ursprüngliche neben dem Dionysischen waren jedoch neue Facetten, die er dem bereits bestehenden Bild von den alten Griechen hinzuzufügen wusste.

Den philogischen Weg über das Erlernen der alten Sprachen *Altgriechisch* und *Latein* darf man als die dritte Möglichkeit ins Auge fassen, sich profunde Kenntnisse und belastbares Wissen über das klassische Altertum anzueignen. Wie war es nun um derartige Fähigkeiten bei unserem Protagonisten bestellt? Hölderlin, der im Dezember desselben Jahres 1793, als Ludwig XVI. in Paris guillotiniert worden war, in Stuttgart sein Konsistorialexamen zum Abschluss der theologischen Studien erfolgreich ablegte, verfügte über ganz außerordentliche altsprachliche Befähigungen. Nicht nur die Epiker Homer und Hesiod, die Tragiker Sophokles, Aischylos und Euripides, die Lyriker wie den hochgeschätzten Pindar oder die Philosophen wie den verehrten Platon, sie alle konnte er im Original lesen und verstehen. Mehr noch: Hölderlin ist selbst als Übersetzer hervorgetreten. Die *„Antigone"* und *„König Ödipus"* sind von ihm 1804 in die deutsche Sprache übertragen worden. Ein geistliches Amt hingegen ist trotz vorliegender Examina nie ausgeübt worden.

Vermächtnis

Was bleibt, ist wohl kaum die Erinnerung an die zum Zwecke des Broterwerbs verschiedentlich ausgeübten Ämter, mal besser und mal weniger gut bezahlte Stellen als Hofmeister, einer Art Privatlehrer für den Nachwuchs vermögender Leute. Viel eher ist da schon an das fragmentarisch hinterlassene Bühnenstück *"Der Tod des Empedokles"* zu denken. Daneben natürlich an den *"Hyperion"*, der es als belletristisches Werk immerhin in das epochenübergreifende Listing der *„Zeit-Bibliothek der*

100 Bücher" geschafft hat, wie auch an die sehr wahrscheinliche Co-Autorenschaft am *"Ältesten Systemprogramm des deutschen Idealismus"*, das vorhandene philosophische Befähigungen und Neigungen deutlich werden lässt. In diesem Ende 1796 oder Anfang 1797 niedergeschriebenen Text werden literarische Forderungen erhoben, wonach alles Trennende niederzureißen sei. Zudem müsse die Mythologie philosophisch und die Poesie die Lehrerin der Menschheit sein. In leicht abgewandelter Form begegnen uns derartige Argumente in der ersten Ausgabe der programmatischen frühromantischen Zeitschrift „*Athenaeum"* (s. S. 122) vom Mai 1798 wieder, ein überzeugender Beleg für geistige Wahlverwandtschaft und so manche Wechselwirkungen zwischen Idealismus und Romantik.

Unsterblich geworden ist Hölderlin indes durch seine vorwiegend an den antiken Formen der Ode, Hymne und Elegie ausgerichtete Lyrik. Ihre sprachliche Schönheit kommt bisweilen in den gelungensten Beispielen in ihrer Wirkung einer Offenbarung nahe. Wenn man bereit ist nachzuvollziehen, was vielen seiner Zeitgenossen schon aufgrund der unzureichenden Publikationslage nicht möglich war. Insofern ist Hölderlin nicht als Künstler späten Ruhms, sondern als einer des Nachruhms anzusprechen. Es galt ihn wiederzuentdecken, was trotz der großen Anerkennung durch Friedrich Nietzsche erst wesentlich dem 20. Jahrhundert vorbehalten war.

Höhere Menschheit

Den Menschen ist der Sinn ins Innere gegeben,
Daß sie als anerkannt das Beßre wählen,

Es gilt als Ziel, es ist das wahre Leben,
Von dem sich geistiger des Lebens Jahre zählen.

(Friedrich Hölderlin, wahrscheinlich 1841)

Room with a view

Ziemlich genau die Hälfte seines Lebens von 1807 bis zu seinem Tod am 7. Juni 1843 hat Friedrich Hölderlin in psychisch stark angespannter Situation verbracht. Nur von phasenweiser geistiger Verwirrung zu sprechen, wäre wohl untertrieben. Daher bedurfte er ständiger Pflege und Zuwendung, die ihm die Schreinermeisterfamilie Zimmer in Tübingen für die Dauer von 36 Jahren fürsorglich angedeihen ließ. Im ersten Stockwerk des einst der mittelalterlichen Stadtmauer zugehörigen Turmes, heute als Hölderlinturm bekannt, konnte der zu Lebzeiten oft verkannte Poet von seinem kreisrunden Zimmer aus den Blick ins Offene schweifen lassen. Unter sich das Plätschern und Murmeln des Neckar; dort wo alles begann...

b.) Mommsen und die römische Geschichte

Die Deutsche Post hat vor geraumer Zeit eine Sonderbriefmarke herausgegeben, um Theodor Mommsen anlässlich seines 200sten Geburtstags angemessen zu ehren, an ihn zu erinnern. Historikern, insbesondere Althistorikern gegenüber, verhalten sich Staat und Gesellschaft dabei im Allgemeinen mit derartigen Ehrungen und Auszeichnungen eher sparsam als inflationär. Das mag mit dem Image des - vielleicht immer noch - im einsamen Studierzimmer befindlichen und fernab von Öffentlichkeit und allgemeinem Bewusstsein agierenden Gelehrten zu tun haben oder, um eine zusätzliche Möglichkeit anzuführen, mit dem Umstand, dass die früher vorhandene exklusive Deutungshoheit dieser Spezies in unserer Gegenwart bisweilen auf Massenmedien wie Fernsehen und Internet übergegangen zu sein scheint. Warum überhaupt so viel Aufmerksamkeit gegenüber jemandem, der am 30. November 1817 in dem beschaulichen schleswig-holsteinischen Flecken Garding, Besuchern der Nordseeküste allenfalls als Durchgangsstation nach St. Peter-Ording bekannt, zur Welt kam?

Die Antwort auf diese Frage ist relativ simpel: Weil Theodor Mommsen (s. Abb. 10) Bahnbrechendes auf dem Gebiet der Alten Geschichte geleistet hat.

10. Theodor-Mommsen-Denkmal vor dem Westflügel des Hauptgebäudes der Humboldt-Universität zu Berlin. 1906 - 1909 vom Bildhauer Adolf Brütt aus Carrara-Marmor erschaffen.

Geschichte als Fach, Forschungsdisziplin und Wissenschaft wird traditionell in drei separate Bereiche unterteilt, die auf einem gedachten Zeitstrahl eben unterschiedliche Abschnitte zum Gegenstand haben. Die Rede ist von Alter Geschichte, Mittelalterlicher Geschichte (Mediävistik) und Neuzeitlicher Geschichte. Manche Neuzeithistoriker sind selbstverständlich aufgrund erfolgreicher Buchveröffentlichungen und als Teilnehmer am aktuellen politischen Diskurs einem breiteren Publikum durchaus geläufig. Für den englischen Sprachraum gilt dies etwa für Sir Ian Kershaw, Timothy Garton Ash, Niall Ferguson oder Sir Christopher Clark. Im deutschen Sprachraum gilt dies analog für Jürgen Osterhammel, Heinrich August Winkler oder Michael Stürmer. Und einige andere hier Ungenannte natürlich ebenso. Sie alle haben mit der einen Ausnahme Mary Beards jedoch nichts mit Alter Geschichte zu tun.

Wo aber fängt Alte Geschichte an, wo hört sie auf? Auf dem wiederum gedachten Zeitstrahl ist die Prähistorie, im hiesigen Universitätsbetrieb auch als Ur- und Frühgeschichte bekannt, ihre unmittelbare Vorläuferin. Sie beschäftigt sich mit Zeiträumen, die sehr oft früher, ebenso aber gleichzeitig und später in Relation zur Alten Geschichte liegen können, sie alle eint das Kriterium der Schriftlosigkeit. Ergo: Alte Geschichte beschäftigt sich mit Schriftkulturen. Daneben gibt es eine räumliche Dimension. Die Kultur des Alten Ägypten hat ihre eigene Spezialwissenschaft hervorgebracht, die jedem dorthin Reisenden geläufig ist: die Ägyptologie. Ägypten zur Zeit des Alten, Mittleren oder Neuen Reichs ist demnach nicht der geographisch-räumliche Bereich, welcher die Alte Geschichte beschäftigt. Erst mit der Gründung von Handelsniederlassungen auf griechische Initiative wie Naukratis während des 7./6. Jahrhunderts v. Chr. im westlichen Nildelta und antiken Autoren des griechisch-römischen Kulturraums, die über das Land im Nordosten Afrikas berichten, ändert sich das. Herodot, der *pater historiae*, kommt einem da in den Sinn, laut dessen Einschätzung Ägypten ja ein Geschenk des Nils gewesen ist. Außereuropäische Kulturen und randständige Völker geraten üblicherweise erst im Falle eines Falles ins Blickfeld der Alten Geschichte, sofern sich griechische oder römische Autoren, Inschriften, Münzen oder sonstige Quellen mit ihnen auseinandersetzen. Hier kämen also Aussagen von Griechen oder Römern über Phönizier, Karthager, achämenidische bzw. sassanidische Perser, Parther, Skythen, Gallier, Germanen oder andere in Betracht.

Was den Zeitraum anbetrifft, mit dem sich die Alte Geschichte auseinandersetzt, so liegen die Anfänge bei der Erfindung der altgriechischen Alphabetschrift, einer Adaption und kreativen Weiterentwicklung der phönizischen Schrift. Zeitlich steht damit das neunte vorchristliche Jahrhundert im Blickpunkt. Der erste bedeutende Autor war Homer mit seinen Epen *Ilias* und *Odyssee*. Das Ende der Antike ist wiederum nicht im Sinne einer naturwissenschaftlichen Gesetzmäßigkeit bestimmbar, denn unterschiedliche Forschungsmeinungen kamen und kommen zu verschiedenartigen Ergebnissen. Den einen gilt das Jahr 476 n.Chr., als der letzte weströmische Kaisers Romulus Augustulus abgesetzt wurde, als Epochengrenze, den anderen der Tod des in Konstantinopel residierenden oströmischen Kaisers Justinian 565 n. Chr., während eine nächste Meinung das siebte nachchristliche Jahrhundert als Übergangszeitraum zum Mittelalter versteht, und zwar mit der Begründung, mit der in Nordafrika westwärts greifenden arabischen Expansion habe sich die kulturelle Einheit des Mittelmeerraumes aufgelöst. Der lateinische Begriff des *mare nostrum* hatte sich damit inhaltlich überlebt.

Doch kehren wir zu Mommsen und der Fragestellung zurück, was denn überhaupt seine Bedeutung ausmacht. Der gebürtige Breslauer, im Zuge der NS-Zeit in die USA ausgewanderte Historiker Fritz Stern wusste über ihn zu sagen: *"Die Eigenschaften, die er für einen Historiker für unentbehrlich hielt - juristische, sprachliche und literarische Kenntnisse sowie rasche Auffassungsgabe und eingeborene Genialität, die in der Verzweigtheit der Geschichte Bedeutung und Zusammenhänge erkennt - besaß er selber in einem Ausmaß, das kein anderer moderner Historiker übertroffen hat."*

Die Reichs-Limeskommission

Haben sich die Römer nach der Niederlage des Feldherrn Publius Quinctilius Varus 9 n. Chr. in der sogenannten Schlacht im Teutoburger Wald, als drei in offener Feldschlacht als nahezu unbesiegbar geltende Legionen in den Wäldern Germaniens – in der Nähe von Osnabrück bei Kalkriese - aufgerieben und vernichtet wurden, tatsächlich für alle Zeiten auf das linke Rheinufer zurückgezogen? Ganz gewiss nicht! Was man von römischer Seite ab dieser Zeit sehr wohl unterlassen hat, war die Verwirklichung der Idee weiterzuverfolgen, im Gebiet zwischen Rhein und Elbe, der *Germania* magna, eine neue Provinz einzurichten. Daran änderten weder eine anderslautende Propaganda noch die von Germanicus durchgeführten Feldzüge in den Jahren von 14 bis 16 n. Chr. gegen rechtsrheinisch siedelnde germanische Stämme etwas. Militärische Expeditionen ins freie Germanien wurden zwar auch später noch nachweislich um 235 n. Chr. zur

Regierungszeit des die Dynastie der Severer ablösenden ersten Soldatenkaisers Maximinus Thrax im südlichen Niedersachsen (Harzhornereignis) durchgeführt, doch ist es dabei sehr viel wahrscheinlicher um Vorfeldaufklärung, einen Rachefeldzug oder die Exploration von Bodenschätzen im Harz als Ziel gegangen, als um die unrealistische Wiederbelebung einer längst verworfenen Idee. Insofern ist es zutreffend, dass die Römer den Rhein mit den am Westufer des niedergermanischen Heeresbezirks aufgereihten Militäreinrichtungen wie *Vetera* (Xanten) oder *Novaesium* (Neuss) als Grenze, als „nasser Limes", angesehen haben. Wir können daher von einem durch die Varusschlacht ausgelösten Wendepunkt in der römischen Germanienpolitik sprechen. Mommsen hat in diesem Kontext sogar von einem Wendepunkt der Weltgeschichte gesprochen.

Der südliche Endpunkt des niedergermanischen Verteidigungssystems wurde von dem linksrheinischen Kastell *Rigomagus*, dem heutigen Remagen, gebildet, das seine Fortsetzung auf der anderen rechten Rheinseite im Kleinkastell Rheinbrohl nur wenige Kilometer entfernt gefunden hat, nunmehr den Anfangspunkt des Obergermanisch-Raetischen Limes bildend.

1. Die Limesgräben in der Sandgrube zwischen Hönningen u. Rheinbrohl, von der Landstrasse aus nach Süd-Westen.

11. Fotographisches und zeichnerisches Profil der Limesgräben bei Rheinbrohl (aufgenommen zwischen 1892 und 1902).

In verschiedenen, zusehends aufwendigeren Ausbaustufen – beginnend mit Sichtschneisen, Postenwegen und Holztürmen in flavischer Zeit - handelt es sich beim Obergermanisch-Raetischen Limes (s. Abb. 12) um ein Befestigungswerk, das mit einer Gesamtlänge von 550 Kilometern das bedeutendste Bodendenkmal Europas ist und damit mehr als die viereinhalbfache Länge seines nordenglischen Pendants, des Hadrianswalles, aufweist. Der Stellenwert dieser die vier Bundesländer Rheinland-Pfalz,

73

Hessen, Baden-Württemberg und Bayern durchmessenden Anlage wurde nicht zuletzt von der UNESCO entsprechend gewürdigt, indem sie ihr im Jahr 2005 den Status eines Weltkulturerbes zuerkannte. Anfangspunkt ist, wie gesagt, in Obergermanien, von den Römern mit der Provinzbezeichnung *Germania superior* belegt, das zwischen Koblenz und Bonn am Rhein gelegene Rheinbrohl, von wo aus sich der Limes über die Höhen von Westerwald und Taunus bis ungefähr 50 Kilometer nördlich von Frankfurt erstreckt und von dort südwärts bis zum Main weiter verläuft. Endpunkt ist schließlich das zwischen Ingolstadt und Regensburg an der Donau gelegene Eining. Stets lassen sich ähnliche, wenn auch nicht identische Baustrukturen beobachten. Einem seit hadrianischer Zeit (117 – 138 n. Chr.) hölzernen Palisadenzaun, dem in der anschließenden raetischen Provinz eine Steinmauer entsprach, folgen seit dem Beginn des 3. Jahrhunderts ein 2 Meter tiefer und 6 bis 8 Meter breiter Graben mit rückwärtigem Wall (s. Abb. 11), was als Ausdruck eines gesteigerten Schutzbedürfnisses gedeutet worden ist. Dahinter befindliche Wachtürme – zunächst aus Holz, später aus Stein -, waren so auf Abstand gebaut, dass Kommunikation von einem Wachturm zum nächsten beispielsweise über Leuchtzeichen möglich war.

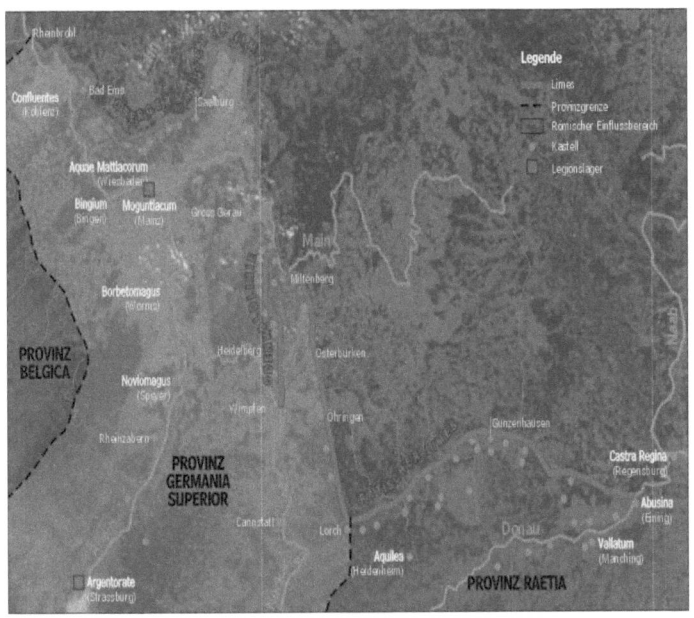

12. Verlauf des Obergermanisch-Raetischen Limes

Welchem Zweck diente der Limes? Wie so oft in der Geschichte greifen monokausale Erklärungsversuche zu kurz. Die Vorstellung, beim Limes habe es sich um eine Grenzanlage zum Zweck der hermetischen Abriegelung gehandelt, kann jedenfalls nicht zutreffend sein, da immer wieder Durchlässe das Passieren ermöglicht haben. Sehr viel mehr Wahrscheinlichkeit genießt daher die Interpretation, der Limes habe im Rahmen des "kleinen Grenzverkehrs" kanalisiert Handel und somit Wirtschaft ermöglichen wollen. Germanen sind demnach durchaus dazu ermutigt worden mit ihren Handelswaren, wozu der in Rom sehr begehrte Bernstein oder blondes Frauenhaar gehört haben, den Limes zu passieren, während von Seiten wagemutiger römischer Kaufleute das freie Germanien beispielsweise mit feinem Tafelgeschirr - der Terra Sigillata - aus *Tabernae*, dem heutigen Rheinzabern in Rheinland-Pfalz, der seinerzeit wohl bedeutendsten Töpfersiedlung nördlich der Alpen, beliefert wurde. Demnach funktionierten die Durchlässe im Limes als Zoll- und Wirtschaftsgrenze. Und wurde er einmal doch von wilden germanischen Horden überrannt, so gab es ja immer noch die im Hinterland in Kastellen stationierten aus Kavallerie bestehenden "schnellen Eingreiftruppen".

Nachdem das Heilige Römische Reich deutscher Nation 1806 aufgehoben, die Napoleonischen Besetzungen beendet und der Deutsche Bund im Zuge des Wiener Kongresses 1815 ins Leben gerufen wurde, seinerseits ab 1866 durch den Norddeutschen Bund abgelöst, hat Mommsen die Reichsgründung am 18. Januar 1871 als Chance begriffen, die Vereinzelung und Partikularisierung wissenschaftlicher Arbeit am römischen Erbe in deutschen Landen zu überwinden. War bisher die Limesforschung von engagierten Individualisten betrieben worden, sah Mommsen ab 1871 den Impetus zu zentralem Zugriff gegeben. Nach vielen organisatorischen Kämpfen, bei denen es vor allem auch um Personal- und Finanzfragen ging, fand endlich am 6. und 7. Juni 1892 in Heidelberg die konstituierende Sitzung der Reichs-Limeskommission (RLK) statt. Wer sonst als Theodor Mommsen sollte zu ihrem Vorsitzenden gewählt werden? Jetzt erst konnten aus der Vogelperspektive die 550 Kilometer in den Blick genommen werden. Und sie wurden es! Alle anfallenden Arbeiten und Aufgaben konnten nun integrativ vorgenommen werden. Dazu zählten etwa: Bestimmung des genauen Streckenverlaufs, Lokalisierung der Kastelle, Vermessung, Kartierung, Durchführung von wissenschaftlichen archäologischen Ausgrabungen, Photographie, Initiierung von renovatorischer Aufbereitung, wie sie etwa an der Saalburg in Hessen sichtbar wird. Letzten Endes wäre alles von beschränktem Wert gewesen, wenn nicht für eine angemessene Publikation der Ergebnisse gesorgt worden wäre. Unter dem Titel *"Der Obergermanisch-Raetische Limes des Roemerreichs"* wurde in insgesamt 56 Lieferungen von 1894 bis 1937 der Publikationsverpflichtung mustergültig Folge geleistet, die heimische Altertumswissenschaft hat damit der Allgemeinheit wertvolle Beiträge zur Verfügung gestellt, wie wir sie anderenorts in dieser Form nicht so leichthin finden werden. Nicht verschwiegen sei, dass Mommsen auf überragende Kollegen wie den Münchener Archäologen Heinrich von Brunn und den Freiburger Althistoriker Ernst Fabricius als wirkmächtige Mitstreiter an seiner Seite setzen konnte.

Ein politisches Wesen

Während die Leitungsfunktion in der RLK Mommsens späte Jahre des Berufslebens prägte, so standen die vorhergehenden Jahrzehnte unter dem Eindruck, akademischer Lehrer zu sein. Nach den Professuren in Leipzig, Zürich und Breslau berief man ihn 1858 an die Preußische Akademie der Wissenschaften in Berlin. 1861 folgte die ordentliche Professur für Römische Geschichte an der

Berliner Universität, deren Rektor er überdies 1874 werden sollte.

Wiederholt hat er dem Preußischen Landtag als Abgeordneter angehört, und zwar von 1863 bis 1866 als Vertreter der Fortschrittspartei sowie von 1873 bis 1879 als Nationalliberaler. Abgeordneter des Reichstags sollte er schließlich von 1881 bis 1884 auch noch werden. Seine politische Grundausrichtung war die eines Liberalen des 19. Jahrhunderts. Die von Reichskanzler Bismarck geplante staatliche Kranken-, Alters- und Invalidenversorgung wurde von seiner Fortschrittspartei als Sozialismus von oben gebrandmarkt. Bismarcks Schutzzollpolitik war Mommsens Sache eben so wenig. Er nannte sie *"nichtswürdig"* und eine *"Politik der gemeinsten Interessen"*. Die persönliche Fehde der beiden Politiker spitzte sich noch weiter zu, bis Mommsen am 10. Februar 1882 vom Reichskanzler wegen öffentlicher Beleidigung angezeigt wurde. Bis zum Reichsgericht Leipzig wurde der Fall verhandelt, der große Gelehrte sah sich im Zuge des Verfahrens sogar mit Gefängnisstrafe bedroht und war sicher froh als am Ende ein Freispruch für ihn herauskam. Der hochberühmte Mann, der es ablehnte mit den Titeln Geheimrat und Exzellenz geehrt zu werden, ein Ausweis von Bescheidenheit, stand dem deutschen Kaiserreich durchaus kritisch und distanziert gegenüber. Er, dem entschlüsselnde Einblicke in die ferne Vergangenheit der römischen Republik wie kaum einem zweiten zum inneren Erfahrungsschatz gehörten, ließ sich vom Blendwerk seiner Gegenwart nicht betören und sah wohl auch so manche Fehlentwicklung. Sein politisches Vermächtnis hat er

1899 seinem Testament beigefügt. Überaus interessant ist die Tatsache, dass es erst 1948, 45 Jahre nach seinem Tod publiziert wurde: *"Politische Stellung und politischen Einfluss habe ich nie gehabt und nie erstrebt, aber in meinem innersten Wesen, und ich meine, mit dem Besten was in mir ist, bin ich stets ein animal politicum gewesen und wünschte ein Bürger zu sein. Das ist nicht möglich in unserer Nation, bei der der einzelne, auch der Beste, über den Dienst im Gliede und den politischen Fetischismus nicht hinauskommt. Diese innere Entzweiung mit dem Volke, dem ich angehöre, hat mich durchaus bestimmt, mit meiner Persönlichkeit, soweit mir dies irgend möglich war, nicht vor das deutsche Publikum zu treten, vor dem mir die Achtung fehlt."* Harte Worte, dabei kann an seinem lebenslangen Eintreten für den deutschen Staat im Sinne der kleindeutschen Lösung kein Zweifel bestehen.

Der Autor der "Römischen Geschichte"

Als Theodor Mommsen als erster Autor deutscher Nationalität überhaupt 1902 den Nobelpreis für Literatur verliehen bekam, so gedachte das dafür zuständige Komitee in seiner Begründung des gegenwärtig größten lebenden Meisters der historischen Darstellungskunst mit besonderer Berücksichtigung seines monumentalen Werkes *"Römische Geschichte"*. Stilsicherheit, sprachliche Eleganz, Lebendigkeit des Ausdrucks sind Attribute, die man hinzufügen sollte, ohne doch vollständig den 1854, 1855, 1856 und 1885 in der Weidmannschen Buchhandlung, Berlin, erschienenen vier Bänden in ihrer legendären Zählung I, II, III, V, gerecht werden zu können. Zwischenzeitlich ist ihm dann die Leitung des *Corpus Inscriptionum Latinarum (CIL)* übertragen worden, mithin die Edition aller bekannten lateinischen Inschriften, weshalb die dem vierten Band vorbehaltene Geschichte der römischen Kaiserzeit von Mommsen eben nicht mehr geschrieben werden konnte.

Auch heute noch kommt man nur schwerlich an den in den ersten drei Bänden der frühen, mittleren und späten Römischen Republik gewidmeten Kapiteln und Thesen als Referenzpunkt für aktuelle Forschungen vorbei. Um einen kleinen Eindruck zu vermitteln, wie Mommsen über die späte Republik dachte, folgende Passage zur Illustration. *"In der religiös-philosophischen Entwicklung tritt in dieser Epoche kein neues Moment hervor. Die römisch-hellenische Staatsreligion und die damit untrennbar verbundene stoische Staatsphilosophie waren für jede Regierung, Oligarchie, Demokratie oder Monarchie, nicht bloß ein bequemes Instrument, sondern deshalb geradezu unentbehrlich, weil es ebenso unmöglich war, den Staat ganz ohne religiöse Elemente zu konstruieren als irgendeine neue zur Ersetzung der alten geeignete Staatsreligion aufzufinden. So fuhr denn zwar der revolutionäre Besen gelegentlich sehr unsanft in die Spinnweben der auguralen Vogelweisheit hinein (...); aber die morsche, in allen Fugen krachende Maschine überdauerte dennoch das Erdbeben, das die Republik selber verschlang, und rettete ihre Geistlosigkeit und ihre Hoffart ungeschmälert hinüber in die neue Monarchie."*

Neben der *"Römischen Geschichte"* wurde von Theodor Mommsen mit dem *"Römischen Staatsrecht"* in drei Bänden, in der ersten Auflage zwischen 1871 und 1887/88 in Leipzig erschienen, mindestens ein weiteres epochales Werk vorgelegt.

c.) Auf der Suche nach Troja

Europäische Literatur beginnt nicht mit verbesserungs-
würdigen Übungsstücken, sondern mit lauttönenden
Paukenschlägen. Homers Meisterwerke der epischen
Dichtkunst, die *Ilias* und die *Odyssee,* sind nach weitgehend übereinstimmenden Einschätzungen führender Alt-
philologen gegen Ende des achten vorchristlichen Jahrhunderts entstanden. Das zunächst in der *Ilias* berichtete
Geschehen von der Entführung Helenas durch den troja-
nischen Königssohn Paris und die sich daran anschließenden zehnjährigen Kampfhandlungen zwischen vom Dichter als Achaier bezeichneten Griechen und ihren
Gegenspielern von der kleinasiatischen Westküste sind
genauso Bestandteil des kollektiven Gedächtnisses der
westlichen Zivilisation wie die im Rahmen einer Irrfahrt
sich abspielenden Abenteuer von der Heimkehr des Odysseus und seiner Gefährten. Bisweilen erreichen Homers
Angaben ein derart hohes Maß an Genauigkeit, dass es
dem ebenso gewieften wie wohlhabenden Kaufmann und
Autodidakten Heinrich Schliemann auf der Grundlage von
Hypothesen des Briten Frank Calvert vor 150 Jahren möglich erschien, Troja an der nordwestlichen Mittelmeer-
küste des Osmanischen Reiches lokalisieren zu können.
Die danach von ihm vor Ort am Hügel Hisarlik begonne-
nen und von Schwierigkeiten im Umgang mit den Behörden vor Ort belasteten archäologischen Ausgrabungen
waren, darüber besteht heute kein Zweifel, sicherlich
mehr von ehrgeizigem Eifer als von exquisiter Expertise
getragen.

Sein publizierter Grabungsbericht vom 17. Juni 1873 liest sich dennoch packend, zumal es sich um den Tag handelt, an dem der heutzutage im Moskauer Puschkin-Museum befindliche sogenannte *„Schatz des Priamos"* für alle überraschend ans Tageslicht gekommen ist: *„Hinter der letzten [Mauer] legte ich in 8 bis 9 Meter Tiefe die vom Skäischen Tor weitergehende trojanische Ringmauer bloß und stieß beim Weitergraben auf dieser Mauer und unmittelbar neben dem Hause des Priamos auf einen großen kupfernen Gegenstand höchst merkwürdiger Form, der umso mehr meine Aufmerksamkeit auf sich zog, als ich hinter demselben Gold zu bemerken glaubte. Auf dem kupfernen Gegenstand ruhte eine 1½ bis 1¾ Meter dicke steinfeste Schicht von roter Asche und calcinierten Trümmern, auf welcher die vorerwähnte 1 Meter 80 Centimeter dicke, 6 Meter hohe Festungsmauer lastete, die aus großen Steinen und Erde bestand und aus der ersten Zeit nach der Zerstörung Trojas stammen muss. Um den Schatz der Habsucht meiner Arbeiter zu entziehen und ihn für die Wissenschaft zu retten, war die allergrößte Eile nötig, und, obgleich es noch nicht Frühstückszeit war, so ließ ich doch sogleich ‚païdos' […] ausrufen, und während meine Arbeiter aßen und ausruhten, schnitt ich den Schatz mit einem großen Messer heraus, was nicht ohne die allergrößte Kraftanstrengung und die furchtbarste Lebensgefahr möglich war, denn die große Festungsmauer, welche ich zu untergraben hatte, drohte jeden Augenblick auf mich einzustürzen. Aber der Anblick so vieler Gegenstände, von denen jeder einzelne einen unermesslichen Wert für die Wissenschaft hat, machte mich tollkühn und ich dachte an keine Gefahr."*

Die Arbeiten von Schliemann sind anschließend von verschiedenen Teams unterschiedlicher Nationalität mit Unterbrechungen bis in die Gegenwart fortgeführt worden. Welche Erkenntnisse aus Dichtung und Feldforschung gewonnen werden können und welchen Schwierigkeiten sich die an der Auswertung teilnehmenden Experten für das Altertum gegenübersahen, wird nachfolgend diskutiert und erläutert.

Homer als Hauptquelle und Gewährsmann

Von den im Hügel Hisarlik trenn- und damit unterscheidbaren wenigstens neun Siedlungsschichten, die ihrerseits wiederum zahlreiche Ausbaustufen aufweisen, ist die Schicht Troja VIIa bereits vor Jahrzehnten vom US-amerikanischen Archäologen Carl Blegen, als am wahrscheinlichsten mit der schriftlichen Überlieferung Homers übereinstimmend, identifiziert worden. Der das Leben in dieser menschlichen Ansiedlung zumindest vorläufig beendende, auf Brandvorgänge und Feuer aufgrund kriegerischer Ereignisse zurückzuführende Zerstörungshorizont - darin enthaltene Geschossspitzen stützen diese Deutung - wird auf die Jahre um 1200 v. Chr. datiert. Damit ist eine Koinzidenz zu den Ereignissen gegeben, die mit den Begriffen der *Ägäischen Wanderung* und dem *Seevölkersturm* erfasst werden, wobei das zeitliche Zusammenfallen nicht zwingend einen ursächlichen Zusammenhang bedeuten muss. Die durch eine erheblich beeindruckendere Bauanlage einschließlich monumentaler Festungsmauer gegenüber Troja VIIa gekennzeichnete Ansiedlung Troja VI jedoch, die gegen 1300 v. Chr. ihr Ende fand, kann nicht das Troja der *Ilias* gewesen sein, da ein Erdbeben kausal für die hier gleichfalls vorhandenen Zerstörungen war.

13. Heinrich Schliemann 1822 – 1890, teilkolorierter Holzstich aus den Jahr 1879.

Die Vorstellung, ein vernichtendes Feuer habe zum Untergang der Stadt am Eingang des Hellespont, wir bezeichnen die Meerenge heute als Dardanellen, beigetragen, war in der griechisch-römischen Antike durchweg lebendig. Der im 1. Jahrhundert v. Chr. in der späten Republik und im frühen Prinzipat wirkende römische Poet Vergil hat in seinem epischen Meisterwerk *Aeneis* ausführlich die Flucht von Aeneas gemeinsam mit dem Sohn Askanios und dem Vater Anchises aus den brennenden Ruinen beschrieben und dichterisch verklärt. Aeneas habe dann nach langen Irrfahrten, die denen des Odysseus ähnelten, als sie endlich die Küste Latiums erreichten, einen bedeutenden Beitrag zur Gründung Roms geleistet.

Doch zurück zu Homer. In einer Passage des neunten Buches der *Ilias*, in der dem sich stärkerem persönlichen Einsatz verweigernden griechischen Helden Achilleus das leuchtende Beispiel des Trojaners Meleagros entgegengehalten wird, erfahren wir:

"Jetzt beschwor die schöngegürtete Gattin den Helden
Unter Klagen, und nannte ihm all' das Leiden und Elend,
Das die duldenden Menschen trifft in eroberter Feste:
Wie man die Männer erschlägt und die Stadt in Asche
verwandelt,

(Homer, Ilias IX, 590-594. Übersetzt von Johann Heinrich Voß)

Der Schöpfer dieser Zeilen, Homer, ist dabei als Person nicht wirklich fassbar. Streng genommen wissen wir nicht einmal, ob es sich bei Homer um ein konkretes Individuum gehandelt hat oder ob der Name als Sammelbegriff für mehrere Dichterpersönlichkeiten anzusehen ist. Die

Hauptschaffenszeit des Epikers wird jedenfalls zumeist die zweite Hälfte des achten vorchristlichen Jahrhunderts datiert und als Herkunftsort eine der aufblühenden griechischen Kolonien an der kleinasiatischen Westküste genannt. Folgt man dieser Annahme, so bestand immerhin eine gewisse geographische Nähe zum Heimatort Hektors und Kassandras.

14. Sophia Schliemann, die Ehefrau von Heinrich, versehen mit einigen Preziosen aus dem Schatz des Priamos. Die Aufnahme ist von 1873.

Homer bewegte sich in den Traditionen der mündlichen Dichtung, die im englischen Sprachraum als *„oral poetry"* bezeichnet wird. Die als Sänger auftretenden Exponenten jener Kunstform, Rhapsoden genannt, haben ihre geschickt verknüpften, von formelhaften Wendungen getragenen Vorträge bei festlichen Anlässen aller Art über Jahrhunderte zum Besten gegeben. Homer bildete insofern den Endpunkt einer Entwicklung, als dass es ihm ein Anliegen war, eine Verschriftlichung und damit Kanonisierung einer nicht mehr rekonstruierbaren Variationsbreite des Ausgangsstoffs vorzunehmen. Warum es im griechischen Kulturraum des 8. Jahrhunderts v. Chr. ein Anliegen war, sich an Ereignisse einer bald 500 Jahre zurückliegenden Epoche erinnern zu wollen, dafür bietet der Kulturwissenschaftler und Ägyptologe Jan Assmann eine überzeugende Erklärung an, derzufolge der tiefe kulturelle und gesellschaftliche Bruch zwischen der gewesenen mykenischen und der gegenwärtigen archaischen Gesellschaft die Errichtung einer "Vergangenheit" im Sinne eines Heroischen Zeitalters erst ermöglicht habe. Zum Wesen dieser Vergangenheit habe gehört, dass sie eben vergangen und nicht fortsetzbar gewesen ist. Dadurch sei das Szenario für Geschichten gebildet worden, in denen die aristokratische Gesellschaft des 9. und 8. Jahrhunderts v. Chr. sich selbst erlebt und gefeiert habe. Durch Adoption dieser Geschichten als eigene Vergangenheit wären ihre Stammbäume auf die legendären, allen geläufigen Gestalten der Trojasage und entsprechender Stoffe zurückgeführt worden.

Apokalypse in der Spätbronzezeit

Wie ist es also abseits heroischer Erwägungen um das Ende der Zeit bestellt, die am Anfang des zu überbrückenden halben Jahrtausends stand?

Zweifelsfrei ist es in den Jahren um 1200 v. Chr. - am Ende der Spätbronzezeit - zu einem nahezu vollständigen zivilisatorischen Abbruch im gesamten östlichen Mittelmeerraum gekommen. Nicht nur Troja wurde zerstört, auch die mykenische Hochkultur mit ihrem geographischen Zentrum auf der Peloponnes neigte ihrem unwiederbringlichen Ende zu. Von hier wurde die eingangs erwähnte, wegen ihrer unglaublichen Schönheit berühmte Helena entführt, von hier stammte die Hauptmasse der gen Troja übers Meer fahrenden Achaier. Nicht nur die mykenischen Zentren in Mykene, Tiryns, Pylos, Theben und Midea wurden zerstört, auch der Gebrauch der Schrift, der seit den 1950er Jahren von Michael Ventris und John Chadwick entzifferten Linear B, ging verloren. Diejenigen Schriftdokumente in einer Vorform des späteren Griechisch, die sich, auf Tontafeln eingebrannt, erhalten haben, geben uns dennoch wichtige Einblicke vor allem in die Wirtschafts- und Verwaltungspraxis der mykenischen Palastkultur.

In jener uns so fernen Zeit der Wirren ging ebenfalls das einst mächtige Hethitische Reich unter und selbst der mächtige ägyptische Pharao Ramses III., der über die Ereignisse berichtet hat, konnte sich der marodierenden und brandschatzenden Fremden nur mit Mühe und unter

Aufbietung aller ihm zu Gebote stehenden Kräfte erwehren. Die Gründe für das Ende der bronzezeitlichen Reiche im östlichen Mittelmeer sind jedenfalls vielfältig und keineswegs nur einer einzigen Ursache zuzuschreiben. Über mehrere Jahrzehnte wütende Naturkatastrophen wie Erdbeben und Dürren hatten die Resilienz der auf dem Land und in Städten lebenden Menschen der Ägäis, Kleinasiens, der Levante und Ägyptens ohnehin schon auf eine harte Probe gestellt. Nun kamen die seefahrenden, Unruhe, Mord und Brandschatzung mit sich bringenden Fremden, die Seevölker, über deren umstrittene Herkunft sich spekulieren lässt, hinzu. Der Archäologe Eric H. Cline hat die Ereignisse bilanzierend zusammengefasst, indem er darauf hingewiesen hat, dass spätestens Mitte des 12. Jahrhunderts v. Chr. die einst international vernetzten Regionen auf sich selbst gestellt und von der vormaligen Globalisierung des 14. und 13. Jahrhunderts v. Chr. nichts mehr übriggeblieben war.

Doch wie ist die Rolle Trojas in dem sich abzeichnenden geschichtlichen Rahmen zu bewerten? Handelte es sich, wie der Althistoriker Frank Kolb in den 1980ern in einer maßgeblichen Arbeit zur Urbanistik des Altertums geschrieben hat, nur um ein Provinznest?

Troja VI und VIIa (s. o.), die von der Zeitstellung her für eine Gleichsetzung mit dem homerischen Troja am ehesten in Frage kommen würden, waren Kolb zufolge armselige kleine Siedlungen, die keinerlei Anspruch auf eine Benennung als Stadt erheben dürften. Und noch die eindrucksvollste Siedlung der verschiedenen Troja-

Schichten, Troja II, war dem archäologischen Befund nach nicht mehr als eine Festung von ungefähr 110 Metern Durchmesser.

15. Was vom Tage übrig blieb: Relikte des zerstörten Troja.

Kolb sollte in der Troja-Debatte, die mit dem Tübinger Prähistoriker Manfred Korfmann ausgefochten wurde, der vehementeste Antagonist sein und bleiben. Es ist indessen Korfmanns langjähriger Ausgrabungstätigkeit vor Ort in Troja zu verdanken, dass wir nicht mehr nur um die Existenz der von Kolb minimalistisch eingeschätzten Oberstadt wissen, sondern auch Kenntnisse und Wissen über die mit einem Graben geschützte Unterstadt erlangt haben. Sie mag schätzungsweise 5.000 bis 10.000 Einwohnern Platz zum Arbeiten und Leben geboten haben. Von einer lebendigen Handelsstadt in strategisch bedeutsamer Lage zur Zeit der Handlung der *Ilias* zu sprechen, scheint von daher eher angezeigt zu sein. So betrachtet, liegt in Homers Dichtung sehr viel Sinn, in Heinrich Schliemanns Überlegungen auch!

d.) Historismus

Das 19. Jahrhundert war das Jahrhundert des Historismus. Die drei abschließenden Jahrzehnte des 18. Jahrhunderts als Phase der Vorbereitung und die als Nachblüte bis zum Ersten Weltkrieg verstrichene Zeit vervollständigen die Chronologie. Damit ist ziemlich genau der zeitliche Rahmen abgesteckt, der den britischen Sozialhistoriker Eric J. Hobsbawm dazu bewogen hat, vom *"langen 19. Jahrhundert"* zu sprechen. Am Anfang stand danach die aus englischer industrieller und französischer politischer resultierende Doppelrevolution und am Ende in der Terminologie des US-Historikers und Diplomaten George F. Kennan die Urkatastrophe des 20. Jahrhunderts. Ein ernstzunehmender Hinweis darauf, dass der Historismus auf gesellschaftliche Umbrüche reagiert haben könnte, ist damit gegeben, doch worauf sich dieser sperrige Begriff eigentlich bezieht, bleibt zu klären.

Historismus hat es als Stil sowohl in der Malerei, etwa beim Erschaffen von Ölbildern, als auch bei der Herstellung von Möbeln ebenso wie von anderen kunstgewerblichen Gegenständen gegeben. Selbst manche Erscheinungen in der zeitgenössischen Damen- und Herrenmode, die zumeist als viktorianisch oder gründerzeitlich adressiert werden, lassen sich so ansprechen, doch in diesem Kapitel soll es vor allem um Architektur und geschichtliches Denken gehen.

Ein neuartiges geschichtliches Denken greift um sich

Geschichtsschreibung hat es natürlich bereits im Altertum gegeben. Unser Wissen über die griechisch-römische Antike wäre ohne die Schriften von Herodot, Thukydides, Sallust, Livius, Tacitus und vieler anderer reichlich unvollständig und fragmentarisch geblieben.

Die Aufklärung des 18. Jahrhunderts schließlich in ihrem wohl allzu optimistischen Glauben an die menschliche Vernunft hat in ihr einen geradezu handlungsleitenden Maßstab erkennen wollen. Eine Einschätzung, die später östlich des Rheins in den sich formierenden und zu einigem Wohlstand gelangten Stadtbürgergesellschaften unter dem Eindruck der Auswüchse der Französischen Revolution nicht überall und zunehmend weniger geteilt wurde. Die Angehörigen der bürgerlichen Gesellschaft, die um erreichten materiellen Wohlstand und persönliche Unversehrtheit angesichts denkbarer revolutionärer Umstürze fürchteten, fanden sich politisch, sofern sie nicht dem konservativen Spektrum angehörten, im auf evolutionäre Veränderung im Sinne der diesbezüglichen philosophischen Positionen Kants setzenden Liberalismus eher aufgehoben. Freiheit und das vorläufig vergebliche Streben nach nationalstaatlicher Einheit waren die geläufigen Schlagworte. Dazu gehörte die Rückbesinnung auf die Vergangenheit, auch auf das vermeintlich dunkle Mittelalter, das durch die romantische Bewegung eine ungeahnte Konjunktur erlebte. Eine wissensbasierte Orientierung darüber war bei Bildungsbeflissenen gefragt wie

noch nie und der Historismus lieferte sie im Zusammenhang einer sich allmählich etablierenden Legitimations-
wissenschaft. Ein wichtiges und neuartiges Merkmal der
historistischen Denkschule war der Ansatz, jeder Epoche
ihren eigenständigen Wert beimessen zu wollen und
nicht etwa die Gegenwart hierarchisch über allen vergangenen Zeitaltern anzusiedeln.

Fortschrittliche Exponenten der Aufklärung wie der Philosoph Voltaire, der mit Werken über das Zeitalter Ludwig
XIV. und den Versuch einer allgemeinen Weltgeschichte
auch als Historiker unterwegs war, zeichneten sich schon
früh durch Forderungen danach aus, dass die Glaubwürdigkeit jedes historischen Zeugnisses geprüft werden
müsse oder, dass der Historiker Tatsachen von Erfindungen zu unterscheiden hätte. Ganz am Anfang der Ge-
schichtskonzeption des Historismus ist indes der Althistoriker Barthold Georg Niebuhr zu verorten, dessen
quellenkritisch-philologischer Ansatz dazu geführt hat,
dass keine wirkliche Ereignisgeschichte Roms vor 300 v.
Chr. mehr geschrieben werden konnte. Niebuhr hat - für
uns heute selbstverständlich - die Frage nach der Plausi-
bilität der von späteren Quellen berichteten Ereignisse
gestellt und derart Legenden und Mythen von belastba-
ren Fakten unterschieden.

Im Konflikt des 1818 an die Berliner Universität berufenen
Philosophen Georg Wilhelm Hegel mit dem 25 Jahre jüngeren 1795 bürgerlich geborenen Leopold von Ranke ist
ein weiterer früher Meilenstein auf dem Weg hin zu einer
ihren Namen auch verdienenden Wissenschaft der Ge-

schichte zu finden. Hegel war der Auffassung die Kategorie der Vernunft erlaube ihm für die Geschichte eine Unterteilung in Wichtiges und Unwichtiges. Rankes Ansatz war Hegel insofern suspekt, *"wenn nicht diese Lebendigkeit der Empfindung, doch die der Anschauung, der Vorstellung dadurch zu gewinnen, dass sie alle einzelnen Züge gerecht, lebendig darstellen, nicht durch eigene Verarbeitung die alte Zeit reproduzieren wollen, sondern durch sorgfältige Treue ein Bild derselben geben. Die bunte Menge von Detail, kleinliche Interessen, Handlungen der Soldaten, Privatsachen, die auf die politischen Interessen keinen Einfluss haben, - unfähig ein Ganzes, einen allgemeinen Zweck zu erkennen. (...) - solche Manier verwickelt uns in die vielen zufälligen Einzelheiten, die historisch wohl richtig sind: aber das Hauptinteresse wird durch sie um nichts klarer, im Gegenteil verworren."*

Rankes Berufsbild des Historikers, dem es bloß darum gehen sollte zu zeigen, *"wie es eigentlich gewesen"*, und seine Geschichtsauffassung von erheblicher Tragweite möchte ich hier als gelungene Replik auf Hegels Einschätzung ergänzend hinzufügen: *"Menschliche Dinge kennenzulernen, gibt es eben zwei Wege: den der Erkenntnis des Einzelnen und den der Abstraktion; der eine ist der Weg der Philosophie, der andere der der Geschichte. Einen anderen Weg gibt es nicht, und selbst die Offenbarung begreift beides in sich: abstrakte Sätze und Historie. Diese beiden Erkenntnisquellen sind also wohl zu scheiden. Dem ohnerachtet irren auch diejenigen Historiker, welche die ganze Historie lediglich als ein ungeheures Aggregat von Tatsachen ansehen, das man ins Gedächtnis zu fassen sich das Verdienst erwerben müsse; wodurch geschieht, dass Einzelnes an Einzelnes gehängt und nur durch eine allgemeine Moral zusammengehalten wird. Ich bin vielmehr der Meinung, dass die Geschichtswissenschaft in ihrer Vollendung an sich selbst dazu berufen und befähigt sei, sich von der Erforschung und Betrachtung des Einzelnen auf ihrem eigenen Wege zu einer allgemeinen Ansicht der Begebenheiten, zur Erkenntnis ihres objektiv vorhandenen Zusammenhangs zu erheben."*

Wichtige weitere Beiträge zum historistischen Denken kamen zudem von Johann Gustav Droysen, der in seiner „Geschichte des Hellenismus" die zwischen Alexander dem Großen und Kleopatra liegende Zeitspanne, inhaltlich und begrifflich auf ein neues Fundament gestellt hat. Aus Droysens „Grundriß der Historik" von 1882 zitiere ich hier aus dem Aufsatz „Kunst und Methode", um seinen theoretischen Ansatz zu verdeutlichen: *"Aber es gilt Methoden zu finden, um für dies unmittelbare und subjektive Auffassen (...) objektive Maße und Kontrollen zu gewinnen, es damit zu begründen, zu berichtigen, zu vertiefen. Denn nur das scheint der Sinn der vielgenannten historischen Objektivität sein zu können. Methoden gilt es zu finden. Es bedarf deren andere für andere Aufgaben und oft zur Lösung einer Aufgabe einer Kombination von mehreren derselben. So lange man glaubte, dass "die Geschichte" wesentlich die politische Geschichte sei, was von Revolutionen, Kriegen, Staatsaktionen usw. überliefert ist, in neuer Auffassung und Zusammenstellung nachzuerzählen, mochte es genügen, aus den besten, vielleicht auch den kritisch nachgewiesenen Quellen das Material zu* nehmen, das zu einem Buch, einem Vortrag oder dergleichen verarbeitet werden sollte. Seit die Einsicht erwacht ist, dass man auch die Künste, die Rechtsbildungen, jedes menschliche Schaffen, alle Gestaltungen der sittlichen Welt historisch erforschen kann, erforschen muss, um das, was ist, zu verstehen aus dem, wie es geworden ist - seitdem treten Forderungen sehr anderer Art an unsere Wissenschaft heran. Sie hat Gestaltungen nach ihrem historischen Zusammenhang zu erforschen, von denen vielleicht nur einzelne Überreste vorhanden sind, Felder zu erschließen, die bis dahin nicht, am wenigsten von denen, die mitten in ihnen lebten, als historisch beachtet und aufgefasst sind. Von allen Seiten drängen sich ihr da Fragen auf, Fragen nach Dingen, die zum großen Teil ungleich wichtiger sind als die oft sehr äußerlichen und zufälligen Nachrichten, welche bisher für Geschichte gegolten haben."*

Zwei große Vorwürfe sind vor allem im 20. Jahrhundert an die historistische Denkschule gerichtet worden. Einerseits habe sie sich zu sehr auf Politikgeschichte konzentriert, auf dem oft beschworenen Primat der Außenpolitik bestanden. Daran ist sicher richtig, dass zwar darüber hinausgehend sehr wohl die Kulturgeschichte in den Blick genommen worden ist, ökonomische und sozial- bzw. gesellschaftsgeschichtliche Aspekte demgegenüber ins Hintertreffen geraten sind. Der andere richtete sich als Kritik auf vereinzelte, isolierte Spezialforschung, die, nachdem große Editionsprojekte wie die *"Monumenta Germaniae Historica"* (MGH) oder das *"Corpus Inscriptionum Latinarum"* (CIL) weiter vorangeschritten waren, notwendig geworden ist, aber einer breiteren Öffentlichkeit in ihrem Erkenntniswert nur schwer bis gar nicht vermittelbar war.

Das sollte jedoch nicht den Blick verstellen, will man die Leistungen der historistischen Denkschule in der deutschen Geschichtswissenschaft angemessen würdigen. Arbeit und Werk eines Leopold von Ranke, Johann Gustav Droysen, Theodor Mommsen, Heinrich von Sybel, Hermann Baumgarten, Georg Gottfried Gervinus, selbst des heute umstrittenen Heinrich von Treitschke stehen für das goldene Zeitalter des Fachs im internationalen Maßstab und wirkten weltweit vorbildhaft viele Jahrzehnte nach.

Ein neuer Architekturstil

Rückbesinnung und kreative Auseinandersetzung mit der Vergangenheit griffen ebenfalls in der Baukunst des 19. Jahrhunderts um sich. Seit den 1830er Jahren löste der historische Architekturstil zunehmend den Klassizismus als bestimmende Formensprache ab. Nur ein scheinbarer Widerspruch besteht darin, dass der die griechisch-römische Antike zum Vorbild erhebende Klassizismus selbst ein historisierender Stil gewesen ist.

16. Das 1754/55 in neogotischem Stil erbaute Nauener Tor in Potsdam.

Ebenfalls nur ein scheinbarer Widerspruch besteht in der Beobachtung, dass vereinzelte Vorläufer des neuartigen Bauwollens zeitlich weit vorauseilten, sofern man sich Hobsbawms These vom *„langen 19. Jahrhunderts"*, wie eingangs dieses Kapitels kurz erläutert, zu eigen macht. Als erstes historistisches Bauwerk auf dem europäischen Kontinent wird allgemein das Nauener Tor in Potsdam von 1754/55 angesehen (s. Abb. 16). Ein frühes Beispiel aus England, das 1764 in der Nähe von London vom Politiker und Schriftsteller Horace Walpole im neogotischen Stil eingeweihte schlossartige Landhaus *"Strawberry Hill"* (s. Abb. 17) mit seinen mit farbigen Glasmalereien versehenen Spitzbogenfenstern, Türmen und Zinnen ist mittelalterliches Zitat und Bruch mit klassizistischem Kanon zugleich. Ein zeitgenössischer Kritiker hat dazu bemerkt: *"Wenn ein Architekt einen gotischen Bau an griechischen Regeln misst, findet er nichts als Unförmigkeit. Doch die gotische Architektur hat ihre eigenen Regeln, und wenn man sie nach diesen untersucht, stellt man fest, dass sie ihre eigenen Qualitäten hat, ebenso wie die griechische."*

Alles nur als Verbeugung vor der eigenen nationalen Vergangenheit und Pracht? Diese Erklärung greift zu kurz, wenn man sich vergegenwärtigt, dass der Bauherr Walpole mit der auf *"Strawberry Hill"* gemünzten "gothic *novel" "Das Schloss von Otranto"* als Initiator des Schauerromans – der *"Frankenstein"* von Mary Shelley ist das wohl noch bekanntere Beispiel dieses Genres – hervorgetreten ist. Hierin brach sich das vom Vernunftglauben der Aufklärung verdrängte Übernatürliche und Unerklärliche erfolgreich Bahn. Die romantische Bewegung ist voll von solchen Beispielen.

Der Historiker Thomas Nipperdey hat das neuartige Phänomen in der Baukunst damit erklärt, dass die Verbindlichkeit der bis dahin gültigen architektonischen Regelungen seinerzeit nicht mehr gegeben war. Man habe eben nicht mehr in einem bestimmten Stil gelebt oder in der Auseinandersetzung eines neuen und eines alten Stils, sondern mehrere Stile im Zeichen eines Pluralismus standen unverhofft zur Disposition.

17. Strawberry Hill House an der Themse bei Twickenham wurde 1764 nach fünfzehnjähriger Bauzeit für die gesellschaftliche Welt feierlich eröffnet.

Eine vorher nicht statthafte Wahlfreiheit, so zu bauen, wie es für angemessen und richtig erachtet wurde, war damit in der Welt. Wenn in der Architektur und im Design des 20. Jahrhunderts *„Form follows function"* als Leitsatz allgegenwärtig war, - man denke dabei auch an die Aversion des Bauhauses, wenn es um die Verwendung von Ornamenten ging - so galt im vorhergehenden Jahrhundert des Historismus eine vollkommen andere Position. Der Gehalt der Bauform lag geradezu jenseits des Sichtbaren, die austauschbare äußere Form geriet damit zum Mittel oder Werkzeug, die verschiedenartigsten Ideen im Sinne einer Ideenarchitektur wiederzugeben.

Neoromanik, Neogotik, Neorenaissance und Neobarock im Rheinland und anderenorts

18. Kirche und Staat: Johanneskirche und Denkmal Kaiser Wilhelms I. in Düsseldorf.

Die im eklektischen Rundbogenstil errichtete Johanneskirche (s. Abb. 18) ist mit einer Turmhöhe von 87,5m die größte evangelische Kirche der Stadt Düsseldorf. Sie verweist darauf, dass neben neuen Bauaufgaben im 19. Jahrhundert wie den nun entstehenden monumentalen Verwaltungs- und Gerichtsgebäuden, den der bürgerlichen kulturellen Teilhabe gewidmeten Institutionen wie Theatern, Museen und Opernhäusern oder Bildungsstätten wie den Akademien, der Anlage von Kirchen nach wie vor große Bedeutung zukam. Darin spiegelt sich nicht zuletzt die rasante Bevölkerungsvermehrung, die damals eine Vielzahl von Großstädten entstehen ließ und der dort lebenden Menschen, denen Unterweisung in religiösen Dingen ein Anliegen war. In diesem Sinne ist die Johanneskirche knapp zehn Jahre nach der Proklamation des Deutschen Kaiserreiches im Dezember 1881 geweiht worden.

Die gleichfalls in Düsseldorf befindliche neoromanische Kirche St. Rochus (s. Abb. 19) ist aufgrund von im letzten Weltkrieg erlittenen Zerstörungen nur noch zum Teil erhalten. Das 1897 nach Plänen des Architekten Josef Kleesattel errichtete Gotteshaus römisch-katholischer Konfession ist in seiner ursprünglichen Anlage nur noch vom Turm mit verkürztem Helm aus rekonstruierbar und wurde in seiner heutigen Form auch schon als radikalster Kirchenbau nach dem Zweiten Weltkrieg bezeichnet.

19. 1897 wurde St. Rochus in Düsseldorf im politisch aufgeladenen neo-
romanischen Stil fertiggestellt.

Der neoromanische Stil, wie er sich nach Gründung des
Deutschen Kaiserreichs 1871 immer mehr durchzusetzen
begann, freilich nicht ausschließlich (s. Abb. 20), war emi-
nent politisch aufgeladen. Die Rückbesinnung auf die der

Gotik vorangehende Romanik implizierte, dass es sich bei diesem Stil sehr viel mehr um einen heimischen deutschen Stil handelte als es bei der angeblich französisch orientierten Gotik der Fall gewesen wäre. Derart wurde die damalige Feindschaft der beiden Völker in den Bereich der Architektur übertragen.

Die im sogenannten Kathedralenstil erbaute St. Mariä Empfängnis - ebenfalls in der Stadtmitte Düsseldorfs gelegen - ist der römisch- katholischen Konfession zugeordnet. Die dreischiffige Basilika, mit einem höheren Haupt- und zwei niedrigeren Seitenschiffen versehen, kann typologisch im Ursprung bis in die römische Antike zurückverfolgt werden. Im Altertum hat der basilikale Bautyp neben sakralen ebenso profanen Zwecken in der Form von Markthallen gedient. Die Marienkirche wurde von 1894 bis 1896 nach Plänen des Dombaumeisters Ludwig Becker erbaut und weist zwei sechseckige Haupttürme auf.

Als erstes Gebäude der Neorenaissance in Deutschland gilt das von Leo von Klenze 1821 fertiggestellte Palais Leuchtenberg (s. Abb. 21) in München. Ganz allgemein kann man davon sprechen, dass überall dort, wo sich in den Jahren danach die Neorenaissance gegen den bis dahin vorherrschenden Klassizismus durchzusetzen begann, eine trennscharfe Unterscheidung oft nicht ganz einfach ist.

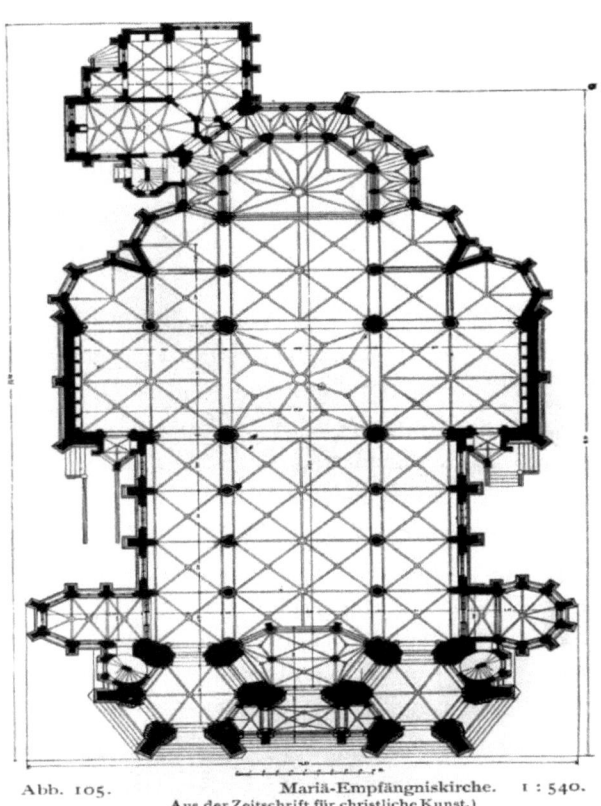

20. Ein Beispiel der rheinischen Neogotik: Grundrissplan der von 1894 bis 1896 errichteten dreischiffigen Basilika St. Mariä Empfängnis in Düsseldorf.

Das liegt daran, dass beide Stile an der etablierten Formensprache der Antike orientiert waren, die Neorenaissance allerdings in freierer Aneignung. Banken, Bürgerhäuser und Bildungseinrichtungen waren ihre typischen

Bauaufgaben. Die im Jahr 1879 nach einem Entwurf von Hermann Riffart errichtete Kunstakademie in Düsseldorf (s. Abb. 22) und die 1883 von Eberhard Westhofen am Burgplatz ebendort erbaute Kunstgewerbeschule, weisen gleichermaßen die typische horizontale Fassadengliederung der von den Florentiner Palazzi bekannten Vorbilder auf.

Der Neobarock schließlich steht für den Rückgriff auf das Zeitalter des Absolutismus und die damit zusammenhängende Verkörperung der Staatsmacht. Die bevorzugte Verwendung des Neobarock für Gerichts- und Verwaltungsgebäude im Sinne einer einschüchternden Architektur hat mutmaßlich nicht zuletzt damit zu tun, um auf diesem Wege Respekt vor der staatlichen Autorität zu erheischen und einzufordern. In diesem Sinne spricht man für das späte 19. Jahrhundert häufig nicht nur von Gerichtsgebäuden, sondern von Justizpalästen. Mit ein wenig Phantasie ist es möglich Personen, wie sie Kafkas Erzählungen bevölkern, hier orientierungslos als Getriebene im Paragrafendschungel in anonymen Korridoren herumirren zu sehen. Das hier abgebildete und unter Denkmalschutz stehende Oberlandesgericht Düsseldorf (s. Abb. 23) an der Cecilienallee, 1910 nach Entwürfen von Paul Thoemer errichtet, spricht von seinem äußeren Eindruck her jedenfalls nicht gegen diese These.

21. Die Neorenaissance hält Einzug: Das Palais Leuchtenberg in München.

22. Der an der Gebäudewestseite gelegene Haupteingangsbereich der Kunstakademie in Düsseldorf mit den horizontal verlaufenden Fassadenbändern.

23. Die neobarocke Fassade des Oberlandesgerichts Düsseldorf.

Der Begründer der Arts and Crafts Bewegung, der Brite William Morris, hat den Historismus einmal spöttisch als Maskerade in anderer Leute abgelegter Kleider bezeichnet. Das ist nur eine Einschätzung von vielen, die nicht mit Kritik gegenüber diesem das 19. Jahrhundert prägenden Stil, der in diesem Kapitel zusätzlich um seine neomanieristischen und neoklassizistischen Varianten zu ergänzen wäre, gegeizt haben. Vor über siebzig Jahren ist der angesehene Kunsthistoriker Ernst H. Gombrich weniger polemisch als Morris bereits zu der sehr viel pragmatischeren Auffassung, *„verlangte* (das Publikum) *eben Säulen, Pilaster, Gesimse und Profile, und genau das lieferten ihm die Architekten.",* gekommen. Heute urteilt man mittlerweile insgesamt milder und ist gerne bereit und willens die spezielle Ästhetik anzuerkennen. Das hat sicher viel mit der Postmoderne des ausgehenden 20. Jahrhunderts zu tun, die ja selbst einen eklektischen Ansatz verfolgt hat.

4. Kunst und Kultur

a.) Die Romantik

„Die Welt muss romantisiert werden. So findet man den ur(sprünglichen) Sinn wieder. (...) Indem ich dem Gemeinen einen hohen Sinn, dem Gewöhnlichen ein geheimnisvolles Ansehn, dem Bekannten die Würde des Unbekannten, dem Endlichen einen unendlichen Schein gebe, so romantisiere ich es."

(Novalis, Logologisches Fragment Nr. 105, 1798)

Bisher ist viel über die dem griechisch-römischen Altertum innewohnende Vorbildwirkung, die damit verbundene Wertschätzung und ihm entgegengebrachte besondere Aufmerksamkeit berichtet worden. Derjenigen mit einem bestimmten Bildungshorizont ausgestatteten Menschen jedenfalls, deren berufliche Tätigkeit als Architekt oder Stadtplaner, als Schriftsteller oder Dichter, als Historiker oder Kunstsammler den dafür notwendigen Spielraum eine solche Vorliebe zu kultivieren wohl erst ermöglicht hat. Aber sie kann gleichermaßen für ein interessiertes breiteres Publikum, das seine spärlichen Mußestunden leicht mit anderen Themen hätte füllen können und keineswegs zwangsläufig die von Winckelmann hell erleuchteten Pfade beschreiten musste, in Anspruch genommen werden.

Nur wenig später gerät zu Beginn der Romantik im letzten Jahrzehnt des 18. Jahrhunderts mit dem Mittelalter eine weitere, so ganz anders gelagerte, häufig als dunkel empfundene geschichtliche Epoche ins Visier sowohl von Literaten als auch von Malern und Musikern. Neben der gewohnten Orientierung an einer fremden fernen Vergangenheit, rückte nunmehr die eigene nationale Vorgeschichte samt der sie begründenden Mythen wie etwa den *„Nibelungen"* in den künstlerischen Mittelpunkt einer ganz neuartigen geistigen Bewegung.

Mehrfach nehmen romantische Schriftsteller Bezug auf einen angeblich im Mittelalter auf der thüringischen Wartburg im 13. Jahrhundert ausgetragenen Dichterwettstreit, bekannt geworden als Sängerkrieg auf der Wartburg. Novalis, eigentlich Friedrich von Hardenberg, wählte in seinem 1802 erst posthum erschienen Roman *„Heinrich von Ofterdingen"* darin einen inhaltlichen Bezugspunkt. Während das Mittelalter keineswegs als dunkles Zeitalter gedeutet, sondern vielmehr als poetischer Gegenentwurf im Verhältnis zur vermeintlich allzu oft von reinem Nützlichkeitsdenken bestimmten eigenen Gegenwart gesehen wird, träumt Heinrich von der blauen Blume. Dem Symbol der Romantik schlechthin, in dem die menschliche Sehnsucht nach dem Unendlichen, dem Unerreichbaren und die gleichzeitige Verbundenheit mit der Natur am sinnfälligsten zum Ausdruck kommt. Die Einheit von Mensch und Natur, fußend auf den naturphilosophischen Überlegungen Friedrich Wilhelm Schellings, wonach das Ich identisch mit der Natur sei, bildete geradezu den Kern der romantischen Vorstellungswelt.

Der Wettstreit der Sänger auf der Wartburg hat nach dem jung im Alter von nur 28 Jahren 1801 verstorbenen Novalis weitere Bearbeitungen erfahren. E. T. A. Hoffmann widmete dem Ereignis 1818 die Erzählung *„Der Kampf der Sänger"* und Friedrich de la Motte Fouqué 1828 das Dichterspiel *„Der Sängerkrieg auf der Wartburg"*. Auch die romantische Oper wusste sich des Themas anzunehmen, wie prominent Richard Wagners *„Tannhäuser und der Sängerkrieg auf Wartburg"* aus dem Jahr 1843 belegt. Da die Mehrzahl der 13 vollendeten Opern Wagners sich inhaltlich auf das Mittelalter bezieht, - freilich spielt *„Rienzi, der letzte der Tribunen"*, uraufgeführt am 20. Oktober 1842 im Königlich Sächsischen Hoftheater in Dresden, nicht im heimischen, sondern im italischen Mittelalter – wird deutlich, dass der *„Tannhäuser"* im Werk Wagners mitnichten eine Ausnahmestellung einnimmt.

Der Begeisterung für das Mittelalter, der menschlichen Naturverbundenheit können mit der Vorliebe fürs Fantastische und Schaurige, der Rückbesinnung auf Traumwelten und einem Hang zur Weltflucht neben der Konzentration auf das Individuum weitere charakteristische Merkmale der Romantik hinzugefügt werden. Das führt zu der Frage, was darin eigentlich zum Ausdruck kommt?

Die Dinge scheinen jedenfalls komplizierter zu liegen, als dass Aussagen wie, die Romantik würde einen bloßen Gegenentwurf zur Aufklärung darstellen oder es sei ihr vorrangig um eine Wiederverzauberung der Welt gegangen, die umfassende damalige Wirklichkeit bereits vollständig widerspiegeln könnten. Folgt man der Argumentation des

Literaturwissenschaftlers Stefan Matuschek, dann steht die Romantik ganz fest auf den durch die Aufklärung gelegten Grundlagen. Wozu der empirisch zugängliche Bereich gehört, für den die unterschiedlichsten Wissenschaften imstande waren - und natürlich nach wie vor sind - überzeugende, weil per Experiment, Beobachtung oder Befragung nachprüfbare Antworten zu liefern. Dazu gehört aber auch die Erkenntnis, dass es Fragen wie beispielsweise die nach der Unsterblichkeit der Seele, dem Sinn des Lebens oder danach, ob es so etwas wie ein Schicksal gibt; dass es also Fragen gibt, worüber wir partout kein gesichertes Wissen erlangen können. Und dennoch sind wir beständig bemüht, uns eine Vorstellung davon zu machen. Was zur Schlussfolgerung führt: Die Romantiker verfügten über ein aufgeklärtes Wissen über die Lebenswirksamkeit der Einbildungskraft und zugleich über die Fähigkeit, den von ihnen in ihren literarischen Texten erschaffenen Kosmos von Vorstellungen eindeutig zu markieren, etwa durch Verwendung des Konjunktivs, um den Status des lediglich Möglichen hervorzuheben. Wie es in Joseph von Eichendorffs 1837 erstmals veröffentlichtem Gedicht Mondnacht heißt, *„und meine Seele spannte weit ihre Flügel aus, flog durch die stillen Lande, als flöge sie nach Haus."*

Das Wirken von Percy Bysshe Shelley, dem Ehemann der durch die Autorenschaft am *„Frankenstein"* hervorgetretenen Mary, und der als *Lake Poets* bekannten Lyriker William Wordsworth, Samuel Taylor Coleridge sowie Robert Southey verweist darauf, dass die Romantik auch im englischen Sprach- und Kulturraum tief verwurzelt war.

Die Ölbilder John Constables, William Turners und anderer mehr legen davon gleichfalls Zeugnis ab. Die Romantik war demnach nicht exklusiv auf Deutschland beschränkt. Und dennoch sind hierzulande ganz entscheidende Schritte unternommen, Voraussetzungen geschaffen worden, ohne die es kaum zu einem Ausstrahlen in andere europäische Regionen (Frankreich, Italien) gekommen wäre.

Wer sich mit der beginnenden Frühromantik beschäftigt, wird immer wieder auf einen Ort verwiesen, von dem eine fast magische Wirkung auszugehen schien: die beschauliche, einen unverwechselbaren freiheitlichen Geist atmende Universitätsstadt Jena an der Saale, gelegen im Herzogtum Sachsen-Weimar.

Die Frühromantiker in Jena an der Saale

Goethe lebte seit 1775 im nur 20 Kilometer Luftlinie von Jena entfernten Weimar, der geringfügig bevölkerungsreicheren, rund 6000 Einwohner zählenden Hauptstadt des Herzogtums Sachsen-Weimar. Nach dem Erfolg des Briefromans *„Die Leiden des jungen Werthers"* ein allseits hochberühmter Mann trat der 26-Jährige bald darauf eine mit 1200 Talern jährlich vergütete Stellung als Geheimer Legationsrat und Mitglied des Geheimen Consiliums, des höchsten politischen und gerichtlichen Beratergremiums vor Ort, an. Als Vertrauter und Freund des aufgeklärten Regenten Carl August hatte er somit eine überaus verantwortungsvolle, mit Macht und Einfluss versehene Rolle im Kleinstaat inne. Mitverantwortlich dafür, dass

Friedrich Schiller 1789 im Jahr der Französischen Revolution eine Berufung als Professor für Geschichte an die Universität Jena erhielt. Beide schlossen in den 1790er Jahren Freundschaft, besuchten einander wechselseitig und tauschten sich aus über die jeweiligen Fortschritte bei literarischen Projekten. Goethe verweilte oft wochenlang im benachbarten Jena, wo er Räumlichkeiten im alten Stadtschloss im Nordosten bezog und die Aufsicht bei der Anlage des Botanischen Gartens im Norden der Stadt knapp außerhalb der mittelalterlichen Stadtmauer wahrzunehmen hatte, was seinen naturwissenschaftlichen Interessen und Studien sehr entgegengekommen ist.

24. Jena um 1790. Kolorierte Radierung: Idyllische Ansicht von Süden. Im Bildvordergrund fließt die Saale.

Es wird ein munteres Treiben in der Stadt mit ihren 800 Studenten gewesen sein, als im Mai 1794 – Goethe hatte dabei wiederum seine Hände mit im Spiel - ein neuer

Dozent in Jena ankam. Sein Name: Johann Gottlieb Fichte. Fichte hatte kurz zuvor mit dem *„Versuch einer Kritik aller Offenbarung"* Furore gemacht und propagierte eine neue Art des Denkens, in dessen Mittelpunkt das menschliche Ich stand. In einer seiner von Studierenden aus dem In- und Ausland sehr gut besuchten Lehrveranstaltungen war von dem exzentrischen Professor aus ärmlichen Verhältnissen zu hören: *„Meine Herren, fassen Sie sich zusammen, gehen Sie in sich ein, es ist hier von keinem Äußern die Rede, sondern lediglich von uns selbst. (…) Meine Herren, denken Sie die Wand! (…) Nun, meine Herren, so denken Sie denjenigen, der die Wand gedacht hat."* Die folgenreiche Unterscheidung zwischen dem Ich und dem mit Hilfe der schöpferischen Phantasie erschaffenen Nicht-Ich war damit in der Welt. Eine unumkehrbare Erkenntnis!

Nur wenige Jahre später, es war im Herbst 1798, traf dortselbst mit Friedrich Wilhelm Schelling eine weitere prägende Gestalt des deutschen Idealismus ein. Bei einem ersten Besuch Schillers fand er diesen gerade mit den Vorbereitungen zur Uraufführung von *„Wallensteins Lager"* im von Goethe geleiteten Weimarer Hoftheater schwer beschäftigt vor. Schellings naturphilosophischer Ansatz war nicht davon bestimmt Gegensätze, wie sie Fichte formuliert hat, weiter zu vertiefen, sondern die Distanz zwischen Mensch und Natur, die die rationale Aufklärung mit den ihr eigenen Methoden des Berechnens, Beobachtens und Experimentierens geschaffen hat, durch eine neue Verbindung aufzuheben, zu harmonisieren. Oder wie es der mit Hölderlin befreundete, aus einer schwäbischen

Pfarrersfamilie stammende gebürtige Leonberger ausgedrückt hat: *„Solange ich selbst mit der Natur identisch bin, verstehe ich was eine lebendige Natur ist so gut, als ich mein eigenes Leben verstehe."* Statt der kalten Vernunft der objektiven Perspektive ging es ihm um Gefühl und Emotionalität, um ein tiefes Gefühl des Einsseins mit der umgebenden Welt.

Die Frühromantiker hatten Schellings Botschaften wohl vernommen und verstanden!

Schiller hatte in der Zwischenzeit mit den von 1795 bis 1797 in der Cotta'schen Verlagsbuchhandlung erschienenen *Horen* begonnen eine Literaturzeitschrift herauszugeben. Der seinerzeit mitsamt der Familie in der unmittelbaren Nachbarschaft des Dramatikers und nunmehr auch „Zeitungsmannes" lebende spätere preußische Minister Wilhelm von Humboldt konnte neben Goethe und Fichte dafür gewonnen werden, manchen Beitrag zu liefern und redaktionelle Hilfestellung zu leisten. Auch der in Amsterdam lebende Altphilologe, Übersetzer und Literaturkritiker August Wilhelm Schlegel und seine mehrteiligen Übertragungen von Dante ins Deutsche waren den ständig nach qualitativ hochwertigen Arbeiten dürstenden *Horen* und ihrem gestrengen Herausgeber hochwillkommen. Es war schließlich nur eine Frage der Zeit bis Caroline und August Wilhelm Schlegel – beide sollten sich alsbald mit ihren Übersetzungen von 17 Dramen Shakespeares nachhaltig hervortun – in Jena anlandeten.

25. Friedrich Wilhelm Schellings (1775 – 1854) naturphilosophische Ideen und Überlegungen waren für die Romantiker von grundlegender Bedeutung.

Der Kreis begann sich allmählich zu schließen, als der Bruder Friedrich Schlegel hinzukam und häufigere Besuche von Novalis wie von Ludwig Tieck eine fruchtbare Atmosphäre geistigen Austauschs beförderten, welche sich nicht in der Errichtung von Luftschlössern erschöpfte, sondern in literarische Produktivität einmündete. Eine nicht mehr nach klassischer Ordnung, Ruhe und Klarheit strebende, streng zwischen Lyrik, Epik und Dramatik differenzierende Produktivität, sondern eine der freien schöpferischen, eben romantischen Phantasie, der die äußere Form nicht so erheblich war. Daher die nun einsetzende Vorliebe für das Fragment; neben dem seinerzeit einen bis heute unaufhaltsamen Siegeszug antretenden Roman eine bevorzugte Textform der Romantik.

26. Die Büsten von Caroline, August Wilhelm und Friedrich Schlegel vor dem Romantikerhaus, dem ehemaligen Wohnhaus des Philosophen Johann Gottlieb Fichte, in Jena.

Es dürfen die einsetzenden, sich bald als unüberbrückbar herausstellenden Zwistigkeiten zwischen den Schlegels und Schiller nicht verschwiegen werden. Sie werden von der Kunst- und Kulturhistorikerin Andrea Wulf in ihrer 2022 zuerst auf Englisch publizierten Arbeit *„Magnificent Rebels"* ausführlich diskutiert und erörtert. Das mag mit eine Erklärung dafür sein, dass die in sechs Ausgaben zwischen 1798 und 1800 von den Gebrüdern Schlegel

121

herausgegebene neue Zeitschrift *Athenaeum*, das Sprachrohr der Jenaer Frühromantiker *par excellence* nicht an
den Ufern der Saale, sondern denjenigen der Spree gedruckt worden ist. Als Autoren sind neben den beiden
Herausgebern und ihren Ehefrauen Caroline und
Dorothea, Novalis, die Dichterin und Schriftstellerin So-
phie Bernhardi und ihr Ehemann, der Schriftsteller August
Ferdinand Bernhardi, der Theologe und Philosoph Friedrich Daniel Ernst Schleiermacher, der Philosoph und Pä-
dagoge August Ludwig Hülsen und der Diplomat Karl Gustav Brinckmann hervorgetreten.

Außer zahlreichen Fragmenten von Novalis unter dem Ti-
tel *„Blüthenstaub"* finden wir in den ersten Ausgaben des
Athenaeum eine ausführliche Rezension des *„Wilhelm
Meister"* nebst einem Überblick der Gegenwartsliteratur.
Friedrich Schlegel hat sich zudem an einer Erklärung des
Begriffs *romantischer Poesie* versucht: *„Die romantische
Poesie ist eine progressive Universalpoesie. Ihre Bestimmung ist nicht bloß, alle getrennten Gattungen der Poesie
wieder zu vereinigen, und die Poesie mit der Philosophie
und Rhetorik in Berührung zu setzen. Sie will, und soll auch
Poesie und Prosa, Genialität und Kritik, Kunstpoesie und
Naturpoesie bald mischen, bald verschmelzen, die Poesie
lebendig und gesellig, und das Leben und die Gesellschaft
poetisch machen, den Witz poetisieren, und die Formen
der Kunst mit gediegnem Bildungsstoff jeder Art anfüllen
und sättigen, und dadurch die Schwingungen des Humors
beseelen (...)"*. In Richard Wagners Konzeption vom Gesamtkunstwerk wird ein vergleichbar integrativer Ansatz
wiederbegegnen.

Dass die romantische Bewegung ihre unverwechselbaren Spuren nicht nur in der Literatur zu hinterlassen verstand, zeigt sich zudem beim Blick auf die Malerei in der ersten Hälfte des 19. Jahrhunderts.

Caspar David Friedrich

Der Maler Caspar David Friedrich als bei weitem wichtigster Repräsentant der romantischen Malerei hierzulande ist nun wirklich jedem ein Begriff, in aller Munde der Name. Publikumswirksame Ausstellungen in Hamburg (Kunsthalle), Berlin (Alte Nationalgalerie), Dresden (Staatliche Kunstsammlungen) und im *Museum of Modern Art* in New York haben sich vor kurzem anläßlich seines 250sten Geburtstags ausführlich mit Leben und Werk des bedeutenden Künstlers beschäftigt. Melancholische Stimmungen, Naturerleben, menschliche Sehnsüchte kommen in Friedrichs Landschaftsmalerei so intensiv zum Ausdruck, dass sie kaum jemanden ungerührt zurücklässt.

Der Lebensweg des gebürtigen Greifswalders führt indes auch vor Augen, wie individuelles Schicksal und große Politik mannigfache Berührungspunkte miteinander haben können, mehr als man anzunehmen geneigt ist. Rufen wir uns in Erinnerung, dass Deutschlands schwärzeste Stunde des gesamten 19. Jahrhunderts am 14. Oktober 1806 schlug, als die preußischen Truppen – vorbei war es mit der friderizianischen Gloria – in der Doppelschlacht von Jena und Auerstedt eine fürchterliche Niederlage gegen die beweglicheren, mit mehr Entschlossenheit geführten Truppen Napoleons erlitten haben.

27. Caspar David Friedrich, Grabmale alter Helden, 1812. Öl auf Leinwand, 49,5 cm x 70,5 cm. Kunsthalle Hamburg.

Die anschließende Besetzung Berlins, die Halbierung des preußischen Territoriums, die erzwungene Reduzierung der Truppenstärke des Militärs sowie die Auferlegung hoher Kontributionen waren die Folge. König Friedrich Wilhelm III. und Königin Luise sahen sich zur Flucht nach Ostpreußen gezwungen, um der kommenden Dinge zu harren. Die jüngste Großmacht Europas war nun keine mehr. Und doch wurde in dieser bitteren Zeit der Keim zu Neuem gelegt. Das politische und gesellschaftliche Reformwerk, verbunden mit den Namen vom Stein und Hardenberg, das in die Bauernbefreiung, die Abschaffung von über Generationen sorgsam gehüteten Adelsprivilegien, die Selbstverwaltung der Städte und die Einführung der Gewerbefreiheit mündete, markierte einen radikalen

Kurswechsel. Gewissermaßen eine Revolution von oben mit dem Ziel einen modernen Staat auf die Beine zu stellen. Von Humboldts neue Ansätze in der Bildungspolitik und die innovative Herangehensweise auf militärischem Gebiet, vor allem verkörpert durch Neidhardt von Gneisenau und Gerhard von Scharnhorst, müssen Erwähnung finden, um das ganze Ausmaß des Umdenkens zu verdeutlichen. Die Überführung der althergebrachten verstaubten Lateinschulen hin zum vom neuhumanistischen Geist getragenen Gymnasium als den zeitgenössischen Erfordernissen besser entsprechende Schulform, die in Berlin erstmals verwirklichte Idee der Reformuniversität sind hier ebenso zu nennen wie die mit der Schaffung der Landwehr verbundene Etablierung eines im Volk verankerten Milizsystems und die über mehrere Zwischenschritte erfolgende allgemeine Wehrpflicht.

Da war der ursprüngliche Kreis der Jenaer Frühromantiker schon in alle Himmelsrichtungen zerstreut. Novalis im März 1801, der Klassiker Schiller im Mai 1805 verstorben. Indessen hat Caspar David Friedrich nach dem Kunststudium an der Königlich Dänischen Kunstakademie in Kopenhagen im Sommer 1800 in Dresden an der Elbe rund 170 Kilometer Luftlinie östlich von Weimar seinen häuslichen Lebensmittelpunkt eingerichtet. Für immer. Bleistiftzeichnungen, Aquarelle und Sepien bildeten die ersten Schwerpunkte seines künstlerischen Schaffens. Malerei in Öl ist eigentlich erst im Jahr 1807 hinzugekommen, als Friedrich bereits 33 Jahre alt war.

Beim Betrachten der Arbeit in Öl auf Leinwand *Grabmale alter Helden* (s. Abb. 27), auch bekannt unter den Titeln *Gräber gefallener Freiheitskrieger* oder *Grab des Arminius*, stellt sich unweigerlich die Frage, was hier dargestellt ist. Im Hintergrund ist eine Felswand mit Höhleneingang, in dem sich offenbar zwei behelmte Personen befinden, zu sehen. Versunken in den Anblick eines Sarkophags. Weitere Exemplare von Sarkophagen in dunklen Brautönen nebst einem hell leuchtenden Obelisken sind im Vordergrund positioniert. Ein eingestürztes Grab lässt die Inschrift *Arminius* erkennen, eine unzweideutige Anspielung auf den sich römischem Expansionsdrang erfolgreich 9 n. Chr. bei der Schlacht im Teutoburger Wald widersetzenden Anführer der germanischen Cherusker. Eingesandt im September 1812 zur Akademieausstellung ins von französischen Truppen bis Dezember 1808 besetzte Berlin dürfte Friedrichs patriotische Botschaft von allen verstanden worden sein.

Dabei war Friedrich als Einwohner Dresdens formal mit Frankreich verbündet. Das Kurfürstentum Sachsen ist nämlich 1806 in das Königreich Sachsen umgewandelt worden und gehörte wie die Königreiche Bayern und Württemberg, das Großherzogtum Baden und weitere früher dem inzwischen aufgelösten Heiligen Römischen Reich deutscher Nation zugehörige Staaten dem Rheinbund an. Einer kaum als freiwillig anzusprechenden Militärallianz mit Frankreich, deren Mitglieder zwar von Reformen in der Justiz, Verwaltung, Wirtschaft im Sinn einer generellen Modernisierung von Staat und Gesellschaft durchaus profitierten, im gleichen Atemzug durch

Stellung von Truppenkontingenten zur Verwirklichung der Eroberungspläne Napoleons stark belastet waren. Der Historiker Thomas Nipperdey hat das Rheinbundsystem folgerichtig *als ein System der Ausbeutung und Unterdrückung"* bezeichnet.

Alles sollte sich ändern, nachdem die *Grande Armée* im Dezember 1812 stark dezimiert vom gescheiterten Russlandfeldzug zurückgekehrt war. Am 17. März 1813, knapp drei Jahre nach dem Tod von Königin Luise, erfolgte der legendäre Aufruf Friedrich Wilhelms III. *„An Mein Volk"*, das erste Mal in der Geschichte, dass ein preußischer Monarch sich direkt mit einem flammenden Appell an die eigene Bevölkerung gewendet hat. Daran kann man ermessen, wie himmelschreiend die Notlage gewesen sein muss. Bereits Anfang des Jahres hat Preußen die dieser Not verpflichtete Allianz mit Frankreich verlassen, sich mit Russland und Schweden verbündet, nun folgte an ebendiesem 17. März 1813 die Kriegserklärung an Frankreich. Die Befreiungskriege hatten begonnen.

Szenenwechsel. Im nach wie vor mit Frankreich verbündeten Königreich Sachsen, genauer in Dresden, verharrte Caspar David Friedrich keineswegs untätig oder schicksalsergeben. Wir haben sehr genaue Nachricht darüber, dass der materiell keineswegs auf Rosen gebettete Künstler erhebliche Belastungen auf sich genommen hat, er verschuldete sich sogar, um seinen Freund den Malerkollegen Georg Friedrich Kersting finanziell dabei zu unterstützen, so dass dieser eine Ausrüstung erwerben konnte, um bei den Lützowschen Jägern dabei zu sein. Diese gehörten dem in markante schwarze Uniformen gewandeten Lützowschen Freikorps an, einem ausschließlich aus Freiwilligen bestehenden Verband der preußischen Armee. Der noch im Jahr 1813 gefallene Dichter Theodor Körner, Joseph von Eichendorff, der als Turnvater bekannte Friedrich Ludwig Jahn wie auch mehrere als Männer verkleidete Frauen (Eleonore Prochaska, Anna Lühring) waren Angehörige der *Lützower*. Dies mag noch im Abstand von mehr als zweihundert Jahren den enormen Rückhalt illustrieren, den die Befreiungsbewegung in der breiten Bevölkerung genossen hat. Publizisten wie Ernst Moritz Arndt und der Philosoph Johann Gottlieb Fichte mit den *„Reden an die deutsche Nation"* hatten unterdessen damit begonnen in ihren Schriften ein nationales Bewusstsein anzufachen, ja den von jedweder Fremdherrschaft erlösten deutschen Nationalstaat einzufordern.

Der fast vierzigjährige Friedrich fühlte sich selbst für eine aktive Teilnahme am patriotischen Widerstand zu alt. Was nicht heißt, er habe keinen Beitrag geleistet. Denn das hat er mit den ihm zur Verfügung stehenden ureigensten Mitteln sehr wohl getan. Immer wieder beleben in seinen Arbeiten wie den *„Zwei Männern in Betrachtung des Mondes"* (s. Abb. 28) Personen die Szenerie – stets in der für den Künstler so charakteristischen Rückansicht -, die in die sogenannte altdeutsche Tracht gekleidet sind.

28. Caspar David Friedrich, Zwei Männer in Betrachtung des Mondes, 1819/20. Öl auf Leinwand, 33 x 44,5 cm, Alber-tinum Staatliche Kunstsammlungen Dresden.

Es handelt sich dabei um eine in Deutschland in den Jahren 1813 bis 1815 aufgekommene Kleidermode, eigentlich ein Patchwork an Bekleidungselementen für die die Reformationszeit, die Zeit Martin Luthers Pate gestanden hat und in der das antifranzösische Nationalgefühl besonders intensiv zum Ausdruck gekommen ist. Ein langer, eng anliegender Rock, gerne mit weit geöffnetem Kragen getragen, sichtbar bei der linken, sich mit der Hand aufstützenden Person (s. Abb. 28) gehörte wie weit geschnittene Hosen und ein auffälliges Barett, das wir ebenfalls

beobachten können, einfach dazu. Dunkle Farben in Anlehnung an die *Lützower* wurden bevorzugt. Als die Befreiungskriege beendet waren, Napoleon seine letzte
Fahrt nach St. Helena im Südatlantik angetreten hatte,
nutzten Burschenschaftler und Studenten weiterhin die
altdeutsche Tracht, um ihr nationales Anliegen nach außen deutlich sichtbar zu zeigen. Doch die bald einsetzende Restauration wollte davon nichts mehr wissen. In
den Karlsbader Beschlüssen von 1819 war von einem freiheitlichen Geist nichts mehr zu spüren, die öffentliche
schriftliche Meinungsäußerung war nur noch unter Zen-
surbedingungen möglich, potentielle Stätten der Aufruhr
wie die Universitäten wurden überwacht. Die Turnplätze
geschlossen. Preußischen Beamten wurde das Tragen der
altdeutschen Tracht kurzerhand verboten. Diese hatte
sich inzwischen von einem gegen Frankreich gerichteten
Symbol zu einem der eigenen politischen Unzufrieden-
heit, des Unbehagens in den Gegebenheiten fortentwi-
ckelt.

Die *„Zwei Männer in Betrachtung des Mondes"* hat Caspar
David Friedrich daraufhin unter den neuen Vorzeichen gegenüber einem Besucher seines Ateliers ironisch kommentiert: *„Die machen demagogische Umtriebe."*

Soweit der angegriffene Gesundheitszustand es zuließ,
malte der Künstler immer weiter. Doch das sich für Landschaftsmalerei erwärmende Publikum war inzwischen zunehmend weniger an romantischen Stimmungen als vielmehr an realistischen Darstellungen interessiert. In der
Folge verlor Caspar David Friedrich immer mehr an

Relevanz, bis zu Beginn des 20. Jahrhunderts der Prozess der Wiederentdeckung eingeleitet worden ist.

b.) Kunstraub in Napoleonischer Zeit

Einleitung

Da häufig genug ausführlich in der historischen und belletristischen Literatur beschrieben, sind die verschiedenen Stationen und Details aus dem Leben Napoléons hinlänglich bekannt. Zuletzt, 2023, hat der namhafte Filmregisseur Ridley Scott es in einem farbenprächtigen Biopic verstanden, ein größeres Publikum für das Los des 1769 Geborenen zu interessieren. Zwischen den frühen Jahren auf Korsika und dem finalen Exil auf St. Helena im Südatlantik spannt sich ein wahrhaft überreicher Bogen auf. Ein dramatisches Geschehen reiht sich an das andere. Wichtiges von Ereignissen geringerer Relevanz unterscheiden zu wollen, ist daher kein ganz einfaches Unterfangen, da nahezu jeder Moment wie von schicksalhafter Bedeutung aufgeladen wirkt.

Der Höhepunkt im Urteil vieler Zeitgenossen und Nachgeborener ist dem allgemeinen Eindruck nach die am 2. Dezember 1804 sich in *Notre-Dame de Paris* abspielende feierliche Zeremonie gewesen, innerhalb derer der herausragendste, im Abendland zu vergebende Herrschertitel an einen *homo novus* verliehen worden ist. Die Krönung Napoléons I. zum Kaiser der Franzosen im Rahmen einer effektvollen Selbstkrönung von eigener anstatt päpstlicher Hand hat zum Abschluss gebracht, was eine Verfassungsänderung und Volksabstimmung bereits vorbereitet hatten. In der Nachfolge der römischen Cäsaren und Karls des Großen wollte Napoléon damit die eigene Legitimität stärken und gleichzeitig das Fundament für die Installation des dynastischen Prinzips legen. Im antiken Rom wie im neuzeitlichen Paris ging es daneben gleichermaßen darum, jeden aufkeimenden Gedanken an die in Misskredit geratene Königszeit zu zerstreuen. In beiden Fällen war zwar die republikanische Staatsform passé, doch weder war Augustus ein Tarquinius Superbus noch Napoléon I. ein Ludwig XVI.

Ohne die vorherigen äußerst erfolgreichen Feldzüge unter napoleonischem Oberbefehl, die durchweg gewonnen und somit die Grundlage für den Ruhm des Siegers gebildet haben, bliebe die Krönungszeremonie, die Jacques-Louis David so farbenprächtig in einer großformatigen Arbeit in Öl auf Leinwand festgehalten hat, kaum verständlich und hätte so mit Sicherheit nicht stattgefunden.

Kunstraub in- und außerhalb Frankreichs

Weit weniger bekannt und im allgemeinen Bewusstsein verankert, ist die Tatsache, dass den französischen Armeen unterlegene Völker und Nationen, Länder und Städte kleineren oder größeren Zuschnitts die über sie verhängten Tributzahlungen auch in einer Währung zu entrichten hatten, die uns mitnichten selbstverständlich, sondern eher ungewöhnlich erscheint: nämlich in Werken der Kunst. Dabei ging es keineswegs um Zufallsfunde am Wegesrand, sondern um die Realisierung eines systematischen Vorgehens, das in dieser Konsequenz, nämlich als Voraussetzung und Bestandteil von Waffenstillstandsvereinbarungen und Friedensverträgen, in der Geschichte bis dahin vermutlich ohne Vorbild war. Die im Schlepptau der vorrückenden Armeen befindlichen Kommissionen und dazugehörigen Kunstkommissare, ausgestattet mit vorbereiteten Listen und einem gehörigen Vorwissen, was es denn Schönes und Bedeutsames im Bereich der Kunst zu requirieren gäbe, betraten damit Neuland.

Neuland war ebenfalls, dass man über einen passenden überdachten Ort verfügte, an den man die geraubten Kunstschätze zu verbringen gedachte, um sie als Siegesdenkmäler, als Trophäen, einem begeisterten Publikum zur Schau zu stellen: den Louvre in Paris.

Als *"Muséum central des arts"* eröffnet am 10. August 1793 während der Hochphase revolutionärer Schreckensherrschaft, sorgte eine veränderte Funktionsbestimmung von Teilen des Louvre als landesweit erstem öffentlichen Kunstmuseum für neue Bedeutung des darbenden und seit dem Mittelalter existierenden Baukomplexes. Die alte Festung, die nachmalige königliche Residenz war nun ein Ort für die Allgemeinheit, ein alle Schichten der Bevölkerung repräsentierendes Publikum geworden, dem - zunächst an zwei Tagen der gemäß revolutionärem Kalender auf zehn Tage erweiterten Woche - Einlass gewährt wurde. An Exponaten listet ein erster Katalog 537 Gemälde und 124 Skulpturen, Vasen und andere Kunstgegenstände auf. Drei Viertel der ausgestellten Bilder stammte aus den königlichen Sammlungen und ein Viertel aus enteignetem Adels- oder Kirchenbesitz und hatte den revolutionären Bildersturm damit überstanden.

An der Herkunft, der Provenienz der Kunst, die danach hinzugekommen ist, kann man noch heute ziemlich genau ablesen, wo sich die französischen Armeen gerade aufhielten. So ist es während des sogenannten *Ersten Koalitionskrieges* bereits zur Besetzung der dem heutigen Belgien weitgehend entsprechenden österreichischen Niederlande und linksrheinischer Gebieten des *Heiligen Römischen Reiches deutscher Nation* gekommen. Im Zuge dessen sind unter anderem Teile des Genter Altars von Jan van Eyck, Bilder von van Dyck, Rembrandt und Rubens beschlagnahmt und nach Paris verbracht worden. Die Kirche Sankt Peter in Köln verlor im Oktober 1794 auf diesem Wege unter anderem die *Kreuzigung des Apostels Petrus* von Peter Paul Rubens (s. Abb. 29), Aachen eine größere Zahl von spätantiken Säulen aus der Pfalzkapelle des Doms. Der Leutnant und Kunstkommissar Barbier wusste das Vorgehen wie folgt zu rechtfertigen: *"Die Armee des Nordens drang mit Feuer und Schwert in die Mitte der Tyrannen und ihrer Anhänger vor, aber sie schützte sorgfältig die zahlreichen Meisterwerke der Kunst, welche die Despoten in ihrer überstürzten Flucht zurückließen. (...) Nicht länger befinden sich diese unsterblichen Werke in fremdem Land; heute sind sie im Vaterland der Künste und des Genies, der Freiheit und Gleichheit, in der französischen Republik angekommen. Ich habe diese kostbaren Bilder zusammengebracht und begleitet, denen weitere folgen werden."*

29. Die Kreuzigung des Apostels Petrus von Peter Paul Rubens. 1794 aus der Kirche Sankt Peter in Köln von französischen Truppen requiriertes Beutegut.

Die Rosse von San Marco

Die Seerepublik Venedig hatte ihre große Zeit im 18. Jahrhundert schon länger hinter sich gelassen, die transatlantischen und die Seehandelswege um das Kap der Guten Hoffnung nach Indien und Ostasien hatten seit den Tagen Vasco da Gamas zunehmend den mediterranen Fernhandelsrouten den Rang abgelaufen, als der Große Rat der Stadt am 12. Mai 1797 die Auflösung der Republik erklärt hat. Zwei Tage später ist die *Serenissima* von französischen Truppen besetzt worden. Der an die Venezianer gerichtete Vorwurf, sie hätten zuvor eine entscheidende Mitverantwortung an den als "Veronesische Ostern" bekannten Gräueltaten gegen verwundete Angehörige des französischen Militärs gehabt, ließen ein hartes Strafgericht befürchten.

Neben mehreren Millionen Golddukaten, Hunderten alter Handschriften und kostbaren Gemälden waren als Kontribution die Symbole der Stadt schlechthin zu entrichten: der Löwe vom Markusplatz und die Rosse von San Marco.

Die vier aus vergoldeter Bronze erschaffenen Rosse von San Marco (s. Abb. 30) haben die Fassade des Doms seit alter Zeit geschmückt. Im Rahmen des Vierten Kreuzzuges sind sie 1204 unter dem Doganat Enrico Dandolos in einem gegen die eigenen Glaubensbrüder östlicher Prägung gerichteten Akt aus Byzanz geraubt worden. Sie sollen einst von Kaiser Konstantin im Hippodrom seiner neuen Hauptstadt als Bestandteil einer nicht mehr erhaltenen Quadriga, eines Viergespanns, aufgestellt worden sein. Ihr hohes Alter ist somit verbürgt, obschon sich die archäologische Forschung mit einer exakten Altersbestimmung schwer tut. Die Datierungsvorschläge reichen in ihrer Spannweite vom vierten vorchristlichen bis zum ersten nachchristlichen Jahrhundert. Das hat weniger mit Ungenauigkeit der angewandten Methoden als vielmehr mit der Tatsache zu tun, dass die Rosse von San Marco einzigartig sind. Mit Ausnahme des Reiterstandbildes von Marc Aurel in Rom ist m. E. kein Vergleichsmaterial an lebensgroßen Bronzepferden aus der Antike bekannt, deren Existenz eine stilistische Analyse mit größerer Präzision ermöglichen würde. Es gibt überhaupt kaum lebens- oder gar überlebensgroße Bronzestatuen antiken Ursprungs, die die Zeiten unbeschadet überstanden haben. Die allermeisten von ihnen sind irgendwann einmal eingeschmolzen worden, um Gegenstände wie Kirchenglocken oder Kanonen aus der wertvollen Legierung herzustellen.

Wie auch immer: Auf einem von lebenden Pferden gezogenen Wagen hielten die Rosse von San Marco am 28. Juli 1798 ihren Einzug in Paris im Rahmen einer Inszenierung, die an einen römischen Triumphzug erinnert. Zeitgenössische Kupferstiche wie sie in der *Collection complète de la Révolution française* abgebildet sind, geben das Schauspiel wieder.

Paris als neues Rom

Wer sich heute auf der einem *Decumanus maximus* ähnelnden historischen Achse inmitten von Paris bewegt, bekommt unmittelbar eine Vorstellung davon, inwieweit die römische Antike leitende Vorbildfunktion für das ausgehende 18. und beginnende 19. Jahrhundert in Frankreich hatte. Sichtbarer architektonischer Ausdruck wird ihr durch den 50 Meter hohen *Arc de Triomphe de l'Étoile*, dessen Grundsteinlegung 1806 erfolgte, und der von seiner Anlage her unzweifelhaft eine monumentalisierte Variante des stadtrömischen eintorigen Titusbogen aus der Zeit der flavischen Kaiserdynastie darstellt, verliehen. Das gilt ebenso für den kleineren *Arc de Triomphe du Carrousel* nahe beim Louvre, der mehr an den Ehrenbogen des Septimius Severus aus dem frühen dritten Jahrhundert erinnert.

An dieser Stelle kommen nun wieder die Rosse von San Marco ins Spiel. Sie selbst mussten nach den Bestimmungen des Wiener Kongresses 1815 an Venedig restituiert werden, verblieben demnach insgesamt keine zwanzig Jahre in Frankreich. Die vier Pferde als Bestandteil der Quadriga auf dem *Arc de Triomphe du Carrousel*, die man heute sieht, sind also lediglich nach ihrem venezianischen Vorbild entstandene Kopien.

30. *Im Original: Die ursprünglich in Konstantinopel aufgestellten Rosse von San Marco.*

Italien hatte versierten Kunsträubern natürlich weit mehr zu bieten als die Schätze Venedigs allein. In einem Verzeichnis, das den Kirchenstaat seinerzeit zur Herausgabe von 100 Kunstwerken verpflichtete, ist zu erfahren, dass 83 von ihnen griechische und römische Skulpturen, viele davon aus Marmor, waren. Darunter Meisterwerke wie der *Apoll von Belvedere* oder die *Laokoon-Gruppe.* Die Uffizien in Florenz kamen nicht umhin, die *Venus Medici* preisgeben zu müssen. Der Generaldirektor des seinerzeitigen *Musée Napoléon* und heutigen Louvre, Dominique-Vivant Baron Denon, verfügte damit über die weltweit wichtigste Antikensammlung.

In deutschen Landen

Hier sind es vor allem das Kaiserreich Österreich, das Königreich Preußen, das Kurfürstentum Hessen-Kassel und die Herzogtümer Braunschweig und Sachsen-Weimar-Eisenach, deren Kunstschätze aufgrund fehlender profranzösischer politischer Haltung am meisten bedroht waren. Jena und Auerstedt führten neben dem Verlust des Großmachtstatus für Preußen im Ergebnis auch zum Abtransport riesiger Bestände an die Ufer der Seine.

In einer Ausstellung im *Musée* Napoleon konnten die schönsten Exponate anschließend bis zum März 1808 bestaunt werden. Die französische Kunsthistorikerin Bénédicte Savoy hat dazu 2013 bemerkt: *"Wenn man sich die Frage des Kunstraubes als Frage des Kulturtransfers im tiefen Sinne stellt, dann gab es schon eine positive Folge dieses erzwungenen Transfers von Kunstwerken. Das gilt ganz besonders für die Werke der altdeutschen Malerei. Als sie hier weggenommen wurden von den französischen Kommissaren, hatten sie keinen musealen Wert, die waren nicht ausgestellt. Dann kommen sie nach Paris. Sieben Jahre lang bleiben sie in Paris und dann berichten die Deutschen die ganze Zeit, oh, das interessiert die Pariser. Die finden Cranach und Dürer sehr spannend. Und als diese Werke dann wieder frei sind oder wo der Augenblick ist, dass man sie wieder zurückbekommen kann, dann sind das die Ikonen der Nation. Und das ist passiert, weil sie weg waren. Also im Verlust erkennt man die eigenen Werte."*

Eine ungewöhnliche, wenn auch plausible Einschätzung, die durch den Hinweis zu ergänzen ist, dass die Haager Ordnung zum Schutz des Eigentums des Feindes erst am Ende des 19. Jahrhunderts in einer ersten Fassung entstanden, das diesbezügliche Unrechtsbewusstsein 80 bis 100 Jahre vorher nicht allzu stark ausgeprägt gewesen sein dürfte.

Gleichwohl blieb nach Waterloo das Dilemma bestehen, auf das der Denon-Biograph Reinhard Kaiser hingewiesen hat. Zwar wurden konsequenterweise Rückforderungen seitens einzelner Regierungen, deren Länder sich beraubt sahen, erhoben, doch zunächst verblieben dennoch zahlreiche Kunstgegenstände an den Ufern der Seine zurück. Was daran lag, dass die korrekte Identifikation der Bilder aufgrund gleichlautender, leicht verwechselbarer oder kaum aussagekräftiger Titel ein schwer zu lösendes Problem darstellte. Denn Vergleiche ermöglichende bzw. erleichternde Fotografien gab es noch nicht. Auch die Ausstellung mancher Bilder im Musée Napoleon unter anderem Künstlernamen als an ihrem Herkunftsort hat die Provenienzforschung naturgemäß nicht erleichtert.

Zum Schluss

Der Louvre ist einzigartig, das Museum mit den meisten Besucherinnen und Besuchern weltweit und immer eine Reise wert. Einige der in diesem Kapitel angeschnittenen Fragen müssen ebenso an andere europäische Museen, die ihre Bestände vorzugsweise im 18. oder 19. Jahrhundert auch ohne napoleonische Protektion aufgebaut haben, gerichtet werden. Die aktuell wieder einmal an Fahrt aufnehmende Diskussion zwischen *British Museum* und Repräsentanten Griechenlands bezüglich der Rückgabe der *Elgin Marbles* mag hier als Beleg genügen.

c.) Von Beethoven zu Wagner

Bei aller vorhandenen Wertschätzung: Weder in der Literatur noch in der Malerei oder Plastik sind von hierzulande im 19. Jahrhundert tätigen Künstlern Werke erschaffen worden, die in puncto Renommee und weltweitem Ansehen denjenigen aus dem Reich der Musik gleichgekommen wären. Daher kann man ohne Übertreibung davon sprechen, dass die auf diesem Gebiet tätigen, aus Deutschland stammenden Kreativen damals eine mehr oder weniger unangefochtene internationale Führungsrolle eingenommen haben.

Es lassen sich neben dem privaten Musizieren (Klavier, Gesang) innerhalb der Familien als Ausdruck einer immer weitere Kreise um sich ziehenden Verbürgerlichung der Gesellschaft drei einen neuen Geist atmende Säulen des öffentlichen Musiklebens bestimmen. Vorbei waren die Zeiten einer nahezu ausschließlichen Beschränkung der Tonkunst auf den seit alters her sorgsam gepflegten sakralen Bereich (Kirchenmusik) und auf die eifersüchtig ihre ständischen Privilegien hütende, nach außen abgeschottete adelige Welt bei Hofe mit der ihr eigenen Vorliebe für im Hintergrund des eigentlichen Geschehens, etwa eines Festbanketts, aufgeführte Tafelmusik.

Der 1781 im Messehaus der Leipziger Tuchwarenhändler im zweiten Stockwerk eingebaute Konzertsaal, in dem zukünftig das Gewandhausorchester spielen würde, war funktional ein erster Vorbote der nunmehr einsetzenden

Entwicklung. Die Musikalische Akademie in München 1811, die Philharmonische Gesellschaft in Berlin 1826, die Kölner Konzertgesellschaft 1827 und weitere mehr stehen für ein neuartiges Bewusstsein, in dem die Musik selbst – ihrer früheren Beschränkungen weitgehend enthoben - in den Mittelpunkt der öffentlichen Aufmerksamkeit, der Anteilnahme eingerückt ist. Neben dem Konzertwesen lässt sich das in Gesangvereinen und auf Musikfesten mal festlich-feierlich, mal eher volkstümlich artikulierende Chorwesen als zweite Säule des Musiklebens des 19. Jahrhunderts bestimmen. Deren dritte kann zwar nicht als Innovation im eigentlichen Sinne bezeichnet werden, da die Uraufführung der ersten vollständig erhaltenen Oper der gesamten Musikgeschichte, Claudio Monteverdis *L'Orfeo*, bereits 1607 in Mantua stattgefunden hat, doch gilt das vorvergangene Jahrhundert als dasjenige der Opernkultur schlechthin.

Ihren allseits sichtbaren architektonischen Ausdruck, das Opernhaus, dürfen wir gleichermaßen als weltlichen Tempel für Kunstsinnige und -begeisterte wie auch als gern besuchte gesellschaftliche Repräsentationsbühne eines ob seiner vielfach vorhandenen ökonomischen Möglichkeiten – und darin so manche Angehörige uralten Adels in den Schatten stellend - immer selbstbewusster agierenden Stadtbürgertums verstehen. Anlässlich der im Januar 1678 mit der geistlichen Oper *„Der erschaffene, gefallene und aufgerichtete Mensch oder Adam und Eva"* von Johann Theile eröffneten Oper am Gänsemarkt in Hamburg, deren Gebäude aufgrund von Baufälligkeit 1764 früh wieder abgerissen werden musste, haben wir

145

zwar Kenntnis von einem diesem spezifischen musikalischen Zweck dienenden frühen Vorläuferbau. Doch bereits um 1850, darauf hat der Historiker Thomas Nipperdey verwiesen, gab es hierzulande 23 Hofopern – Reminiszenz an die alte Zeit wie der föderalen Struktur des Landes ohne dominierenden Zentralort – und 100 städtische Theater, in denen Opernaufführungen stattgefunden haben. Als Beleg für die immer weitere Kreise ziehende Baulust jener Jahre kann das von 1811 bis 1818 vom Architekten Karl von Fischer auf Initiative König Max Josephs von Bayern errichtete Nationaltheater in München angeführt werden, das so bald schon Opfer gleich mehrerer verheerender Feuer geworden ist. Ein Wiederaufbau, diesmal unter der Ägide des Erbauers des Palais Leuchtenberg (s. Abb. 21), Leo von Klenzes, wurde daher notwendig. Im Januar 1825 konnte unter Einbeziehung der erst jetzt im Zeichen des Klassizismus realisierten markanten Säulenvorhalle erneut eröffnet werden. Weiter nördlich ist es 1845 bis 1852 in Hannover zur Anlage des Opernhauses aus Wealdensandstein am Rande der dortigen Altstadt im Stil des Spätklassizismus nach Plänen des Baumeisters Georg Ludwig Friedrich Laves gekommen. 1871 bis 1878 ist schließlich in Dresden nach Entwürfen Gottfried Sempers, der persönlich wegen seiner aufrührerischen Beteiligung am Maiaufstand 1849 sächsischen Boden nicht mehr betreten durfte, weshalb sein Sohn die Bauleitung innehatte, die im historistischen Stil der Neorenaissance erbaute Semperoper entstanden. Die Reihe ließe sich unschwer weiter fortsetzen, doch hier ist nicht der Raum für eine ausführlichere Diskussion des Themas gegeben. Wichtig genug ist dann aber doch die

Feststellung, dass man auch in kleineren Städten wie dem eher provinziellen Bayreuth nicht länger zurückstehen mochte. Daher ist es vor Ort auf dem Grünen Hügel in den Jahren 1872 bis 1875 zur folgenreichen Errichtung des Richard-Wagner-Festspielhauses (s. Abb. 31) durch den Architekten Otto Brückwald gekommen. Besonderes Charakteristikum bis in unsere Gegenwart ist der Ablenkungen vermeidende verdunkelte Zuschauerraum mit den nach dem Vorbild griechischer Theater der klassischen Zeit gleichmäßig ansteigenden Sitzreihen einschließlich dem neugierigen Blicken aus dem Publikum entzogenen Orchestergraben geblieben. Eröffnet wurde am 13. August 1876 mit einer Aufführung des *„Rheingoldes"*. Werke anderer Komponisten außer Richard Wagner wurden und werden hier grundsätzlich nicht geduldet, mit der einen bei speziellen Anlässen akzeptierten Ausnahme von Beethovens 1824 uraufgeführter 9. Sinfonie, deren vierter, finaler Satz in einer von Herbert von Karajan arrangierten Instrumentalversion ohne Gesangssolisten bzw. gemischten Chor seit 1985 als offizielle Hymne der Europäischen Union gilt.

Beethoven

Leben und Werk des in demselben Jahr wie Hölderlin, 1770, in Bonn am Rhein geborenen Ludwig van Beethoven bloß annähernd gerecht werden zu wollen, ohne das beträchtliche Handicap, das ihm mit fortschreitendem Alter immer mehr zu schaffen gemacht hat, zu thematisieren, kann nur schwerlich gelingen.

147

31. 1875: Blick in den Zuschauerraum des Richard-Wagner-Festspielhauses in Bayreuth.

Mehr noch: Die Lektüre eines an die beiden Brüder gerichteten Briefes vom 6. Oktober 1802, bekannt geworden als *Heiligenstädter Testament*, gewährt uns Einblicke in die Seelennöte eines gerade einmal einunddreißigjährigen Verzweifelten um sein Hörvermögen Bangenden:

„Oh, ihr Menschen, die ihr mich für feindselig störrisch oder misanthropisch haltet oder erklärt, wie unrecht tut ihr mir. Ihr wisst nicht die geheime Ursache von dem; was euch so scheint, mein Herz und mein Sinn waren von Kindheit an für das zarte Gefühl des Wohlwollens. Selbst große Handlungen zu verrichten, dazu war ich immer aufgelegt, aber bedenkt nur, dass seit sechs Jahren ein heilloser Zustand mich befallen, durch unvernünftige Ärzte verschlimmert, von Jahr zu Jahr in der Hoffnung gebessert zu werden, betrogen. Endlich zu dem Überblick eines dauernden

Übels (dessen Heilung vielleicht Jahre dauern oder gar unmöglich ist) gezwungen, mit einem feurigen lebhaften Temperament geboren, selbst empfänglich für die Zerstreuungen der Gesellschaft, musste ich mich früh absondern, einsam mein Leben zubringen, wollte ich auch zuweilen mich einmal über alles das hinaussetzen, oh wie hart wurde ich durch die verdoppelte traurige Erfahrung meines schlechten Gehörs dann zurückgestoßen."

Abhilfe versuchte der derart Gepeinigte durch die Nutzung von Hörrohren zu verschaffen, später dann ab 1818 hatten anwesende Gesprächspartner ihre Anliegen in Konversationsheften zu formulieren, damit Kommunikation mit dem zwar mittlerweile hochberühmten, durch sein aufbrausendes, unbeherrschtes Wesen und so manches Mal einen rüden Umgangston an den Tag legenden Komponisten überhaupt noch möglich war. An Auftritte als Pianist war da nicht mehr zu denken. Wir befinden uns damit bereits in der bis zum Tod 1827 andauernden Spätphase der Schaffenszeit Beethovens, die üblicherweise in einschlägiger musikwissenschaftlicher Literatur von der von 1802 bis 1812 andauernden heroischen Periode unterschieden wird.

Dauerhafter Aufenthalts- und Wohnort des gebürtigen Bonners ist zuvor unter Mitwirkung Joseph Haydns ab 1792 Wien geworden, was für den bisher am Hof des Kurfürsten als Bratschist, Cembalist und Organist in Festanstellung tätigen Hochbegabten auf eine nochmalige Intensivierung seiner musikalischen Studien hinauslief. Als Lehrer sind, das ist verbürgt, Haydn selbst, Johann Baptist

Schenk, Johann Georg Albrechtsberger und Antonio Salieri in der Kontrapunktlehre und im Kompositionsunterricht in Erscheinung getreten. An eine Rückkehr in die alte Heimat war hingegen schon bald nicht mehr zu denken, da die linksrheinischen Gebiete ab dem Herbst 1794 von französischen Revolutionstruppen für die kommenden zwanzig Jahre besetzt worden sind. Was für den alten Arbeitgeber, den vornehmen, eigentlich ganz liberal eingestellten kurfürstlichen Hof in Kenntnis der Terrorherrschaft des Wohlfahrtsauschusses in der Konsequenz unweigerlich Flucht bedeutete.

Eine interessante, sich in diesem Zusammenhang erhebende Frage lautet, inwieweit das Zeitalter der Französischen Revolution mit ihren das Leben der Menschen nicht nur in Frankreich, sondern vielerorts in Europa verändernden Auswirkungen Niederschlag in Beethovens musikalischem Werk gefunden hat. Oder ist es gänzlich unberührt davon geblieben?

In der im Dezember 1808 im Theater an der Wien uraufgeführten Sinfonie Nr. 5 in c-Moll op. 67, allgemein bekannt als Schicksalssinfonie, begegnen uns im Schlusssatz mit Piccoloflöte, Kontrafagott und gleich drei Posaunen Instrumente, die herkömmlich zur Militärmusik zählen. Bei der nur wenige Jahre zuvor komponierten 3. Sinfonie in Es-Dur op. 55 mit dem Beinamen *„Eroica"* liegt das Titelblatt einer Abschrift mit dem Text *„Sinfonia grande, intitolata Bonaparte"* („Große Sinfonie, mit dem Titel Bonaparte") vor. Die beiden letzten Worte sind zwar von Beethoven ausradiert worden, aber dennoch lesbar. Eine nicht unumstrittene, nichtsdestoweniger glaubhafte Anekdote weiß davon zu berichten, dass der Komponist das entsprechende Titelblatt der heute nicht mehr auffindbaren Originalpartitur aus Enttäuschung zerrissen haben soll, als ihm die Nachricht von der Selbstkrönung Napoleons zum Kaiser der Franzosen am 2. Dezember 1804 überbracht wurde. Zu groß waren offenbar die an ein gänzlich selbstloses politisches und gesellschaftliches Reformwerk gerichteten Hoffnungen bar jeglicher Eigeninteressen, die an den Mann aus Korsika adressiert waren. Mindestens von einer gewissen Sympathie für die Ideale der Französischen Revolution getragen, scheint folgende schriftliche Äußerung Beethovens aus dem Jahr 1793 zu sein: *„Freyheit über alles lieben; Wahrheit nie, (auch sogar am Throne nicht) verläugnen."*

Wohlmeinende Mäzene, darunter Fürst Karl Lichnowsky, Gottfried Freiherr van Swieten, Erzherzog Rudolph und Franz Joseph Maximilian von Lobkowitz, unterstützten den aufstrebenden freischaffenden Künstler materiell und haben eine wichtige Rolle bei der Aufführung verschiedener musikalischer Werke eingenommen. Fürst Lichnowsky etwa hat Beethoven temporär eine Wohnung in seinem Haus zur Verfügung gestellt, eine Konzertreise nach Prag, Dresden und Berlin finanziert sowie zeitweise ein jährliches Gehalt von 600 Gulden übernommen. Fürst Lobkowitz hat die an ihn gerichtete Widmung der 1801 veröffentlichten Streichquartette op. 18 seinerseits mit 400 Gulden honoriert. Gleichzeitig dafür Sorge tragend, dass die Proben für die *„Eroica"* im Frühsommer 1804 im Wiener Palais Lobkowitz stattfinden konnten. Weitere

Proben im Herbst auf Schloss Raudnitz schlossen sich an, bevor im Januar 1805 inoffizielle Aufführungen beim Wiener Bankier Würth und wiederum im Palais Lobkowitz das neuartige Werk zunächst einem kleineren Kreis präsentiert haben. Erst dann, nach abgeschlossener Testphase, wagte man sich am 7. April 1805 an die Öffentlichkeit zur offiziellen Uraufführung ins Theater an der Wien.

Der bis heute ungebrochen andauernde Erfolg der *„Eroica"* lässt die damalige Besorgnis weitgehend unbegründet erscheinen.

Kommt Joseph Haydn das ehrenvolle Verdienst zu, die Wiener Klassik mit dem von ihm entwickelten Kompositionsprinzip der *„thematisch-motivischen Arbeit"* erst entwickelt zu haben, so steht der 1791 früh verstorbene Mozart für deren vielbewunderte Weiterentwicklung in dem ihm eigenen, unverwechselbaren ausdrucksstarken Stil. Beethoven schließlich gilt als ihr Vollender. Mit seinen 9 Sinfonien, 32 Klaviersonaten, der Oper *„Fidelio"*, der Messe *„Missa solemnis"*, der Kammermusik und den Solokonzerten für Klavier und Violine hat er die Maßstäbe gesetzt, an denen sich die nachfolgende Generation der Romantiker, insbesondere auch Johannes Brahms und Richard Wagner, schöpferisch zu orientieren und abzuarbeiten wusste.

Wagner

Wilhelm Richard Wagner wurde am 22. Mai 1813 in eine vielköpfige Familie mit ausgeprägtem Sinn fürs Theater und für Musik hineingeboren. Die Umgebung seiner Heimatstadt Leipzig geriet damals keine fünf Monate nach der Geburt zum Schauplatz jenes fürchterlichen, unnachgiebigen Ringens, dem der Schriftsteller Achim von Arnim als Erster die Bezeichnung Völkerschlacht verliehen hat. Gemeinsam wollten die miteinander verbündeten Monarchien Preußen, Schweden, Österreich mitsamt dem zaristischen Russland und dem Herzogtum Mecklenburg-Schwerin dem Kaiser der Franzosen, Napoleon, und dessen hochgespannten hegemonialen Plänen ultimativ die Stirn bieten. Letztlich war man zwar erfolgreich, doch der zu entrichtende Blutzoll entsetzlich hoch. Auf beiden Seiten. Leipzig verkam in der Folge zu einem Ort der Krankenlager und Spitäler, denen die medizinische Versorgung zahlloser Verwundeter oblag. Auch Richards Vater, Carl Friedrich Wilhelm, ein verbeamteter Jurist im Polizeidienst des seit 1806 mit Napoleon in der Militärallianz des Rheinbundes assoziierten Königreiches Sachsen, gehörte zu denjenigen, denen die Aufregungen und leidvollen Anstrengungen dieses blutgetränkten Herbstes zu viel waren. Am 23. November 1813 raffte Lazarett-Typhus, eine synonym als Fleckfieber bekannte Infektion mit Mikroorganismen, den geschwächten Körper dahin. Richards Mutter, die aus Weißenfels an der Saale, dem letzten Wohnort des romantischen Dichters Novalis, stammende Bäckerstochter Johanna Rosine, heiratete schon bald darauf wieder. Der Maler und Schauspieler Ludwig Geyer, ein Künstler, nahm die Vaterrolle in der Familie neu ein. Das Glück währte indessen nicht allzu lange, da Geyer bereits am 30. September 1821 verstorben ist. Materiell ist es dabei den schicksalsgeprüften Hinterbliebenen durch

eine hinterlassene Rente Geyers gar nicht so schlecht er-
gangen. Richards Schwestern Rosalie und die ein Engagement bei der Italienischen Oper in Dresden erhaltende
Klara fuhren zudem erste künstlerische Erfolge ein,
wodurch ein prominenter Zeitgenosse, Carl Maria von
Weber, der vielumjubelte Komponist der 1821 uraufgeführten romantischen Oper in drei Akten *„Der Frei-
schütz"*, häufiger zu Gast war und freudige Bekanntschaft
mit einem jungen Fan namens Richard machen durfte.

Besagter Fan hatte jedoch mit den erlittenen Verlusten
stark zu kämpfen. Mit lautem Geschrei soll er nachts aus
seinen Träumen erwacht sein, tagsüber viel geweint haben. Beim Anblick der Spiegelung des Himmels in einem
Wasserbecken soll der Neunjährige vollends die räumliche Orientierung verloren, nicht mehr gewusst haben, wo
er eigentlich war. Besonderen Schrecken flößten ihm stei-
nerne, auf Wandregalen befindliche Bierflaschen ein, deren Anblick den ganz offensichtlich von Kindesbeinen an
mit viel Phantasie und Einbildungskraft Begabten so sehr
an Teufelsfratzen erinnerte, dass er fortan nicht mehr allein die Treppe bei Dunkelheit hinaufgehen mochte, so
dass ihn ein Dienstmädchen begleiten musste.

Als Schüler dann hat Wagner sich besonders für Geschichte und griechische Mythologie begeistern können.
Vor allem die Epen Homers mit ihren kraftstrotzenden
Heldengestalten, den mit so manchen menschlichen
Schwächen versehenen olympischen Göttinnen und Göt-
tern hatten es ihm angetan. In kreativer Auseinandersetzung damit ist aus seiner Feder beispielsweise ein Gedicht

im antiken Versmaß des Hexameters *„Die Schlacht am Parnassos"* entstanden. Shakespeares Dramen zählten ebenso zu den Favoriten. Wir wissen in diesem Zusammenhang, dass in der Schule von ihm auf Wunsch eines Lehrers der Hamlet-Monolog vorgetragen wurde. Ein wirkliches Schlüsselerlebnis für den inzwischen fünfzehnjährigen Heranwachsenden, der nebenbei bereits Unterricht in Harmonielehre erhalten hatte, ist im April 1829 schließlich der Besuch der Beethoven-Oper *„Fidelio"* geworden. Der Entschluss stand danach unverbrüchlich fest: Er wollte Musiker werden. Gesagt, getan. Von 1831 bis 1833 hat der frischgebackene Studiosus ein Musikstudium an der Universität Leipzig absolviert, wobei der Thomaskantor Christian Theodor Weinlig den jungen Wagner in Kompositionslehre unterwiesen hat.

Eines seiner ersten Anstellungsverhältnisse führte ihn um die Jahresmitte 1837 in die alte Hansestadt Riga, die heutige Hauptstadt des baltischen Staates Lettland, an die Ostsee. Die dort angetretene Stelle als Musikdirektor wurde mit Elan ausgefüllt und das Leben schien sich in ruhigem bürgerlichen Fahrwasser zu bewegen. Wenn nur nicht die leidige Angewohnheit des leichtfertigen, bedenkenlosen Schuldenmachens gewesen wäre. Ständig — im Grunde genommen das ganze Leben lang — saßen ihm hartnäckige Gläubiger mit zumeist berechtigten finanziellen Forderungen im Nacken. So auch in Riga. Auf abenteuerlichen Wegen wusste sich der nunmehr ehemalige Herr Musikdirektor mit Ehefrau Minna und dem sie begleitenden zugelaufenen Neufundländer Robber unter Umgehung der regulären Grenzkontrolle den Häschern zu entziehen. In Pillau wurde ein lediglich 25 Meter langer Segler namens Thetis von den ungewöhnlichen Passagieren geentert. Am 19. Juli 1839 lief die Thetis mit Hafer und Erbsen als Fracht aus. Bestimmungsort: London. Doch schon bald wurde das Schiff zum Spielball sturmgepeitschter Wellen, ohne Unterlass auf das ächzende Schiff einstürzend. Ein Gewitter verschlimmerte die Lage zusätzlich. Wagner lag mehrere Tage seekrank in der Kapitänskajüte, heimgesucht von Visionen. Er meinte ein weiteres Schiff neben der Thetis auftauchen zu sehen, bis es im schwarzen Dunkel wieder verschwand. Hatte er den fliegenden Holländer gesehen? Die Idee zur gleichnamigen Oper war damit geboren, zwar nicht dem Erstlingswerk in dieser Kunstform, denn es gab ja schon *„Die Feen", „Das Liebesverbot"* und den *„Rienzi"*, doch der ersten Oper, die der Künstler in fortgeschrittenem Alter für brillant genug ansah, für würdig genug empfand, um in Bayreuth aufgeführt zu werden.

Allerdings hatte er zu diesem Zeitpunkt schon die 1833 erschienenen *„Memoiren des Herrn Schnabelewopski"* des seit 1831 vorsichtigerweise im liberaleren Pariser Exil weilenden Heinrich Heine gelesen. Beide sollte schon bald eine enge Freundschaft verbinden, da Richard mit Gattin Minna nach heil überstandener Überfahrt im Begriff stand die Seinemetropole aufzusuchen, um vorerst zu bleiben. Bei Heine heißt es: *„Die Fabel von dem fliegenden Holländer ist Euch gewiss bekannt. Es ist die Geschichte von dem verwünschten Schiffe, das nie in den Hafen gelangen kann und jetzt schon seit undenklicher Zeit auf dem Meere herumfährt. Begegnet es einem anderen*

*Fahrzeuge, so kommen einige von der unheimlichen
Mannschaft in einem Boote herangefahren und bitten ein
Paket Briefe gefälligst mitzunehmen. Diese Briefe muss
man an den Mastbaum festnageln, sonst widerfährt dem
Schiffe ein Unglück, besonders wenn keine Bibel an Bord
oder kein Hufeisen am Fockmast befindlich ist. Die Briefe
sind immer an Menschen adressiert, die man gar nicht
kennt oder die längst verstorben, so dass zuweilen der
späte Enkel einen Liebesbrief in Empfang nimmt, der an
seine Urgroßmutter gerichtet ist, die schon seit hundert
Jahren im Grabe liegt. Jenes hölzerne Gespenst, jenes
grauenhafte Schiff, führt seinen Namen von seinem Kapitän, einem Holländer, der einst bei allen Teufeln geschwo-
ren, dass er irgendein Vorgebirge, dessen Namen mir ent-
fallen, trotz des heftigsten Sturms, der eben wehte,
umschiffen wolle und sollte er auch bis zum jüngsten Tag
segeln müssen. Der Teufel hat ihn beim Wort gefasst, er
muss bis zum jüngsten Tag auf dem Meer herumirren, es
sei denn, dass* er durch die Treue eines Weibes erlöst
werde. Der Teufel, dumm wie er ist, glaubt nicht an *Wei-
bertreue, und erlaubte daher dem verwünschten Kapitän
alle sieben Jahre einmal an Land zu steigen und zu heira-
ten, und bei dieser Gelegenheit seine Erlösung zu betrei-
ben."*

Während Wagner der künstlerische Durchbruch in Paris
ganz eindeutig versagt blieb, er, Minna und sich mit jour-
nalistischen und literarischen Gelegenheitsarbeiten finanziell irgendwie über Wasser zu halten versuchte, ist
ihm hier vor Ort die Vollendung der Urfassung des *„Fliegenden Holländers"* gelungen. Dabei zeichnete er, was

nicht der Norm entsprach, sowohl für die Komposition der Musik als auch für das Libretto als alleiniger Urheber verantwortlich. Ein Markenzeichen für die Zukunft, wobei der *„Fliegende Holländer"* mit den darin enthaltenen Arien, Duetten und Rezitativen der traditionellen altdergebrachten Nummernoper grundsätzlich verhaftet blieb. Die unendliche Melodie, eine weitere auch unter der Bezeichnung *„Durchkomponierte musikdramatische Groß-form"* bekannte spezifische Erfolgsformel Wagners, harrte währenddessen über den *„Tannhäuser"* hinaus noch bis zum *„Lohengrin"* ihrer zukünftigen Verwirklichung. Eingebettet in eine historische Rahmenhandlung, wird im *„Lohengrin"* der mittelalterliche Mythos von der bedrängten Elsa, dem sie errettenden und ihren Bruder Gottfried erlösenden Schwanenritter wiederbelebt.

1842 ging es von Paris aus wieder zurück in die sächsische Heimat, wo ab dem kommenden Jahr die Hofkapellmeisterstelle in Dresden am Königlichen Hoftheater vom weiterhin nach beruflicher und künstlerischer Anerkennung strebenden Komponisten bekleidet werden konnte. Was Wagner in den revolutionären Wirren 1848/49 zum Leidwesen Minnas nicht davon abgehalten hat, sich vehement politisch einzumischen. Er ließ sich in diesem Kontext etwa als Redner beim Vaterlands-Verein gewinnen. Die dabei vertretenen Positionen wirken heute insofern etwas zwiespältig, als dass König Friedrich August II. im Sinne einer Verteidigung des Königshauses zwar die Rolle des ersten Republikaners zugebilligt wurde, während Wagner andererseits die Abschaffung der Aristokratie postulierte.

32. Das ab 1869 auf Initiative von König Ludwig II. von Bayern erbaute Schloss Neuschwanstein entspricht mit der links befindlichen Kemenate mit überdachtem Balkon für Elsa, dem mittigen Palas und dem Ritterhaus rechts dem Bühnenbild des Lohengrin.

Die Dinge eskalierten zusehends. Der Hofkapellmeister machte dabei nähere Bekanntschaft mit dem einflussreichen Anarchisten Bakunin und nahm im Sinne der Revolution gegen die etablierte Staatsmacht seinen gefährlichen Beobachtungsposten hoch droben auf der Kreuzkirche ein. Innerstädtische Barrikadenkämpfe untergruben die allgemeine Ordnung so sehr, dass preußische Truppen zur Unterstützung der sächsischen Kräfte aufmarschierten. 10 Tage bevor er per Steckbrief gesucht wurde, war der Entschluss zur Flucht am 9. Mai 1849 gefasst. Am 27. Mai erreichte der gerade noch einmal Davongekommene Lindau am Bodensee, um von dort in die Schweiz ins Exil zu gehen.

Ein neuer Geist oder Oper und Drama

Was Richard Wagner zukünftig erschaffen und verwirklichen wollte, worum es ihm überhaupt zu tun war, geht aus den seinerzeit verfassten Zürcher kunsttheoretischen Schriften hervor. Sein großes Vorbild ist dezidiert die attische Tragödie des 5. vorchristlichen Jahrhunderts gewesen und stets geblieben. Also jenes Jahrhunderts, dessen kulturelle Blüte in Bezeichnungen wie *„Perikleisches Zeitalter"* widergespiegelt wird, das architektonische Meisterleistungen wie den Bau des Parthenon auf der Akropolis von Athen hervorzubringen wusste, das die Tragödien von Aischylos, Euripides und Sophokles in Freilufttheatern mit ansteigenden Sitzreihen unter geschickter Nutzung naturräumlicher Gegebenheiten zur Aufführung brachte. Und das auf der politischen Ebene die Volksherrschaft, die Demokratie, etabliert hat. Vorerst!

Wagner sah in der attischen Tragödie eine geglückte Kombination, eine Einheit von Tanz-, Dicht- und Tonkunst gegeben. Sie habe allerdings nur so lange gewähren können, *„als sie aus dem Geiste des Volkes heraus gedichtet wurde, und dieser Geist eben ein wirklicher Volksgeist, nämlich ein gemeinsamer war. Als die nationale Volksgenossenschaft sich selbst zersplitterte, als das gemeinsame Band ihrer Religion und ureigenen Sitte von den* sophistischen Nadelstichen des egoistisch sich zersetzenden athenischen Geistes zerstochen und zerstückt wurde, - da hörte auch das Volkskunstwerk auf." Durch das „Genie der Gemeinsamkeit" sei es gleichwohl auch noch im 19. Jahrhundert möglich ein „Gesamtkunstwerk der Zukunft" zu verwirklichen. Um jedoch das ambitionierte Ziel zu erreichen, müsse der dichtende Musiker und Dramenschöpfer wieder mehr aus dem Unbewussten, dem Unwillkürlichen schaffen, so der inzwischen in Zürich Ansässige. Weiter forderte er in „Oper und Drama" einen freien Vers mit einer neuen Anbindung der Empfindung ein. Was vom leicht verwechselbaren Vokal nicht geleistet werden könnte, aber sehr wohl vom Konsonanten wie er in der altgermanischen Sprache als Stabreim bevorzugt Verwendung gefunden hat. Beispiele für der Stilfigur der Alliteration ähnelnde Stabreime sind etwa „klipp und klar", „Leib und Leben", „Wohl und Wehe" und andere mehr.

In Anlehnung an den Tragödienzyklus der „Orestie" von Aischylos – „Agamemnon", die „Choephoren" und die „Eumeniden" sind überliefert, während das abschließende Satyrspiel „Proteus" verschollen ist – schwebte Wagner die Behandlung eines Stoffes aus vier unabhängigen, aber aufeinander bezogenen Einzelstücken vor, die sich zu einem zusammenhängenden Ganzen fügen sollten. Die grundlegende Idee zu „Der Ring des Nibelungen" mit „Das Rheingold", „Die Walküre", „Siegfried" und „Götterdämmerung" war damit in der Welt. Was wir als Tetralogie bezeichnen, ist heutzutage das konzeptionelle Grundgerüst jeder Fernsehserie.

Oder wie der Meister es selbst ganz erfüllt von revolutionärem Pathos an den Musiker Theodor Uhlig in einem Brief vom 12. November 1851 formuliert hat: *„Mit dieser meiner neuen Konzeption trete ich gänzlich aus allem Bezug zu unserem heutigen Theater und Publikum heraus: ich breche bestimmt und für immer mit der formellen Gegenwart. Fragst Du mich nun, was ich mit meinem Plane vorhabe? – Zunächst, ihn ausführen, soweit es in meinem dichterischen und musikalischen Vermögen steht. Dies wird mich mindestens drei volle Jahre beschäftigen. (…) An eine Aufführung kann ich erst nach der Revolution denken: erst die Revolution kann mir die Künstler und die Zuhörer zuführen. Die nächste Revolution muss notwendig unserer ganzen Theaterwirtschaft das Ende bringen: Sie müssen und werden alle zusammenbrechen, dies ist unausbleiblich. Aus den Trümmern rufe ich mir dann zusammen, was ich brauche. Ich werde, was ich bedarf, dann finden. Am Rheine schlage ich dann ein Theater auf und lade zu einem großen dramatischen Feste ein. Nach einem Jahr Vorbereitung führe ich dann im Laufe von vier Tagen mein ganzes Werk auf. Mit ihm gebe ich den Menschen der Revolution dann die Bedeutung dieser Revolution nach ihrem edelsten Sinn zu erkennen. Dieses Publikum wird mich verstehen: das jetzige kann es nicht. So ausschweifend dieser Plan ist, so ist er doch der einzige, an den ich noch mein Leben, Richten und Trachten setze. Erlebe ich seine Ausführung, so habe ich herrlich gelebt; wenn nicht, so starb ich für 'was Schönes. Nur dies aber kann mich noch erfreuen."*

Aus dem großen dramatischen Fest mit am Rhein aufgeschlagenen Theater ist freilich nichts geworden. Dafür konnte Wagner im August 1876 Kaiser Wilhelm I. und zahlreiche weitere illustre Gäste wie Franz Liszt, Camille Saint-Saëns, Peter Tschaikowski, Edvard Grieg, Lew Tolstoi und nicht zuletzt Friedrich Nietzsche zu den ersten Festspielen in Bayreuth begrüßen. Der komplette *„Ring des Nibelungen"* wurde, wie 25 Jahre zuvor gewünscht, zur Aufführung gebracht.

d.) Cocooning: die Kultur des Biedermeier

Der Rückzug ins Private

Geschlossene Kinos und Theater, für Gäste unzugängliche Restaurants, Bars und Kneipen, verwaiste Innenstädte, gespenstisch leere Geschäfte, strikte Besuchsverbote! Wirtschaftsunternehmen der unterschiedlichsten Branchen, die ihren Mitarbeiter*innen Home-office Lösungen angeboten haben, anstatt sie wie üblich tagtäglich zur Arbeit ins Büro zu beordern! Ein brachliegendes öffentliches Schul- und Unterrichtswesen! Damit sind einige wesentliche Konsequenzen der mit der weltweit grassierenden, inzwischen glücklicherweise für beendet erklärten Corona-Pandemie einhergehenden Lockdowns benannt.

Stattdessen hat notgedrungen in Ermangelung gangbarer Alternativen ein vorher so nicht erlebter Rückzug der Bürger*innen hierzulande (anderenorts natürlich auch) ins Private, ins traute Heim stattgefunden. Cocooning als Staatsräson.

Cocooning ist ursprünglich ein Begriff aus der Zoologie, der ein charakteristisches Stadium der Metamorphose verschiedener Insektenarten beschreibt. Die Trendforscherin Faith Popcorn hat Cocooning bereits in den 1980er Jahren aus dem traditionellen biologischen Kontext entlehnt und kreativ auf Verhaltensmuster menschlicher Gesellschaften übertragen. Seitdem wird damit der

Rückzug in die eigenen (gemieteten) vier Wände und der Trend zum behaglich-gemütlichen Einmauscheln und Einigeln beschrieben. Diejenigen, denen die Welt da draußen zu anstrengend und kompliziert geworden ist, ziehen sich demnach in ihren privaten, überschaubaren Lebenskreis zurück, eben den Kokon.

Aus ganz anderen, keinen gesundheitlichen wie in unserer jüngsten Vergangenheit geschuldeten Gründen, hat es im vorvergangenen Jahrhundert in Deutschland schon einmal eine Phase des Rückzugs ins Private gegeben. Sie war nicht nur von vorübergehender Dauer, sondern währte mehrere Jahrzehnte.

Biedermeier revisited

Als vor gut zweihundert Jahren die Tage Napoleons und der unter seiner Führung weite Teile Europas verwüstenden *Grande Armée* abgelaufen waren, bedeutete das für viele Bewohner des deutschen Sprachraumes endlich Ruhe und Frieden nach fast einem Vierteljahrhundert aufgezwungener militärischer Auseinandersetzungen. Was mit dem 1. Koalitionskrieg 1792 begonnen, sich als schier endlose Kette von blutigen Konflikten, der Ableistung von Tributzahlungen und der Stellung von Truppenkontingenten sowie der Abtretung von Territorien wie der linksrheinischen an Frankreich fortgesetzt hat, brachte der Wiener Kongress 1814/15 zum lange erwarteten Abschluss. Ebenso zutreffend für das Gebiet des dort als Staatenbund gegründeteten Deutschen Bundes ist aber auch: Restauration und Reaktion, verschärft durch die 1819 verabschiedeten Karlsbader Beschlüsse mit ihren Einschränkungen der Presse- und Meinungsfreiheit sowie Zensurbestimmungen, sollten das geistige und gesellschaftliche Klima für die kommenden Jahrzehnte bis zur 1848er Revolution entscheidend mitbestimmen.

Unmittelbarer Anlass für die Karlsbader Beschlüsse als Ausdruck der in Herrscherkreisen bestehenden Furcht vor aufrührerischen Umtrieben war die kaltblütige Ermordung des Schriftstellers und russischen Generalkonsuls August von Kotzbue in Mannheim durch den Theologiestudenten, Burschenschafter und Teilnehmer am Wartburgfest Karl Ludwig Sand am 23. März 1819. Nicht allein die bereits genannten Einschränkungen waren spezieller Gegenstand von vier Gesetzen, der Exekutionsordnung, dem Untersuchungs-, dem Universitäts- und Pressegesetz, sondern ganz generell wurden Burschenschaften und Turnverbände durch sie verboten, die Turnplätze (s. Abb. 39) geschlossen, Universitäten überwacht. Ihren Studenten eine allzu liberale bzw. nationale Einstellung vermittelnde Professoren wurden kurzerhand entlassen. Wie es z. B. dem Verfasser des politischen Liedes *„Was ist des Deutschen Vaterland?"* Ernst Moritz Arndt widerfahren ist. Arndt, seit 1818 Professor für Geschichte an der neu gegründeten Rheinischen Friedrich-Wilhelms-Universität in Bonn (s. S. 37ff.), wurde an 10. November 1820 von seinem Lehramt suspendiert, ein Verfahren wegen demagogischer Umtriebe gegen ihn eröffnet. Ergebnislos, doch der Schaden war nun einmal angerichtet. Hausdurchsuchungen, ein um sich greifendes Spitzelwesen, Verletzungen des Briefgeheimnisses durch staatliche

Behörden waren von nun an nichts Ungewöhnliches mehr. In Preußen waren Goethes Trauerspiel *„Egmont"*, Schillers *„Wilhelm Tell"* wie *„Die Räuber"*, Kleists *„Prinz von Homburg"* und Fichtes *„Reden an die deutsche Nation"* schlichtweg verboten. In diesem Kontext ist ebenso die Affäre um die sogenannten *„Göttinger Sieben"* zu verorten. Sie waren eine Gruppe von Göttinger Professoren, darunter das als Märchensammler bekannte Brüderpaar Jacob und Wilhelm Grimm, die es 1837 gewagt hatten gegen die Aufhebung der 1833 eingeführten Verfassung im Königreich Hannover zu protestieren. Auch wenn sie später zum Teil rehabilitiert worden sind, erst einmal sind sie entlassen und drei von ihnen des Landes verwiesen worden.

Zwischen Wiener Kongress und 1848er Revolution hat sich daher das Bürgertum in den allmählich größer werdenden, an Einwohnerzahl stetig zulegenden Städten neben der vorrangigen Vertretung eigener beruflicher und wirtschaftlicher Interessen auf dem Rückzug ins Private befunden. Anstatt auf der politischen Bühne das Glück gegen die immer noch vitalen, sich nicht auf dem Rückzug befindlichen Kräfte des Absolutismus zu versuchen. Auf der anderen Seite war nunmehr die große Zeit der sich selbstbewusst entfaltenden und keineswegs nur adlige Vorbilder epigonenhaft nachahmenden bürgerlichen Wohnkultur angebrochen. Moderne Wohnzimmereinrichtungen unserer Gegenwart finden darin ihre eigentliche Ursprungsform. Erst im Nachhinein, ab der Mitte des 19. Jahrhunderts, hat man diese Phase und die sie kennzeichnenden kulturellen Phänomene abwertend und despektierlich, zunächst personalisiert in einer aus dem Schwäbischen stammenden Kunstfigur, mit der Bezeichnung *„Biedermeier"* belegt. Doch ist die um Begriffe wie Engstirnigkeit, Weltabgewandtheit und Spießbürgertum kreisende pauschale Kritik am Biedermeier eigentlich gerechtfertigt?

Literatur im Biedermeier

Einer der bekanntesten Literaten des Biedermeier ist neben Eduard Mörike, Franz Grillparzer und Annette von Droste-Hülshoff der 1805 geborene Adalbert Stifter. In der Vorrede zum Sammelband *„Bunte Steine"* hat er die für ihn maßgebliche Kunst- und Weltanschauung programmatisch zusammengefasst: *"Das Wehen der Luft, das Rieseln des Wassers, das Wachsen der Getreide, das Wogen des Meeres, das Grünen der Erde, das Glänzen des Himmels, das Schimmern der Gestirne halte ich für groß: das prächtig einherziehende Gewitter, den Blitz, welcher Häuser spaltet, den Sturm, der die Brandung treibt, den feuerspeienden Berg, das Erdbeben, welches Länder verschüttet, halte ich nicht für größer als obige Erscheinungen, ja ich halte sie für kleiner (...). So wie es in der äußeren Natur ist, so ist es auch in der inneren, in der des menschlichen Geschlechtes. Ein ganzes Leben voll Gerechtigkeit, Einfachheit, Bezwingung seiner selbst, Verstandesgemäßheit, Wirksamkeit in seinem Kreise, Bewunderung des Schönen, verbunden mit einem heiteren, gelassenen Sterben, halte ich für groß: mächtige Bewegungen des Gemütes, furchtbar einherrollenden Zorn, die Begier nach Rache, den entzündeten Geist, der nach*

Tätigkeit strebt, umreißt, ändert, zerstört, und in der Erregung oft das eigene Leben hinwirft, halte ich nicht für größer, sondern für kleiner, da diese Dinge so gut nur Hervorbringungen einzelner und einseitiger Kräfte sind, wie Stürme, feuerspeiende Berge, Erdbeben. Wir wollen das sanfte Gesetz zu erblicken suchen, wodurch das menschliche Geschlecht geleitet wird." Harmonie und eine wohlgeordnete Welt sind die Ideale, die Stifter noch in seinem späteren Bildungsroman *„Der Nachsommer"* im Sinne der *"sanften Gesetze"* verwirklicht sehen wollte.

Politisch orientierte Schriftsteller und Literaten, die wir den damaligen Bewegungen des *Vormärz* oder *Jungen Deutschland* zurechnen, befanden sich dagegen in regelrechter Opposition zu den herrschenden Verhältnissen. Joseph Görres, Georg Büchner und Heinrich Heine eint, dass sie sämtlich - mindestens temporär - emigrieren mussten. Sofern sie nicht bereit waren, das Risiko einer längeren Gefängnisstrafe zu tragen. Dieses Schicksal konnten sich die Vertreter des literarischen Biedermeier ersparen, indem sie auf die ihnen und ihrer Leserschaft gemäßen konservativen Themen setzten und auf allzu revolutionäres Gedankengut verzichteten.

Innenarchitektur und Malerei

Eine eigene Architektur hat das Biedermeier nicht hervorgebracht. Folgt man der in Standardwerken wie der vielfach aufgelegten *„Baustilkunde"* von Wilfried Koch vertretenen Auffassung.

33. Mobiliar der Biedermeierzeit im Oldenburger Landesmuseum für Kunst- und Kulturgeschichte. Im Zeichen einer unaufdringlichen, den Eindruck von Behaglichkeit verbreitenden Eleganz betonen die polierten Oberflächen die Maserung des Holzes.

Wenn gleichwohl für Städte wie das bayerische Hof oder Baden bei Wien trotzdem das Vorhandensein einer innerstädtischen Bebauung im Stil des Biedermeier manchmal in der Literatur beschrieben wird, so hat man sich vor Ort innerhalb der vertrauten und längst bekannten Bahnen bewegt, die durch den Klassizismus, der seinerseits in fließenden Übergängen im weiteren Verlauf des vorvergangenen Jahrhunderts vom Historismus abgelöst wurde, geschaffen worden sind.

In Übereinstimmung mit der hier vertretenen These vom *"Cocooning"* ist es wenig überraschend die Innenarchitektur gewesen, die besonders mit ihren Entwicklungen einer eigenständigen Möbelkunst ein feines Gespür für Harmonie und Ästhetik auszudrücken verstanden hat. Kommoden, Sekretäre und mit gestreiften oder geblümten Bezugsstoffen versehene Sofas (s. Abb. 33) schmückten die Wohnzimmer eines zu einigem Wohlstand gelangten Stadtbürgertums. Beliebt waren Hölzer wie Mahagoni oder Kirsche und als charakteristische Designelemente leicht geschwungene Biegungen und Handvoluten für die Seitenlehnen von Möbeln.

In der Malerei, Lithographie und Kunst des Kupferstichs hat es neben Ferdinand Georg Waldmüller oder Peter Fendi vor allem Carl Spitzweg als typischer Vertreter des Biedermeier zu bis heute andauernder Bekanntheit und Beliebtheit gebracht. Spitzwegs Arbeiten in Öl wie *"Der Kaktusfreund"*, *"Der Bücherwurm"*, *"Die Jugendfreunde"*, *"Der Sonntagsspaziergang"* (s. Abb. 34) und am populärsten natürlich *"Der arme Poet"* bringen uns auf liebe- und oft humorvolle Weise eine Welt nahe, die längst vergangen ist.

Spitzwegs biedermeierliche Menschen agieren häufig vor Landschaftshintergründen, wie sie ein Caspar David Friedrich auch geschaffen haben könnte. Doch sind sie keine romantischen Heroen im kosmischen Zusammenhang mehr.

34. Carl Spitzweg, Der Sonntagsspaziergang. 1841, Öl auf Holz. Heute im Salzburg-Museum.

Vielmehr findet man bei Spitzweg sehr oft Menschen, die beschränkt auf ihre kleine, häufig kleinstädtisch anmutende Welt scheinbar nebensächlichen, kaum weltbewegenden Dingen nachgehen, dabei von einer Atmosphäre heiterer Gelassenheit umgeben.

Man kann darin genau die Art von Gelassenheit und Gemütsruhe in einer offensichtlich weitgehend entschleunigten Welt erkennen, die unserer eigenen von nahezu täglich neu geschürten Aufgeregtheiten, Panik und Stress geprägten Gegenwart ebenfalls sehr gut bekommen würde. So verstanden, hat das Biedermeier nicht nur kritikwürdige Einstellungen hervorgebracht.

e.) Die Schriftstellerin Annette von Droste-Hülshoff als Repräsentantin des Biedermeier

Adel verpflichtet

Wer an der Schwelle zum 19. Jahrhundert *Freiherr* oder *Freifrau* in deutschen Landen gewesen ist, hatte erfolgreich die unterste Stufe auf der formal streng geordneten Treppe des Titularadels erklommen, möglicherweise bereits viele Generationen lang besetzt gehalten. Man war damit einem *Baron* oder einer *Baronin* hierarchisch gleichgestellt, was dazu geführt hat, dass ebendiese Anrede neben dem *Hochwohlgeboren* üblich war und als angemessen geschätzt wurde. Grafen, Fürsten, erst recht Herzöge führten fraglos die bedeutsameren Titel, doch wer lediglich ein *„von"* als schmückenden Namenszusatz aufwies, gehörte *"nur"* dem sogenannten untitulierten Adel an und genoss demzufolge im Ergebnis nicht das Sozialprestige eines *Freiherrn* oder einer *Freifrau*.

Durch Standesunterschiede begründete gesellschaftliche und soziale Schranken waren insofern das entscheidende Kriterium, das die beiden im Jahr 1797 geborenen Persönlichkeiten, die später dichterisch und schriftstellerisch tätig geworden sind und es zu bis in unsere Gegenwart andauernde literarische Bedeutung gebracht haben, voneinander trennte. Als Sohn eines Tuchhändlers kam in diesem Jahr im Rheinland Heinrich Heine zur Welt, rund

100 Kilometer Luftlinie nordöstlich wurde auf einer jenseits eines Grabens von Eichen und Kastanien umstandenen westfälischen Wasserburg nahe Münster Annette von Droste-Hülshoff geboren. Ihre Eltern waren Clemens August Freiherr Droste zu Hülshoff und Therese von Droste-Hülshoff, eine geborene Freiin von Haxthausen.

Frühe Jahre

Kindheit und Jugend Annettes fanden in überaus bewegter Zeit statt. Ein wesentliches Element der Napoleonischen territorialen Neuordnung weiter Teile Mitteleuropas bildete die Säkularisation, die im Ergebnis zu einem weitreichenden Verlust des überall vorhandenen ausgedehnten Kirchen- und Klosterbesitzes führte. Zwar hat der letzte Fürstbischof von Münster, der Habsburger Maximilian Franz, ein Sohn Maria Theresias, den Reichsdeputationshauptschluss von 1803 und die damit verbundene Aufteilung der geistlichen Gebiete persönlich nicht mehr miterlebt, die Trennung der weltlichen Macht von der des bischöflichen Krummstabs sollte sich jedoch als endgültig erweisen. Abgesehen von einigen Jahren, die das Münsterland als Bestandteil des unter französischer Knute befindlichen Großherzogtums Berg verbringen musste, hatte nunmehr Preußen die territoriale Oberhoheit inne.

Fernab der Haupt- und Staatsaktionen und dennoch nicht unberührt von ihnen verlief Annettes Sozialisation. Eigentlich wäre sie wohl eine Stiftsdame in einem weltlichen Damenstift geworden wie ihre Mutter Therese, die bis zur Heirat mit 21 Jahren ihre Zeit im Freckenhorster

Stift bei Warendorf zubrachte. Selbst ihre nur unwesentlich ältere Schwester Jenny hat in diesem Sinne davon profitiert, dass die Familie römisch-katholischen Glaubens dem stiftsfähigen Adel angehörte. Dazu gehörten der Nachweis von 16 stiftsfähigen Adelsvorfahren im Rahmen der Aufschwörung und die Leistung einer Zahlung von 800 Talern. Im Gegenzug war es möglich, eine eigene Wohnung im Stift zu beziehen und eine jährliche Rentenzahlung aus den Erträgen der dazugehörigen land- und forstwirtschaftlichen Güter zu bekommen, und zwar lebenslang oder bis zur Heirat. Also eine Art Versorgungsposten für den weiblichen Adelsnachwuchs.

Eine Elementarschule hat Annette nicht besucht, da sie zu Hause auf Burg Hülshoff gemeinsam mit Jenny und den beiden jüngeren Brüdern Werner Konstantin und Ferdinand unterrichtet worden ist. Zunächst von der Mutter, der Religionsunterricht ein besonderes Anliegen war, später dann durch einen Privatlehrer, einen sogenannten Hofmeister. Kenntnisse in Mathematik wurden ebenso wie in den Fremdsprachen Latein und Französisch erworben. Im August 1804 entsteht im Alter von sieben Jahren ein erstes Gedicht Annettes, dem sich bis 1808 zwanzig weitere angeschlossen haben. Die frühe kindliche Begabung wurde familienintern erkannt und gefördert und sorgte auch bei der weiteren Verwandtschaft für teilnahmsvolle Aufmerksamkeit.

35. Annette von Droste-Hülshoff: Porträt in Öl des Künstlers Johann Sprick aus dem Jahr 1838.

Einige Jahre später, 1813, folgte mit dem Fragment ge-
bliebenen Trauerspiel *"Bertha oder die Alpen"* ein sich mit
adligen Institutionen durchaus nicht unkritisch gebender

Versuch im dramatischen Fach. Damit begab sich die junge Künstlerin freilich ganz bewusst auf dünnes Eis. Denn nach damaligem Rollenverständnis im Anschluss an Rousseaus Erziehungsideale war die *"Bildung zur vollen freien Persönlichkeit durch Entwicklung aller von der Natur in dieses Wesen gelegten Kräfte"* allein den Jungen und nicht den Mädchen vorbehalten. Der öffentliche Raum, die Teilnahme am öffentlichen Diskurs und in der Konsequenz jede Art von allgemeiner künstlerischer Anerkennung war Frauen ergo verwehrt. Was zugestanden wurde, war Dilettantismus. So ist es nicht wirklich überraschend, dass während der gemeinsam 1813 im ostwestfälischen Bökendorf verbrachten Sommerfrische der als Märchensammler berühmt gewordene Philologe Wilhelm Grimm sich brieflich an seinen Bruder bezüglich der mit einem messerscharfen Verstand ausgestatteten Annette wie folgt geäußert hat: *"(...) es ist schade, dass sie etwas Vordringliches und Unangenehmes in ihrem Wesen hat; es war nicht gut mit ihr fertig zu werden (...)."*

Rüschhaus und Meersburg

Nachdem der Vater im Jahr 1826 verstorben war und nach geltendem Erbrecht Burg Hülshoff ungeteilt an den ältesten Sohn übergegangen ist, wurde, da Platz zu schaffen war, der Umzug ins einige Kilometer entfernte familieneigene Rüschhaus notwendig. Gemeinsam mit Mutter und Schwester wurde dieser Umzug in den um die Mitte des 18. Jahrhunderts von dem Architekten Johann Conrad Schlaun errichteten Bau bewältigt. Ausgestattet mit einer lebenslang gewährten Leibrente war für die Endzwanzigerin zukünftig existenzbedrohende materielle Not gebannt, große Sprünge indes ausgeschlossen.

Der Wiener Kongress 1814/15 mit seinen restaurativen Bemühungen und die Karlsbader Beschlüsse 1819 mit ihren weitreichenden Zensurbestimmungen und nachhaltigen Einschränkungen eines liberalen politischen und gesellschaftlichen Klimas hatten schon einige Zeit zuvor die Epoche des Biedermeier eingeläutet. Etwas überspitzt formuliert darf man die beiden sowohl in Wien als auch in Karlsbad prägenden Gestalten, den österreichischen Außenminister Clemens Fürst von Metternich und seinen kongenialen Berater Friedrich von Gentz als dessen geistige Wegbereiter ansehen. Mit dem Biedermeier hat jedenfalls ohne jeden Zweifel eine Gegenbewegung zu den Aufgeregtheiten der Napoleonischen Ära eingesetzt. Das Pendel schlug in die andere Richtung aus. Was von Stifter als das *„sanfte Gesetz"* der kleinen Dinge beschrieben worden ist, lässt sich auch als weitverbreitete Bemühung interpretieren, wenigstens literarisch eine heile Welt, in der harmonische und gesittete Abläufe den wohlgeordneten Alltag der Menschen bestimmen, zum Leben zu erwecken. Eine Kultur der Innerlichkeit abseits der Haupt- und Staatsaktionen der großen Politik hat sich damit auf den Weg gemacht.

Die Jahre im Rüschhaus gingen für Anette von Droste-Hülshoff währenddessen dahin und es dauerte noch bis zum August 1838 bis ein 220 Seiten starker Gedichtband bei Aschendorff in Münster gedruckt wurde. Die erste Veröffentlichung! Die zeitlebens mit gesundheitlichen

Problemen kämpfende Dichterin hatte sich da schon vor längerem den homöopathischen Kuren des Schülers von Samuel Hahnemann, Clemens von Bönninghausen, anvertraut. Eine Linderung der vorhandenen Pein, wie sie mit herkömmlichen medizinischen und für Patienten durchaus nicht ungefährlichen archaisch anmutenden Therapieformen wie Blutigem Schröpfen oder zur Ader lassen nicht möglich erschien, konnte erreicht werden. Dabei war die neben anderen Gebrechen von Seitenstichen, Brustbeklemmung, Abmagerung und Kraftlosigkeit Geplagte selbst intensiv innerhalb der eigenen Verwandtschaft in aufopferungsvoller Krankenpflege tätig. Das sachgerechte Management der zum Rüschhaus gehörenden Getreide- und Obstbestände und das Erteilen von Unterrichten waren weitere Aufgaben, die die Zeit zum Nutzen schriftstellerischen Kreativpotenzials nicht zu lang werden ließen.

Den Großteil des letzten Lebensjahrzehnts hat Annette von Droste-Hülshoff schließlich am gegenüber der raueren westfälischen Heimat lieblicheren Bodensee zugebracht. Ihre Schwester Jenny war inzwischen mit dem Besitzer der Meersburg verheiratet. Hier durfte sie dann auch ihren großen Erfolg miterleben, als 1842 im *„Morgenblatt für gebildete Leser"*, verlegt im Stuttgarter Cotta-Verlag, die Novelle *„Die Judenbuche"* erschienen ist. Die um bei der Autorin stets gegenwärtige Themen wie Schuld und Sühne kreisende Kriminalgeschichte hat bis heute nichts an Popularität eingebüßt.

„*Der Weiher*" aus dem 1844 erschienen Gedichtzyklus „*Heidebilder*" lenkt - ganz im Stil des Biedermeier - den Blick auf das Besondere, das Kleine und offenbart, ganz eigene Sprachbilder findend, die in der Natur angelegte Harmonie:

Er liegt so still im Morgenlicht,

So friedlich, wie ein fromm Gewissen;

Wenn Weste seinen Spiegel küssen,

Des Ufers Blume fühlt es nicht;

Libellen zittern über ihn,

Blaugoldne Stäbchen und Karmin,

und auf des Sonnenbildes Glanz

Die Wasserspinne führt den Tanz;

Schwertlilienkranz am Ufer steht

Und horcht des Schilfes Schlummerlied;

Ein lindes Säuseln kommt und geht,

Als flüstre´s: Friede! Friede! Friede!

f.) Ein englischer Garten mitten in der Stadt: der Hofgarten in Düsseldorf

Einleitung

Wie so häufig in der deutschen Geschichte waren es die leidvollen, beinahe unvermeidlich erscheinenden Verwüstungen und Verheerungen eines das geographische Zentrum Europas heimsuchenden Krieges, die auch im vorliegenden Fall ein planerisches und gestalterisches Umdenken notwendig machten. Die Rede ist vom bis 1763 andauernden Siebenjährige Krieg, in dem es dem britischen Empire auf den fernen Schauplätzen Indiens und Nordamerikas schlussendlich gelang, sich gegenüber dem europäischen Rivalen Frankreich durchzusetzen und Preußen unter Friedrich dem Großen am Ende des Tages zur Überraschung nicht weniger imstande war, seine jüngst errungene Rolle als Großmacht auf dem Kontinent behaupten zu können.

Abseits derartiger Entscheidungen von weltgeschichtlichem Ausmaß an der niederrheinischen Peripherie in Düsseldorf ging es dem hier als Statthalter der Herzogtümer Jülich und Berg residierenden Reichsgrafen Johann Ludwig Franz von Goltstein darum, die Situation in der von Zerstörungen heimgesuchten Stadt und Umgebung zu verbessern. So kam der lothringische Baumeister Nicolas de Pigage, der Schöpfer von Schloss und Park in Benrath, zu dem Auftrag, die außerhalb der mächtigen städtischen Befestigungsanlagen der heutigen nordrheinwestfälischen Landeshauptstadt brach liegenden älteren fürstlichen Gärten einer neuen Nutzung zuzuführen. Eine öffentliche Promenade zur Lust der Einwohnerschaft sollte entstehen, wie es im Sprachgebrauch der damaligen Zeit hieß. Der Idee nach war damit der erste Volksgarten Deutschlands, das seinerzeit noch als Heiliges Römisches Reich deutscher Nation offiziell firmierte, geboren.

Ein Barockgarten entsteht

Zwar ist der weitaus größte Teil des knapp 28 Hektar Fläche umfassenden heutigen Hofgartens im Stil eines englischen Landschaftsgarten gestaltet, doch seine ganz im Osten nach wie vor deutlich sichtbare Ursprungsform ist fraglos die eines französischen Barockgartens. Erstmals kurz nach der Mitte des 17. Jahrhunderts in Vaux-la-Vicomte von André Le Nôtre nahe bei Paris umgesetzt, war der Sonnenkönig Ludwig XIV. anlässlich eines dortigen Besuchs so beeindruckt von der innovativen Ästhetik, dass er die Gärten von Versailles nach den gleichen formalen Prinzipien gestalten ließ.

Dazu gehören eine den barocken Garten bestimmende Hauptachse, zumeist konstruiert als verlängerte Mittelachse des dazugehörigen Schlosses und mit diesem eine künstlerische Einheit bildend. Wir sehen sie in Versailles, wir können sie auch heute noch im spätbarocken Teil des Düsseldorfer Hofgartens sehen, und zwar als schnurgerade, regelmäßig von Linden gesäumte Allee auf das einen Blickpunkt bildende Schloss Jägerhof zulaufend (s.

Abb. 36). Gegenwärtig beherbergt das Gebäude mit der zeittypischen Fassadenfarbgebung in Altrosa das Goethe-Museum, damals fungierte es als Wohn- und Amtssitz des obersten Jägermeisters.

Der Soziologe Norbert Elias hat in seinem Klassiker *"Die höfische Gesellschaft"* auf die Zusammenhänge zwischen dem ordentlichen Zuschnitt von Bäumen und Sträuchern, von Geometrie und Symmetrie als bestimmenden Elementen im französischen Barockgarten und dem strengen höfischen Zeremoniell im Zeitalter des Absolutismus hingewiesen. Jedwedes unkontrollierte Wachstum der Natur sollte so verhindert werden, ähnlich wie die gültige Etikette vom absoluten Monarchen dafür in Anspruch genommen wurde, Kontrolle auszuüben und Eigenmächtigkeiten beim in Diensten des Hofes stehenden Adel - in vollständiger Verkehrung seiner mittelalterlichen kriegerischen Funktionen - zu unterbinden.

Was für das stärker zentralisierte Frankreich jener Zeit galt, entfaltete tendenziell auch hierzulande im Zeichen territorialer Zersplitterung, aber nichtsdestoweniger vorhandener regionaler Vielfalt seine Wirkung. Dafür war die kulturelle Strahlkraft des Versailler Königshofs zu prägend, als dass man sich ihr entziehen konnte oder wollte. Der bereits eingangs erwähnte preußische König Friedrich II. mit seinen frankophilen Neigungen ist wohl eines der bekanntesten Beispiele dafür.

36. Zentrale Ausrichtung der Allee auf die Mittelachse des Gebäudes von Schloss Jägerhof.

Weyhes Neugestaltung

An ihrem spätbarocken Hofgarten sollten die Bürgerinnen und Bürger der Stadt am Rhein jedenfalls nicht allzu lange ihre ungetrübte Freude haben, da es im Zuge des ersten Koalitionskrieges 1795 durch französische Truppen erneut zu umfassenden Zerstörungen in Stadt und Umgebung gekommen ist. Im Hofgarten wurden sogar Schanzen angelegt, Bäume und Hecken teilweise abgeholzt. Zu Beginn des neuen Jahrhunderts kam es daher zu umfangreichen Neugestaltungen, die eng mit dem Namen des Gartenarchitekten Maximilian Friedrich Weyhe verbunden sind. Eine wesentliche Voraussetzung für Weyhes Tätigkeit ergab sich aus der im Frieden von Lunéville vereinbarten Bestimmung, dass die Anlagen der Stadtbefestigung zu schleifen und nicht wieder herzurichten wären.

Da der am Ideal des englischen Landschaftsgartens orientierte Weyhe zwar botanische Schriften, aber keine gartentheoretischen Überlegungen veröffentlicht hat, gebe ich hier einige Gedanken des hierzulande einflussreichen Gartentheoretikers der Aufklärung Christian Cay Lorenz Hirschfeld wieder, die im ersten Band seiner fünfbändigen *"Theorie der Gartenkunst"* 1779 publiziert worden sind: *"Der am Hang liegende Garten hat eine Terrasse, von der man die umliegenden Landschaften besser übersieht, als man sie mit Worten beschreiben kann. An einem Ende steht ein ionischer Tempel, von dem man einen herrlichen Prospect hat, man sieht auf der linken Seite hohe Bäume bei dem Tempel, etwas mehr rechter Hand einen weiten Umfang von einer Landschaft. In der Tiefe krümmt sich ein Tal um einen Wald, der am Hügel ein Amphitheater bildet. An der anderen Seite der Terrasse liegt ein toscanischer Tempel mit einer Colonnade. Der gegenüber liegende Wald verbreitet sich über einen ansehnlichen Hügel, und stößt an das Ufer eines schönen Flusses, der sich durch das Tal krümmt, und in der Mitte desselben einen großen Wasserfall hat, über welchen die Bäume wild herüberhängen. Das Tal ist durch Hecken in verschiedene Wiesen abgeteilt. Die Krümmungen des Stroms sind schön, und werden durch einzeln stehende Bäume unterbrochen. Diesen Anblick, der alles darbietet, was man nur in einer abwechselnden Landschaft wünschen kann, behält man längs der ganzen Terrasse, bis zu dem toscanischen Tempel. Er stehet gleichsam auf der Spitze eines* hohen Vorgebirges, von dem sich die Aussicht noch mehr erweitert; man entdeckt eine neue Terrasse, übersieht viele abwechselnde Szenen, die des besten Pinsels würdig sind."

Die letzte Formulierung *"des Pinsels würdig"*, die Hirschfeld konkret auf die Anlage von Duncombe-Park in Yorkshire bezog, veranschaulicht gut, was den englischen Garten ursprünglich ausgemacht hat. Es ging zum einen darum, *"nature's primitive state"* etwa durch unsymmetrisch verlaufende Schlängelpfade oder scheinbar zufällig herumliegende Felsbrocken hervorzurufen und dergestalt die Regelsysteme von Spätbarock und Rokoko hinter sich zu lassen. Es ging vor allem aber auch um eine Verbindung zwischen Garten und Malerei, wie sie in den Landschaftsgemälden von Claude Lorrain, Nicolas Poussin, Jacob van Ruisdael und anderen Künstlern zum Ausdruck kommt. Diese malerische Naturnähe ist als charakteristisch für Weyhes Gartenarchitektur bezeichnet worden, wobei es ihm beim Hofgarten gelungen ist, die älteren Elemente von de Pigage widerspruchsfrei und harmonisch in die Gesamtgestaltung einzubeziehen.

37. Kurvig schlängelnder Weg im Hofgarten. Vom Napoleonsberg aus gesehen.

38. Sich frei entfaltende Natur im Herbst.

39. Turnvater Jahn ließ im Hofgarten den ersten Turnplatz im Rheinland entstehen.

Natürlich sind nach de Pigage und Weyhe noch viele andere Gartenarchitekten mit unterschiedlichen Kreativpotenzialen tätig geworden. Und die seit einer Reihe von

Jahren stattfindenden Eingriffe in den Randbereichen der Anlage, die aktuell mit dem Projekt Kö-Bogen und seinen diversen Ablegern zu tun haben, verändern das Erscheinungsbild nicht unbeträchtlich. Die für ihn bis in die Gegenwart charakteristische und maßgebliche Gestaltung hat der Hofgarten jedoch in der ersten Hälfte des langen 19. Jahrhunderts während der Jahre 1769 bis 1846 erfahren.

g.) In der Welt von Friedrich Nietzsche

"Gelobt sei, was hart macht. Ich lobe das Land nicht, wo Butter und Honig fließt."

"Gott ist tot! Gott bleibt tot! Und wir haben ihn getötet!"

"Der christliche Entschluss, die Welt hässlich und schlecht zu finden, hat die Welt hässlich und schlecht gemacht."

"Demokratie ist die Verfallsform des Staates!"

Um markige Worte war der Urheber dieser Zitate nicht verlegen. Zahlreiche weitere Beispiele könnten leicht als Beleg für die Richtigkeit dieser Annahme hinzugefügt werden. Wer nur tief genug bei Friedrich Nietzsche, einem Meister des Aphorismus, definiert als geistreich-prägnanter eine Lebensweisheit oder eine Erkenntnis enthaltener Sinnspruch, gräbt, fördert gewiss allerlei Erstaunliches, bisweilen Befremdliches zu Tage. Doch was überwiegt? Handelt es sich um unserem Verständnis nach überspannte Äußerungen eines Hochbegabten, der er

zweifelsohne war, der von seiner Umwelt nur unzureichend verstanden und in der Folge unzureichend geschätzt und gewürdigt worden ist? Und der sich daher einer besonders plakativen Sprache im Sinne moderner
aufmerksamkeitsheischender Werbeslogans bedient hat.
Oder doch um jemanden, der als geistiger Brandstifter für
fehlgeleitete politische Bewegungen der ersten Hälfte
des 20. Jahrhunderts wie derjenigen des Faschismus und
des Nationalsozialismus in Anspruch genommen werden
kann?

Als Beleg für eine allenfalls randständige Bedeutung des
Philosophen im weltanschaulichen Kosmos der Nationalsozialisten wird in der einschlägigen Literatur zum Thema
mehrfach auf ungeklärte Finanzierungsfragen anlässlich
der Errichtung der Nietzsche-Gedächtnishalle in Weimar
verwiesen. Ein erster architektonischer Entwurf dafür ist
im Frühjahr 1935 von Paul Schultze-Naumburg vorgelegt
worden. Als es jedoch um finanzielle Unterstützung des
Projektes ging, versagten sowohl Reichspropagandami-
nisterium als auch Reichserziehungsministerium ihre Unterstützung und lehnten die beantragten Baukostenzu-
schüsse ab. War die Gedächtnishalle demnach einfach
nicht wichtig genug? Oder wollte Joseph Goebbels vielmehr für den in Ungnade gefallenen Schultze-Naumburg
mittlerweile ins Spiel gebrachten Lieblingsarchitekten des
Führers Albert Speer ein weiteres erfolgreiches Engagement verhindern? Dann hätte es sich wohl eher um einen
Akt des Neides und der Missgunst innerhalb der obersten
Hierarchieebene des Staates gehandelt.

Der seinerzeit bekannte Schriftsteller Wilhelm Michel, 1925 immerhin mit dem Büchnerpreis für sein literarisches Schaffen geehrt, hat die Moral- und Religionskritik Nietzsches in der 1939 veröffentlichten Arbeit *"Nietzsche in unserem Jahrhundert"* als marxistisches Gedankengut eingeordnet und allen Versuchen, ihn zum Philosophen des Dritten Reiches zu machen, eine Absage erteilt. Selbst Martin Heidegger konnte in Nietzsches Werk keine Begründung für die Ideologie des Nationalsozialismus erkennen und hat sich folgerichtig gegen eine Vereinnahmung in diesem Sinne ausgesprochen.

Derartige Einschätzungen und Argumente geben dennoch nur einen Ausschnitt der reichhaltigen Rezeption wieder. Ihre eigene Geschichte reicht einige Jahre weiter in die Vergangenheit zurück.

Faschismus

Im Sommer 1908 sitzt ein junger Mann im Alter von 25 Jahren im Haus seiner Eltern in Predappio in der Emilia Romagna. Den Militärdienst in einem Bersaglieri-Regiment hatte er schon vor einiger Zeit abgeleistet und als Lehrer bereits zwei Entlassungen aus dem Schuldienst hinter sich. Wie Hans Woller in seiner 2016 erschienen Biographie berichtet, saß der junge Mann, Benito Mussolini sein Name, frustriert ob der unsicheren eigenen Zukunft zu Hause und brütete lesend monatelang über Friedrich Nietzsche, der zu diesem Zeitpunkt inzwischen seit acht Jahren tot war.

40. Friedrich Nietzsche im September 1882. Photographie von Gustav-Adolf Schultze.

Besondere Begeisterung haben dessen Kritik an den Pharisäern der bürgerlichen Gesellschaft wie die Vision vom *"neuen Menschen"* hervorgerufen. In der sich nach dem Ersten Weltkrieg entwickelnden faschistischen Ideologie wird daher nicht zufällig häufig von der Schaffung des *"uomo novo"* die Rede sein. Schon zuvor hat sich die einflussreiche avantgardistische Kunstbewegung des Futurismus in ihrem Gründungsmanifest ebenso ganz unverhohlen einiger Anleihen bedienen. So heißt es hier etwa, *"Wir wollen die Liebe zur Gefahr besingen, die Vertrautheit mit Energie und* Verwegenheit", während es in der *"Fröhlichen Wissenschaft"* Nietzsches gewissermaßen vorbereitend lautet: *"Denn, glaubt es mir! das Geheimnis, um die größte Fruchtbarkeit und den größten Genuss vom Dasein einzuernten, heißt: gefährlich leben!"* Daran schließt sich konsequent ein Appell zum Städtebau am Vesuv an. Als ob es nie ein Pompeji gegeben hätte. Den *spiritus rector* des Futurismus, Filippo Tommaso Marinetti, erhob der mittlerweile zum Duce avancierte Mussolini trotz zeitweiliger Differenzen 1924 in den Rang eines faschistischen Kultusministers. Als der Stern des sich gerne leutselig als einfachen Romagnolen gebenden Populisten schon arg am Verglühen war, im Jahr 1943, bekam er zum Geburtstag eine reich ausgestattete, 20 Bände umfassende Gesamtausgabe der Werke Nietzsches von Adolf Hitler als Zeichen alter Verbundenheit und in Kenntnis seiner Vorlieben als Präsent geschenkt.

Nationalsozialismus

Es verwundert kaum, dass das, was den historisch älteren italienischen Faschisten recht war, den deutschen Nationalsozialisten billig gewesen ist. Der Philosoph Karl Löwith hat seine Sicht der Dinge hinsichtlich der Wirkung Friedrich Nietzsches einige Jahre nach dem letzten Weltkrieg zusammenfassend dargelegt: *"Er hat mit einer ungeheuren Härte und Rücksichtslosigkeit, zu der er in seinen persönlichen Lebensverhältnissen niemals fähig war, Maximen geprägt, die dann in das öffentliche Bewusstsein drangen, um zwölf Jahre hindurch praktiziert zu werden: die Maxime des Gefährlichlebens, die Verachtung des Mitleids und des Verlangens nach Glück und die Entschlossenheit zu einem entschiedenen Nihilismus der Tat, demzufolge man das, was fällt, auch noch stoßen soll. (...) Nietzsches Schriften haben ein geistiges Klima geschaffen, in dem bestimmte Dinge möglich wurden, und die Aktualität ihrer Massenauflagen während des Dritten Reiches war kein bloßer Zufall. (...) Der Versuch, Nietzsche von seiner geschichtlich wirksamen Schuld entlasten zu wollen, ist darum ebenso verfehlt wie der umgekehrte Versuch, ihm jeden untergeordneten Missbrauch seiner Schriften aufzubürden."*

Zu Anfang des Kapitels ist dafür der Begriff einer „geistigen Brandstiftung" angeführt worden. Doch liegen die Dinge wirklich so klar vor Augen, wie sie scheinen? Der renommierte und einer breiten Öffentlichkeit bekannte Politologe Herfried Münkler hat zuletzt in seinem 2021 erschienen Werk *"Marx, Wagner, Nietzsche. Welt im*

Umbruch" auf die in diesem Kontext wichtige Rolle der Schwester Elisabeth Förster-Nietzsche und ihre Zusammenarbeit mit dem Philosophen Alfred Baeumler und dem alten Freund ihres Bruders Heinrich Köselitz hingewiesen. Alle drei haben aus dem Nachlass Friedrich Nietzsches eifrig kompiliert, das heißt zusammengestellt und zusammengefasst, was nie zusammengehörig war und es auch nie sein sollte. So ist das angebliche Hauptwerk *"Der Wille zur Macht"* entstanden, ein von Nietzsche zwar geplantes, dann aber ausdrücklich verworfenes Buchprojekt. So ist seine gesamte Philosophie seit 1878 in einem das Nationale betonenden, staatskonformen Sinne, soweit die drei Epigonen bzw. Kopisten Einfluss nehmen konnten, umgeformt und den eigenen geschäftstüchtigen Absichten entsprechend umgearbeitet worden. Das ändert zwar nichts daran, dass der Philosoph aus freien Stücken einen bellizistischen, markigen und für heutiges Empfinden zu Übertreibungen neigenden Sprachstil gepflegt hat, bestimmte Dinge hat er jedenfalls so nicht publiziert sehen wollen. Das haben dann andere, opportunistisch angepasst an die Gepflogenheiten ihrer Zeit erledigt. Sofern eine Frage nach diesbezüglicher Verantwortlichkeit oder auch Schuld unbedingt gestellt werden mag, ist sie demzufolge in einem durchaus anderen Licht, weil mindestens geteilter Urheberschaft vorzunehmen.

Anfänge

Als erstgeborener Sohn einer lutherischen Pfarrersfamilie wurde Friedrich Nietzsche im Oktober 1844 in einem zum Königreich Preußen gelegenen kleinen Dorf, das heute zum Bundesland Sachsen-Anhalt gehört, geboren. Ganz in der Nähe befindet sich das geschichtsträchtige Lützen. Der schwedische König Gustav II. Adolf verlor hier 1632 in einer entscheidenden Schlacht des Dreißigjährigen Krieges sein Leben, und 1813 wurde vor Ort mit der Schlacht von Großgörschen der Beginn der gegen die Herrschaft Napoleons gerichteten Befreiungskriege eingeläutet. Auch dem Vater des jungen Friedrich war kein langes Leben mehr beschieden. 1849 kam es deswegen zum Umzug der Restfamilie ins städtischere Naumburg, wo der mittlerweile unter Vormundschaft stehende gute Schüler - besonders seine musische und sprachliche Begabung blieben seinen Lehrern nicht verborgen - ab 1854 das traditionsreiche Domgymnasium besucht hat. Nach dem Abitur ging es zum Studium der Klassischen Philologie (Altgriechisch, Latein) im Wintersemester 1864/65 an die Universität Bonn ins Rheinland, wo zunächst, möglicherweise um eine alte Familientradition aufrecht zu erhalten, ebenso evangelische Theologie zu den Studienfächern dazugehört hat. Gleich nach dem Abschluss, der schließlich an der Universität Leipzig erworben wurde, erfolgte 1869 der Ruf als außerordentlicher Professor an die Universität Basel. Das ist insofern bemerkenswert, als dass der aufstrebende Nachwuchswissenschaftler zu diesem Zeitpunkt noch keine Promotion abgelegt hatte, es also gleichermaßen darum ging, einen frei gewordenen Lehrstuhl rasch zu besetzen wie sein vorhandenes Talent für alte Sprachen zu würdigen. Tatsächlich ist Nietzsche eine Entdeckung zur Regelhaftigkeit von antiken Versmaßen, der Metrik, zu verdanken. Um es noch einmal unmissverständlich zu sagen: Der spätere Philosoph war also von

197

Haus aus gar keiner, sondern ein begnadeter, manche sagen ein genialer Altphilologe.

Die Geburt der Tragödie aus dem Geiste der Musik

Der Veröffentlichung des ersten wichtigen Werkes im Umfang von einhundert Buchseiten zu Jahresanfang 1872 ging ein Jahr zuvor als einschneidendes politisches Ereignis die Gründung des deutschen Kaiserreiches voraus. Bezüglich der später - eingangs dieses Kapitels beschriebenen - im 20. Jahrhundert erfolgenden Vereinnahmung Nietzsches durch extreme Nationalisten wie die italienischen Faschisten und deutschen Nationalsozialisten würde man deshalb eine dementsprechende Positionierung oder Kommentierung erwarten. Doch weit gefehlt! In den *Unzeitgemäßen Betrachtungen*" tritt der seit dem Ortwechsel nach Basel staatenlose Philosoph seiner Leserschaft als Mahner und Warner gegenüber: *"Von allen schlimmen Folgen aber, die der letzte mit Frankreich geführte Krieg hinter sich drein zieht, ist vielleicht die schlimmste ein weitverbreiteter, ja allgemeiner Irrtum: der Irrtum der öffentlichen Meinung und aller öffentlich Meinenden, dass auch die deutsche Kultur in jenem Kampfe gesiegt habe und deshalb jetzt mit den Kränzen geschmückt werden müsse, die so außerordentlichen Begebnissen und Erfolgen gemäß seien. Dieser Wahn ist höchst verderblich: nicht etwa, weil er ein Wahn ist - denn es gibt die heilsamsten und segensreichsten Irrtümer - sondern weil er im Stande ist, unseren Sieg in eine völlige Niederlage zu verwandeln: in die Niederlage, ja*

Exstirpation des deutschen Geistes zu Gunsten des deutschen Reiches."

Hier äußert sich weniger ein politischer Scharfmacher als ein mutiger Außenseiter, wie er auch in der *"Geburt der Tragödie aus dem Geiste der Musik"* hervortritt. Nietzsches Versuch, die Entstehung der attischen Tragödie des fünften vorchristlichen Jahrhunderts, mithin die Dramen eines Aischylos, Sophokles und Euripides, aus dem Zusammenwirken dionysischer und apollinischer Elemente, aus der Kunst des Bildners und der unbildlichen Kunst der Musik, zu erklären, erschien vielen zeitgenössischen Fachleuten dann doch zu spekulativ, zu phantastisch und zu sehr von der Intuition getragen. So wundert es nicht, dass ein international anerkannter, führender Gräzist wie Ulrich von Wilamowitz-Moellendorff, Schwiegersohn von Theodor Mommsen, in einer ätzenden Kritik bestritten hat, dass Nietzsche überhaupt als wissenschaftlicher Forscher auftreten würde. Auf lange Sicht hat Friedrich Nietzsche dennoch mit der Bildung des gegensätzlichen, aber einander ergänzenden Begriffspaares apollinisch und dionysisch, das sich auch mit geistiger Klarheit vs. rauschhafter Begeisterung umschreiben lässt, unserer Vorstellung von der antiken griechischen Kultur eine wichtige Facette hinzugefügt. Die alleinige Vorherrschaft von Johann Joachim Winckelmanns Idee von der *"edlen Einfalt und stillen Größe"* des Hellenentums war dahin.

Gewidmet ist die Erstlingsschrift dem dreißig Jahre älteren Komponisten Richard Wagner. Dessen Versuche, unter Rückgriff auf altnordische und mittelalterliche Mythen die antike Tragödie zu erneuern, indem Sprachkunst und Tonkunst zu einem Gesamtkunstwerk verschmolzen werden, hat der Philosoph jahrelang wohlwollend begleitet, jedenfalls solange die gemeinsame Freundschaft währte.

In Wagners Musik hat Nietzsche ein allmähliches Erwachen des dionysischen Geistes in unserer gegenwärtigen Welt erkennen wollen. Wie er es selbst ausgedrückt hat: *"Glaube niemand, dass der deutsche Geist seine mythische Heimat auf ewig verloren habe, wenn er so deutlich noch die Vogelstimmen versteht, die von jener Heimat erzählen. Eines Tages wird er sich wach finden, in aller Morgenfrische eines ungeheuren Schlafes: dann wird er Drachen töten, die tückischen Zwerge vernichten und Brünnhilde erwecken - und Wotan´s Speer selbst wird seinen Weg nicht hemmen können!"*

Krankheit

Krankheit, Schmerz und vielfältige gesundheitliche Probleme waren von Kindesbeinen an allgegenwärtige Begleiter Friedrich Nietzsches. Starke Kopf- und wahrscheinlich durch Kurzsichtigkeit oder Schielen hervorgerufene Augenschmerzen sowie Magenkrämpfe bedrückten bereits den Schüler. Der Student wurde zusätzlich von rheumatischen Schmerzen und einer chronischen Ader- und Regenbogenhautentzündung, wahrscheinlich hervorgerufen von einer syphilitischen Infektion, geplagt. Es wird angenommen, dass die deswegen regelmäßig durchgeführte Einnahme von Chloralhydrat, dem ersten synthetisch hergestellten Schlaf- und Beruhigungsmittel, zu einer schleichenden Vergiftung geführt hat. Mit Mitte dreißig ließ er sich vorzeitig pensionieren und verließ 1879 die Universität Basel, um fortan als freier Autor und Philosoph zu leben. Im Sommer hielt er sich für einige Jahre im Engadin in Sils-Maria mit seinem für Nietzsches Konstitution wohltuenden Klima und der zuträglichen Höhenluft auf.

Am 3. Januar 1889 im Alter von 44 Jahren kam es zum Zusammenbruch in Turin. Diagnostiziert wurde eine progressive Paralyse mit psychotischen Symptomen. An Arbeit war nicht mehr zu denken. Es schloss sich bald darauf die Aufnahme in der Jenaer Grossherzoglichen Sächsischen Landes-Irren-Heilanstalt an, bevor 1897 die pflegerische Betreuung durch die Schwester Elisabeth Förster-Nietzsche in Weimar bis zum Tod am 25. August 1900 übernommen wurde.

Der Einfluss seines philosophischen Denkens wirkt bis in unsere Gegenwart nach.

h.) Wien, Aufbruch der Kunst in die Moderne

•Der Zeit ihre Kunst•

•Der Kunst ihre Freiheit•

Als diese Inschrift oberhalb des Eingangsportals des Wiener Secessionsgebäudes, entstanden nach Plänen des Architekten Joseph Maria Olbrich, 1897/98 angebracht wurde, da herrschte immer noch Kaiser Franz Joseph I. über seine vielen Völker. Wie hoffnungsfroh sind die Menschen einst gewesen, als im Jahr 1848 ein Achtzehnjähriger, besagter Franz Joseph, sich anschickte das Zepter des Habsburgerreiches zu übernehmen. Als sein Lebenslicht 1916 schließlich erlosch, da war an Wegstrecke innerhalb jenes fürchterlichen Geschehens, das wir mit dem Begriff 1. Weltkrieg zu belegen pflegen, erst die Hälfte zurückgelegt. An seinem Ende war die Monarchie keine Monarchie mehr, und als bescheidene Fortsetzung imperialen Seins entstand die Alpenrepublik Österreich.

Es scheint so gar nicht zu den fröhlichen Walzerklängen eines Johann Strauss zu passen, und dennoch ist es geschehen. Anders gefragt: Was ist der Donaumonarchie widerfahren, was hat sie selbst dazu getan, dass von einem Reich, welches auf dem Wiener Kongreß 1814/15 mit Clemens Fürst von Metternich noch den fast alle und alles diplomatisch und intellektuell überragenden Staatsmann stellen konnte, hundert Jahre später nur noch ein Bruchteil alten Glanzes übriggeblieben ist?

41. Secessionsgebäude in Wien.

Der Gedanke wird deshalb so pointiert ausgesprochen, man mag ihm widersprechen, weil der künstlerische

Stilwechsel im letzten Jahrzehnt des 19. Jahrhunderts in Wien, das gestellte Thema dieses Kapitels mithin, nicht hinreichend aus organischer Entwicklung, sondern nur als Bruch mit dem Bisherigen sinnvollerweise zu verstehen ist. Ohne ellenlang bi- und multilaterale staatliche Verwicklungen zu bemühen, sollen daher einige wenige Argumente referiert werden, die geeignet scheinen, Mentalität und Stimmungslage der Secessionisten, der Hauptakteure des neuen Kunstwollens, zu erklären.

Wahlspruch des 1848 neu an die Schalthebel der Macht gekommenen Kaisers Franz Joseph I. war *„viribus unitis"*, mit vereinten Kräften also. Die vereinten Kräfte waren allerdings nicht auf eine integrierte Presse- oder Meinungsfreiheit oder eine verfassungsmäßige Beschränkung monarchischer Allmacht ausgelegt. Weit gefehlt! Integriert in die monarchischen Entscheidungsfindungsprozesse wurden allenfalls Militärs und politische Berater, die weniger nach Kompetenz als nach Loyalität ausgesucht und akzeptiert wurden. Es war also die Art von beraterischem Umfeld, das die Niederlage des österreichischen Heeres im italienischen Solferino 1859 mitzuverantworten hatte und dann noch, sicherlich geschickt von niemandem anders als Otto von Bismarck provoziert, der Meinung war, man könne die strategischen Fähigkeiten des preußischen Generalstabschefs Helmuth von Moltke mir nichts, dir nichts herausfordern. Schmerzliches Ergebnis war 1866 die Niederlage der Österreicher im böhmischen Königgrätz. Auch dafür gab es wiederum auf der Hand liegende Gründe, ob sie nun im Vorhandensein preußischer Zündnadelgewehre, also von Hinterladern, die im Liegen bedient werden konnten, im Gegensatz zu den altertümlichen Vorderladern der Gegenseite, zu sehen sind. Oder in den geradezu fahrlässig offensichtlich eine Zielscheibe abgebenden weißen Uniformjackets vieler österreichischer Einheiten, dem Gegenteil von Camouflage.

Im Ergebnis war die Donaumonarchie nicht mehr Mitglied des Deutschen Bundes, und sollte logischerweise konsequent nicht Bestandteil des am 18. Januar 1871 proklamierten Deutschen Reiches werden. Bis dahin wurde immer noch quer durch sämtliche politisch und gesellschaftlich relevanten Gruppierungen intensiv die existenzielle Frage diskutiert, ob eine groß- oder kleindeutsche Lösung sinnvoll wäre. Die politischen Orientierungen begannen danach - stärker als vormals - sich nach Südosteuropa zu erstrecken. In das Vakuum eines sich immer mehr auf territorialem Rückzug befindlichen Osmanischen Reiches stießen neue machtpolitische Player hinein: das zaristische Russland und die K. u. k. Monarchie. Die diesbezüglichen Einmischungen sollten sich als so wirkmächtig erweisen, dass der nominelle habsburgische Thronfolger Franz Ferdinand am 28. Juni 1914 in Sarajevo von einem bosnisch-serbischen Attentäter erschossen wurde.

Die Stadt Wien selbst sah sich 1857 mit einem kaiserlichen Erlass konfrontiert, der vorsah, die den Innenstadtkern umgebenden Stadtmauern zu schleifen, um derart Platz für Bebauung zu schaffen. Man erkannte also das aus alten Zeiten stammende Festungswerk mit seinem umfangreichen Festungsvorfeld, dem Glacis, als für eine moderne europäische Großstadt nicht mehr notwendig an. Die stadtplanerische Zusammenführung von Vorstädten und Innenstadt schien dagegen erheblich bedeutsamer zu sein. Im Ergebnis entstand die Ringstraße mit ihren großen öffentlichen Gebäuden. Obwohl teilweise noch Jahrzehnte weitergebaut worden ist, fand bereits am 1. Mai 1865 die feierliche Eröffnung eines der wohl schönsten Boulevards überhaupt statt. Die beteiligten Architekten schufen – wie zeittypisch üblich - im Stil des Historismus, vom Mitbegründer der britischen *Arts and Crafts* Bewegung, William Morris, spöttisch als *"Maskerade in anderer Leute abgelegten Kleidern"* abgetan. Dieser Prunk und gleichermaßen Konservativismus ausdrückende eklektische Stil, sollte es schließlich sein, der die Secessionisten in ihrem Kunstwollen zur entschiedenen Abkehr bewegte.

Andererseits lag für die dominierenden gesellschaftlichen Eliten wohl in der Selbstvergewisserung, die in der Orientierung an historischen Vorbildern möglich war, eine Begründung vor, die eingangs in diesem Kapitel beschriebene zukünftige Unsicherheiten einhegen konnte. Ein immer selbstbewusster auftretendes städtisches Bürger- und Großbürgertum, in dieser auch als Gründerzeit bezeichneten Epoche inzwischen zu manch beträchtlichem Vermögen gelangt, hat darin wohl ebenso einen geeigneten Repräsentationsstil erblickt. Nicht unerwähnt sollte bleiben, dass in der Kunst- und Architekturgeschichte heutzutage dem historistischen Stil eine eigene Qualität zugeschrieben wird, was nicht zuletzt durch das rein funktionale Architekturschaffen (*"Form follows function"*) der

Nachkriegszeit in der zweiten Hälfte des 20. Jahrhunderts eine Erklärung erfährt. Neben vielen anderen wichtigen Gebäuden wie Kunst- und Naturhistorischem Museum, Burgtheater, Oper, Rathaus, Votivkirche, Börse und Hofburg treffen wir am Ring auf das Parlamentsgebäude. Das nach Plänen von Theophil von Hansen geschaffene Bauwerk mit seiner Front aus acht Säulen, darüber liegendem Architrav und reliefiertem Giebeldreieck, dem Tympanon, erinnert deutlich an einen klassischen griechischen Ringhallentempel, den Peripteros. Diese neoklassizistische Stilvariante stellt nur eine mögliche künstlerische Ausprägung des Historismus dar. Neogotik, Neorenaissance oder Neobarock können andere Optionen sein.

Jugendstil

In vielen Regionen Europas wurde der Jugendstil, in Frankreich *"Art nouveau"* genannt, im letzten Jahrzehnt des 19. Jahrhunderts zu einer umfassenden kreativen Antwort auf den Historismus, nicht nur in der Donaumonarchie. Ursächlich waren die gewaltigen Fortschritte, die wissenschaftlich und technisch zu dieser Zeit gemacht wurden, und die nach neuen ästhetischen Antworten auf zahllosen schöpferischen Gebieten riefen. Kennzeichnend sollte eine weiche, bewegte Linienführung, stilisierte Pflanzen- und Tierformen und eine besondere Vorliebe für das Ornament werden (s. Abb. 42). Anwendungsgebiete des neuen Stils konnten sowohl in Architektur und Innenarchitektur als auch in Malerei, Druckgraphik, Plakatkunst oder in der Formgebung von Gebrauchsgegenständen liegen.

Zurück nach Wien! Hier war es die von entspannt bis hitzig changierende Atmosphäre der ortstypischen Kaffeehauskultur, in der Intellektuelle, Künstler und Bonvivants die neuesten lyrisch-dramatischen Dichtungen eines Hugo von Hofmannsthal besprachen, die literarische Produktion eines Arthur Schnitzler diskutierten oder sich mit den neuesten, offensichtlich sehr merkwürdigen Ideen eines aufstrebenden Wiener Nervenarztes, eines gewissen Sigmund Freud auseinandersetzten. 1899 war soeben die *"Traumdeutung"* erschienen.

In einem solchen Umfeld dürfen wir uns Gustav Klimt vorstellen, den wohl bedeutendsten Meister des Sezessionsstils, der österreichischen Variante des Jugendstils. Gerade erst hat er für einen veritablen Skandal gesorgt, indem achtzig Professoren der Universität in einer Petition forderten, dass Klimts Gemälde auf keinen Fall in der Universität zur Schau gestellt werden dürften. Der Rektor höchstselbst verwahrte sich gegenüber dem Künstler dagegen, dass in einem Zeitalter, in welchem die Philosophie - ein Thema der Klimtschen Auftragsarbeit - die Wahrheit in den exakten Wissenschaften suche, es nicht verdient habe, als nebelhaftes, in der Folge also unklares Gebilde dargestellt zu werden.

Der Künstler dürfte die Anwürfe verschmerzt haben. Schließlich warteten unter anderem als Auftraggeber die großbürgerlichen Bloch-Bauers. Es wird nicht zu Klimts Schaden gewesen sein, dass sie nicht mit so spitzem Bleistift rechnen mussten wie eine Universitätsverwaltung. Das Bildnis „*Adele Bloch-Bauer I*", erst vor wenigen Jahren in Streitigkeiten verwickelt, die die Restitution von Kunstwerken betrafen, ist ein 1,38m mal 1,38m formatiertes Ölgemälde mit umfangreichen Blattsilber- und Blattgoldauflagen auf Leinwand. Es verdeutlicht damit einige stilistische Eigentümlichkeiten aus Klimts goldener Phase. Er hatte nämlich während einer Italienreise 1903 Venedig und Ravenna besucht und aufgrund der dort studierten, mit Gold geschmückten Kirchenmosaike versucht, das Gesehene in eine der eigenen Zeit gemäße Form zu übertragen. Kunstliebhaber in aller Welt wissen jedenfalls seine Ideen und ihre Umsetzung zu schätzen. Dafür sprechen nicht nur die Verkaufserlöse, die Werke von Gustav Klimt bei internationalen Auktionen erzielen. Besagtes Ölgemälde „Adele Bloch-Bauer I" aus dem Jahr 1907 ist mit einem bei Christie´s 2006 erzielten Erlös von 135 Millionen Dollar aktuell immer noch unter den zwanzig teuersten Bildern aller Zeiten zu finden.

Unter dem Titel *"Schönheit und Abgrund"* gedachte die Stadt Wien 2018 nicht nur des einhundert Jahre zuvor verstorbenen Gustav Klimt. Ebenfalls im Jahr des Weltkriegsendes verstarben der expressionistische Maler Egon Schiele, der Architekt Otto Wagner, legendärer Schöpfer des Gebäudes der Postsparkasse, und der Erfinder des Graphik-Designs Koloman Moser.

42. Composing verschiedener Jugendstilmotive.

Leopold Museum, Unteres Belvedere, die Orangerie, das MAK, Wien Museum, Kunsthistorisches Museum Wien,

Jüdisches Museum Wien, Arnold Schönberg Center, Hof-mobiliendepot, Literaturmuseum und viele andere mehr haben 2018 zahlreiche Ausstellungen veranstaltet, um Klimt, Schiele, Wagner, Moser und ihre die Kunst so nach-haltig verändernden Weggefährten gebührend zu ehren und zu feiern.

5. Auf dem Weg zur staatlichen Einheit

a.) Liberalismus und liberale Ideen

"Ich will die Einheit nicht anders als mit Freiheit, und will lieber Freiheit ohne Einheit als Einheit ohne Freiheit. Ich will keine Einheit unter den Flügeln des preußischen oder des österreichischen Adlers."

Karl von Rotteck, Staatswissenschaftler, Historiker und liberaler Politiker bei einer Veranstaltung 1832 in Badenweiler.

Einleitung

Abseits der in Berlin und Wien ausgeübten, mit überregionaler Bedeutung aufgeladenen großen Staatsgeschäfte hat Karl von Rotteck im Großherzogtum Baden gelebt und gewirkt. In seinem Denken kommen die Sehnsüchte und Hoffnungen eines liberal eingestellten, mit der Wahrnehmung öffentlicher Ämter betrauten südwestdeutschen Bildungsbürgers des 19. Jahrhunderts zum Ausdruck. Einem *Liberalen* war es seinerzeit vor allem darum zu tun, den Einzelnen vor als ungerechtfertigt wahrgenommenen Einschränkungen, auch vor staatlichen Eingriffen willkürlicher Natur, zu schützen. Freiheit war das hohe Gut, um das es ging. Die Wortherkunft aus dem Lateinischen verweist in die römische Antike. Ein *libertus*, ein Freige-

lassener, war dort jemand, der die Fesseln der ihn nieder-
drückenden Sklaverei endlich abgeschüttelt und mit einem grundlegend verbesserten Rechtsstatus sein Leben
selbstverantwortlich in die Hand nehmen konnte.

Innerhalb welchen historischen Rahmens es von Rotteck
und anderen Gleichgesinnten möglich war, ihre Ideen zu
entwickeln, möchte ich zunächst darlegen.

*43. Porträt des badischen Liberalen Karl von Rotteck (1775-1840). Li-
thografie mit Handschriftenfaksimile aus dem Jahr 1830.*

213

Als der Napoleonische Spuk vorbei war

Ein Ergebnis der Feldzüge Napoleons quer durch Europa ist die Auflösung des *Heiligen Römischen Reiches Deutscher Nation* 1806 (s. S. 14) gewesen. Neun Jahre später war der Spuk vorbei und als adäquate Antwort auf die neu sich stellende Frage nach der staatlichen Existenzform wurde der *Deutsche Bund* gegründet. Entgegen den Idealvorstellungen eines Johann Gottlieb Fichte, Friedrich Ludwig Jahn oder Ernst Moritz Arndt hat es zu einem Nationalstaat vorerst nicht gereicht, es ist kein Bundesstaat geworden, aber immerhin ein Staatenbund. Das dafür maßgebliche, entscheidende Gründungsdokument vom 8. Juni 1815 ist die Deutsche Bundesakte, die partiell offizieller Bestandteil der einen Tag später unterzeichneten Wiener Kongressakte geworden ist. So erklärt sich auch die Vielzahl der neben Preußen und Österreich verantwortlichen Garantiemächte Großbritannien, Frankreich, Spanien, Schweden, Portugal und Russland. Sämtliche politischen, wirtschaftlichen und gesellschaftlichen Entwicklungen des nächsten halben Jahrhunderts - erst 1866 erfolgte die Auflösung des *Deutschen Bundes* - ereigneten sich vor dem Hintergrund dieses Verfassungsvertrages. Als liberales Element ist die darin enthaltene Aufforderung an die 41 souveränen Mitgliedsstaaten, eigene landständische Verfassungen ins Leben zu rufen, verstanden worden. Neben anderen sind Baden unter Mitwirkung des bereits vorgestellten Karl von Rotteck, Württemberg und Bayern dem nachgekommen. Preußen unter Missachtung eines diesbezüglichen königlichen Versprechens und Österreich bis zur 1848er Revolution allerdings nicht.

Einziges gemeinsames Organ war mit dem Bundestag keine Versammlung mit aus Wahlen hervorgegangenen Abgeordneten, sondern lediglich ein in Frankfurt am Main tagender ständiger Gesandtenkongress.

Doch wie war es um die Lebensbedingungen der Menschen und ihre Freiheiten im *Deutschen Bund* bestellt? Seit im Jahr 1819 der russische Generalkonsul und Schriftsteller August von Kotzebue von dem Theologiestudenten und Burschenschafter Karl Ludwig Sand ermordet und in der Folge die *Karlsbader Beschlüsse* verabschiedet worden sind, legte sich ein Klima der Repression und Reaktion wie Mehltau übers Land (s. S. 165 ff.). Der Schattenwurf der von dem österreichischen Außenminister und späteren Staatskanzler Metternich initiierten Restaurationspolitik verdüsterte jene Hoffnungen, die auf politische Modernisierung und Partizipation gerichtet waren. Zahlreiche Maßnahmen zur Bekämpfung liberaler und nationaler Tendenzen waren damit verbunden. Die Universitäten wurden überwacht, liberal und national gesinnte Professoren wurden entlassen und mit Berufsverbot belegt, die Burschenschaften wie die öffentliche schriftliche Meinungsfreiheit verboten, die Presse zensiert. Welche Auswirkungen die *Karlsbader Beschlüsse* etwa auf die Existenzbedingungen eines Dichters und Literaten hatten, davon berichtet der Exilant Heinrich Heine 1844 im Vorwort eines seiner bekanntesten Texte, *„Deutschland. Ein Wintermärchen"*: *"Das nachstehende Gedicht schrieb ich im diesjährigen Monat Januar zu Paris, und die freie Luft des Ortes wehete in manche Strophe weit schärfer hinein, als mir eigentlich lieb war. Ich unterließ nicht, schon gleich* *zu mildern und auszuscheiden, was mit dem deutschen Klima unverträglich schien. Nichtsdestoweniger, als ich das Manuskript im Monat März an meinen Verleger nach Hamburg schickte, wurden mir noch mannigfache Bedenklichkeiten in Erwägung gestellt. Ich mußte mich dem fatalen Geschäfte des Umarbeitens nochmals unterziehen (...)"* Staatliche Zensur wirkte hier als nachhaltiger und langandauernder Zugriff auf die künstlerische Freiheit.

Die Wurzeln

Der Liberalismus hat nie ein in sich geschlossenes Weltbild angeboten, er beinhaltet daher nicht nur eine Idee oder Vorstellung davon, wie etwas zu sein hat, sondern eine Vielzahl von Ideen. Sie alle kreisen um die Eckpunkte Individuum, Gesellschaft, Markt und Staat und in welchem zu- oder abträglichen Beziehungsgeflecht sie sich untereinander befinden. Neben dem Konservativismus und dem Sozialismus ist der Liberalismus zu einer der drei bedeutenden Weltanschauungen des 19. Jahrhunderts geworden. Die Anfänge liberalen Denkens gehen allerdings sehr viel weiter zurück und wurzeln im aufklärerischen Fortschrittsoptimismus. Die Vorstellung, dass es sich bei den Gütern Freiheit, Leben und Eigentum um elementare Menschenrechte handeln würde wie auch, dass eine Verfassung dazu bestimmt sei, die naturgegebenen Rechte des Bürgers vor der Allmacht des Staates zu schützen, geht auf John Locke zurück. Die Überlegungen Lockes, die er 1690 in dem Text *"Two Treatises of Government"* verschriftlicht hatte, sind durch die Gedanken Charles de Montesquieus ergänzt worden. Montesquieu hat sechs Jahrzehnte später 1748 in *"De L´Esprit des Lois"* die Bedeutung der Verankerung der Gewaltenteilung in einer Verfassung hervorgehoben, da dadurch der Schutz der naturgegebenen Rechte vor Machtmissbrauch und Machtkonzentration besser gewährleistet wäre. Die wirtschaftsliberale Basis ist schließlich von dem schottischen Begründer der klassischen Nationalökonomie Adam Smith 1776 in *"The Wealth of Nations"* gelegt worden. Smith zufolge sind Arbeitsteilung und Spezialisierung die Quelle von Wohlstand und Fortschritt, die wiederum in einer freien Handel und freien Wettbewerb begünstigenden Gesellschaft besser gedeihen würden. Die zugrunde liegende, oft übersehene, auch die Belange der wirtschaftlich Schwächeren berücksichtigende moralische Richtschnur wird beispielsweise deutlich an den ebenfalls im *"Wohlstand der Nationen"* enthaltenen Bemerkungen zum Thema Existenzlohn (engl. living wage).

Revolutionsjahr 1848

Das mit dem Wiener Kongreß 1814/15 begründete System des Gleichgewichts der fünf europäischen Großmächte (Pentarchie) hatte zugegeben seine unbestrittenen Vorzüge. So waren für die kommenden Jahrzehnte militärische Auseinandersetzungen in Form von Kriegen untereinander von der Tagesordnung gebannt. Mit der Ausnahme des Krimkrieges 1853 - 1856. Die an sich machtvolle Pentarchie gelangte jedoch unversehens dort an ihre Grenzen, wo infolge von Missernten ab Mitte der 1840er Jahre die soziale Not vielerorts immer bedrückendere Ausmaße angenommen hat. Von Unterernährung und Hunger aufgrund gestiegener Lebensmittelpreise gepeinigt, begehrten 1844 die Weber in Schlesien auf. In Frankreich waren es die Aufstände der Seidenweber in Lyon 1834 und 1848, die zudem auf eine Gesellschaft im Umbruch ins fortschreitende Industriezeitalter verweisen. Die traditionelle Heimarbeit per Hand im dezentralisierten Verlagssystem traf immer häufiger auf die effizientere Arbeitsorganisation der neuartigen maschinengetriebenen Fabrik. Das damit einhergehende Konfliktpotential war einhundert Jahre zuvor ein noch vollkommen unbekannter Faktor.

Am 23. Februar 1848 waren es Arbeiter und Studenten in Paris, die die revolutionäre Bewegung mit dem Ziel, die Monarchie in eine Republik umzuwandeln, anführten. Sie waren insofern erfolgreich, als dass der seit 1830 regierende Bürgerkönig Louis Philippe zur Abdankung gezwungen werden konnte. Nach 1792 wurde in Frankreich zum zweiten Mal die Republik ausgerufen.

Nur die beiden Flügelmächte der Pentarchie, Großbritannien und Russland, waren imstande sich dem revolutionären Geschehen, das sich darauf im Zentrum Europas Bahn brach, zu entziehen. Das Gebiet des *Deutschen Bundes* mit schweren Barrikadenkämpfen in der Donaumetropole Wien und der preußischen Hauptstadt Berlin neben Agrarunruhen in Südwestdeutschland wurde nachhaltig heimgesucht, so dass der auch als Bundesversammlung bezeichnete Bundestag sich nicht mehr anders zu helfen wusste, als vom deutschen Volk eine Nationalversammlung wählen zu lassen und im gleichen Atemzug die berüchtigten *Karlsbader Beschlüsse* nebst anderen allzu repressiven Ausnahmegesetzen aufzuheben.

Die erste Sitzung der auch als Paulskirchenparlament bekannten Nationalversammlung hat am 18. Mai 1848 in Frankfurt am Main stattgefunden. Vornehmste Aufgabe der 805 zumeist bürgerlichen Abgeordneten war die Ausarbeitung einer Reichsverfassung. Ihr erster Entwurf geht wesentlich auf den einst zusammen mit den Gebrüdern Grimm zu den *Göttinger Sieben* zugehörigen liberalen Bonner Staatswissenschaftler und Historiker Friedrich Christoph Dahlmann zurück. Insgesamt 274 Abgeordnete der Nationalversammlung zählten zu den Rechtsliberalen und 104 zu den Linksliberalen, was in der Summe 47 Prozent der Gesamtzahl bedeutet und einen Eindruck von der vorherrschenden Strömung verschafft.

Allein, die Reichsverfassung wurde von den wichtigsten Einzelstaaten des *Deutschen Bundes* im folgenden Jahr nicht angenommen, der Preußenkönig Friedrich Wilhelm IV. weigerte sich im März 1849 nach eigenen Worten sinngemäß die ihm angetragene Kaiserkrone aus den Händen von Kaufleuten und Intellektuellen entgegenzunehmen. Kurz darauf löste sich die Nationalversammlung selbst auf, der Wind hatte sich wieder gedreht.

44. *Der liberale Historiker und Staatswissenschaftler Friedrich Christoph Dahlmann (1785-1860).*

Fast glaubt man aus den Schlössern und Kabinetten der alteingesessenen adligen Machthaber die Sätze zu vernehmen, die der italienische Schriftsteller Giuseppe Tomasi di Lampedusa in seinem Roman *„Il Gattopardo"* mit

Blick auf zeitgenössische Verhältnisse in Italien formuliert hat:" *Sind nicht auch wir dabei, so denken sich die Kerle noch die Republik aus. Wenn wir wollen, dass alles so bleibt, wie es ist, dann ist nötig, dass alles sich verändert.*"

Die letzten Ausläufer des philosophischen Idealismus mit seiner Maßgabe, dass Ideen die Fundamente von Wirklichkeit, Wissen und Moral bilden würden und die Romantik (S. 112 - 131) mit ihrer Hinwendung zu einer als vorbildlich empfundenen mittelalterlichen Vergangenheit, zu religiöser Schwärmerei und einem Hang zum Irrationalen wichen zusehends kaltem Materialismus und Realismus. Die Signatur der Zeit ist in der Mitte des 19. Jahrhunderts eine andere geworden. Die Parlamentarier der Nationalversammlung sind entgegen oftmals vorgetragener Auffassung daher nicht als Gescheiterte zu betrachten, vielmehr haben sie, was die deutsche nationale Einigung betrifft, hellsichtig antizipiert, was gut zwei Jahrzehnte später ohnehin geschehen ist.

Im Kaiserreich

Waren die rechtsliberalen Gruppierungen 1848 noch nach den Gaststätten, in denen sie tagten, Casino, Landsberg und Augsburger Hof benannt worden, wie auch die Linksliberalen nach ihren Gaststätten Württemberger Hof und Westendhall hießen, so ist es 1861 zur Gründung der Deutschen Fortschrittspartei gekommen. Ihr rechter Flügel hat sich 1866 als Nationalliberale Partei abgespalten. Gemeinsam mit einigen kleineren Parteien ähnlicher politischer Ausrichtung konnten sie bei den ersten

Reichstagswahlen 1871 von insgesamt 382 Abgeordne-
tensitzen 202 für sich verbuchen, also mehr als 50 Prozent.

Gemeinsamkeiten der verschiedenen liberalen Strömungen im Sinne einer nach wie vor vorhandenen Einheitlich-
keit der Anschauungen sind dahingehend bestimmt worden, dass sie allesamt an Faktoren wie die Macht der
Vernunft, die Chance des Talents, das Leistungsprinzip, an
bürgerliche Lebensideale, an den Markt und die freie
Wirtschaft, an die Nation sowie an den nichtinterventio-
nistischen Staat aus verinnerlichter Überzeugung ge-
glaubt haben. Reformen galten ihnen sehr viel mehr als
revolutionäre Umtriebe.

Im Rahmen der Ausrufung des Deutschen Kaiserreichs in
der kleindeutschen Variante ohne Österreich am 18. Januar 1871 und der für die nächsten fast fünfzig Jahre gültigen gesamtstaatlichen Verfassung vom 16. April 1871
hatten sich die diesbezüglichen das 19. Jahrhundert hindurch vitalen liberalen Hoffnungen und Wunschvorstellungen nunmehr erfüllt. Eine Auflistung der Grundrechte
der Bürger im Rahmen der Verfassung ist freilich nicht dabei gewesen.

Für den bald darauf einsetzenden allmählichen Nieder-
gang des Liberalismus sind der Aufstieg der organisierten
Arbeiterbewegung nach Aufhebung des Sozialistenge-
setzes und die Abwanderung zahlreicher bürgerlicher
Wähler zum konfessionell gefärbten Zentrum und zu den
Konservativen namhaft gemacht worden. Gleichwohl

stellten die Liberalen noch in Weimar eine Größe dar, mit der zu rechnen war.

Heute

Wer sich heute meinungsfreudig als überzeugter *Neoliberaler* zu erkennen gibt, wird mit keiner allzu zahlreichen Fangemeinde zu rechnen haben. Zu schwerwiegend sind die im Zeichen von ungehemmter Deregulierung und schrankenloser Globalisierung in die vor bald zwanzig Jahren einmündende Finanzkrise ausgelösten Verwüstungen gewesen. Das Maß an sozialer Ungleichheit ist seitdem in den westlichen Demokratien nicht kleiner geworden, wenn der durch Medien des Mainstreams vermittelte Eindruck nicht täuscht, sondern es hat zugenommen. Sofern staatliche gesetzgeberische Maßnahmen wie die Schaffung von Mindestlöhnen gewiss noch Schlimmeres zu verhindern wussten, weist der das Maß an Ungleichheit berechnende Gini-Koeffizient darauf hin, dass der allgemeine Wohlstand im klassischen Athen des 4. Jahrhunderts v. Chr. gleichmäßiger verteilt war als es in den USA 1998 der Fall gewesen ist. Haben sich die Zustände seitdem verbessert? Politisches Kapital in Form von Wählerstimmen ist in den letzten Jahren vorwiegend nicht bei liberalen Parteien, denen es beispielsweise um einen weiteren Ausbau persönlicher Freiheits- und Bürgerrechte gegangen wäre, entstanden. Vielmehr sind Populisten im autoritären und völkischen Gewand in die Bresche gesprungen und in der Lage gewesen, nicht von der Hand zu weisende Abstiegsängste vieler Menschen der Mittelschicht aufzunehmen und in radikalen Abgrenzungsfantasien gegenüber Minderheiten wirkungsvoll zu kommunizieren.

Ist der Liberalismus, sind liberale Ideen damit zu einem Auslaufmodell, das nicht mehr zeitgemäß erscheint, geworden? Wenn es Parteien und Organisationen mit dem wohlfeilen Etikett *liberal* in der Zukunft nicht gelingt, überzeugende Antworten auf die sich neu stellende soziale Frage zu finden und in diesem Sinne Problemlösungskompetenz zu demonstrieren, ist es nicht ausgeschlossen, sondern wahrscheinlich, dass deren bestehende Nischenexistenz als Klientelpartei für Angehörige bestimmter freier Berufsgruppen in eine vollständige Marginalisierung übergeht.

b.) Otto von Bismarck: Familiärer Hintergrund und politischer Aufstieg bis 1862

Ist er eine durch und durch dämonische Erscheinung gewesen? Ein Staatsmann von weltpolitischem Format, ein weißer Revolutionär? Oder doch jemand, von dem aus eine klar erkennbare Linie hin zu den materiellen und mentalen Verwüstungen des Nationalsozialismus verläuft?

An widersprüchlichen Einschätzungen und Beurteilungen herrscht jedenfalls kein Mangel. Die Feststellung, die der 2016 verstorbene, in Breslau gebürtige Fritz Stern in den 1970ern im Rahmen seiner Doppelbiographie *"Gold und Eisen. Bismarck und sein Bankier Bleichröder"* getroffen hat, dass sich bereits zu seiner Zeit mehr als 7000 Werke mit dem auch als *"Eisernen Kanzler"* Verehrten beschäftigt und auseinandergesetzt haben, verweist zunächst auf eine schillernde Persönlichkeit fernab des geläufigen Mittelmaßes, die zahlreichster publizistischer Anstrengungen für wert und würdig erachtet wurde. Der bekannten Historikerin und Adelsexpertin Karina Urbach zufolge ist fast jede zweite Generation in Deutschland einer weiteren Version Bismarcks begegnet.

45. Aufnahme im Herbstlicht von Südwesten des mit über 34 Metern Höhe imposantesten Denkmals Otto von Bismarcks hierzulande in Hamburg. Errichtet von 1901 bis 1906 nach Plänen des Architekten E-mil Schaudt und des Bildhauers Hugo Lederer.

Geboren in der Altmark

Es waren überaus bewegte Zeiten, in die Otto als viertes von sechs Kindern am 1. April 1815 hineingeboren wurde. Das letzte vergebliche Aufbäumen Napoleons in der Schlacht von Waterloo lag da noch wenige Wochen voraus, ebenso wie die Verabschiedung der Wiener Kongressakte, die Europa ein neues territoriales Antlitz unter restaurativen Aspekten verleihen und das Gleichgewicht der fünf Großmächte wiederherstellen sollte. Das wenige Jahre zuvor aufgelöste *Heilige Römische Reich deutscher Nation* schließlich ist in die neue Existenzform eines Staatenbundes, des *Deutschen Bundes*, überführt worden. Von den beiden Vormächten hierzulande orientierte sich im Rahmen eines allmählich ablaufenden Prozesses die Habsburgermonarchie von nun an mehr nach Südosteuropa und in den Donauraum, während das Königreich Preußen durch den Zuschlag der ökonomisch bedeutsamen Rheinprovinz und Westfalens zunehmend auf die vielversprechende Bahn einer Westorientierung geriet. Bonn und Köln waren nämlich auf einmal wie Königsberg, Allenstein oder Berlin preußische Städte, sie befanden sich allerdings auf nicht zusammenhängendem Staatsgebiet. Die politische Lösung dieser in vielerlei Beziehung konfliktträchtigen - sowohl innerdeutschen als auch gesamteuropäischen -staatsrechtlichen Problematik ist Otto von Bismarck zu verdanken, dessen Leben und Werdegang bis zu seiner Ernennung zum preußischen Ministerpräsidenten 1862 im Rahmen dieses Kapitels diskutiert wird.

Vom Geburtsort, Schloss Schönhausen in der Altmark, ist heute lediglich ein als Museum zugänglicher Gebäudeflügel erhalten. Der Rest ist zu DDR-Zeiten zerstört worden. Die Altmark selbst erstreckt sich entlang der Elbe von der Magdeburger Börde nordwärts bis zum Wendland. 1815 waren die adeligen Bismarcks schon seit vielen Generationen vor Ort ansässig und verfügten über ausgedehnten Gutsbesitz. Die Anfänge der Familie lassen sich, sofern die Überlieferung nicht täuscht, hingegen im städtischen

Raum festmachen. Ein gewisser Herbordus de Bismarck wird in einer Urkunde aus dem Jahr 1270 als Magister der Gewandschneidergilde von Stendal der Erwähnung für wert befunden. Die Herstellung von Tuch wurde damals sehr streng vom lukrativen Zuschnitt und Verkauf oder Handel unterschieden. Einem nicht nur für den lokalen Markt tätigen, sondern überregional aktiven Fernhändler winkte bei glücklichem Gelingen schon im Mittelalter nicht unbeträchtlicher Gewinn. Stendal wie auch andere Hansestädte der Altmark (z. B. Salzwedel, Tangermünde, Havelberg) war in das merkantile Netzwerk des von Lübeck dominierten Kauffahrerbundes integriert. Die von der Altmark aus in Umlauf gebrachten Produkte wie Bier, Fisch, Salz und eben Tuch wurden anderenorts offensichtlich geschätzt. Wie auch immer, die Bismarcks gerieten in den Fokus einer wohlmeinenden Obrigkeit. Der Markgraf von Brandenburg belehnte sie 1345 mit Schloss Burgstall. Zahlreiche weitere Besitztümer sind im Laufe der Jahrhunderte hinzugekommen. In der fernab der Altmark östlich der Oder gelegenen Region Hinterpommern waren es beispielsweise die Güter Külz, Jarchlin und Kniephof. Daran wird deutlich, dass die Bismarcks 1815 nicht nur über ein paar bescheidene Parzellen Land, sondern über ausgedehnten Großgrundbesitz - häufig in der Form von Rittergütern - verfügten. Der Status eines Rittergutsbesitzers, darauf haben Ernst und Achim Engelberg in *"Die Bismarcks. Eine preußische Familiensaga vom Mittelalter bis heute"* hingewiesen, war nicht nur der eines gegenüber den Bauern begüterten und privilegierten Nachbars, sondern der eines fast unumschränkten Herrschers in Reichweite der dörflichen Gemarkung. Der ostelbische

228

Junker hatte zudem das Kirchenpatronat inne, übte die Polizeigewalt aus und war gleichzeitig für mehrere Rechtsgebiete zuständiger Gerichtsherr auf seinen Latifundien. Für die an die Scholle ortsgebundene erbuntertänige Landbevölkerung, die gegenüber dem Gutsherrn in vielerlei Formen abgabenpflichtig war und Fron- und Spanndienste zu leisten hatte, veränderte sich unter anderem durch die preußischen Reformen zwar allmählich die seit mehr als einem halben Jahrtausend eingeübte feudale Praxis, die weitestgehende Bewahrung der *"von Gott"* gegebenen ständischen Ordnung gehörte hingegen zum Wesenskern einer sich erst seit dem 19. Jahrhundert als Gegenpol zum Liberalismus entwickelnden eigenständigen konservativen Politik.

Zurück zu den frühen Jahren Ottos. Seine Eltern Karl Wilhelm Ferdinand von Bismarck und seine Mutter Louise Wilhelmine, geborene Mencken, gehörten unterschiedlichen Ständen an. Louise Wilhelmine war zwar bürgerlicher Herkunft, doch ihr Vater hatte es im Zeichen des aufgeklärten Absolutismus zu höchsten Staatsämtern in Preußen gebracht. Unter König Friedrich Wilhelm II. ist er 1786 zum Geheimen Kriegsrat befördert worden. Die Humboldtschen Bildungreformen haben ihr Übriges getan, um insbesondere mütterlicherseits die Wertigkeit von Schule, Lernen und Ausbildung zu verankern. In diesem Sinne wurde Otto nach Berlin geschickt. Zuerst erwartete ihn die Plamannsche Erziehungsanstalt, das Abitur wurde 1832 im Grauen Kloster abgelegt. Danach ging es, anstatt zur Armee zu gehen und in die weitestgehend dem Adel vorbehaltenen Offiziersränge aufzurücken, zum

Jurastudium nach Göttingen, wo Otto weniger als fleißiger, strebsamer Student, denn als trinkfester Tausendsassa und Raufbold in einer schlagenden Verbindung aufgefallen ist. Wirklich interessiert haben ihn wohl nur die Vorlesungen bei dem über siebzigjährigen Historiker Arnold Heeren, die sich inhaltlich mit allgemeiner Länder- und Völkerkunde, Statistik und Geschichte der europäischen Staaten beschäftigt haben. Welchen intellektuellen Einflüssen war Bismarck überhaupt ausgesetzt? Was hat er gelesen? Zwar ist aus späterer Zeit die Aussage überliefert, *"Ich habe niemals Zeit und Veranlassung gehabt, mich mit Philosophie zu beschäftigen"*, und Arthur Schopenhauer will er - kaum glaubhaft - nicht einmal gekannt haben, doch in jüngeren Jahren gehörten Spinoza, Voltaire, Hegel und die Junghegelianer durchaus zur vertrauten Lektüre. Neben historischen Arbeiten von Dahlmann und Schlosser haben ihm die Werke von Shakespeare und Lord Byron wie die von Goethe, Ludwig Uhland und Heine am Herzen gelegen. Nach Göttingen kam die 1810 gegründete Berliner Universität (s. S. 37f.) an die Reihe, an der 1835 erfolgreich das Erste Staatsexamen abgelegt wurde. Das anschließende Referendariat wurde von ihm mehrfach unter- und schlussendlich ohne Examen abgebrochen, selbst der zwischenzeitliche Wechsel vom Justiz- in den Verwaltungsdienst war nicht dazu angetan, dass dafür notwendige Interesse und Engagement zu heben.

46. Jugendbildnis Otto von Bismarcks aus dem Jahr 1833.

Wege in die Politik

1839 nach dem Tod der Mutter begab sich Otto von Bismarck nach einjährigem Militärdienst dann auf das hinterpommersche Gut Kniephof, um sich der im Ergebnis ökonomisch recht erfolgreichen Verwaltung des familieneigenen land- und forstwirtschaftlichen Besitzes zu widmen. Einigen lokalen und kommunalen Aktivitäten folgte mit der Mitgliedschaft im Provinziallandtag der Provinz Pommern 1845 die Übernahme des ersten bedeutenderen politischen Amtes. Wenig später meldete er sich als nachgerücktes Mitglied des Vereinigten Preußischen Landtages, der vom König Friedrich Wilhelm IV. einberufenen Vollversammlung der Provinzialstände aller acht preußischen Provinzen, zu der Frage *"1813 - Befreiungs- oder Freiheitskriege"* zu Wort. Er bestreitet, dass es dabei um wie auch immer geartete liberale Reformen gegangen wäre und genießt von da an das Image eines erzkonservativen bis reaktionären Hardliners. Das hat sicher viel mit den ihn beeinflussenden pietistischen Kreisen, in die er mittlerweile geraten war, zu tun. Johanna von Putkamer, die er heiratete, gehörte ihnen ebenso an wie seine politischen Förderer, die Gebrüder von Gerlach. Was den von Gerlachs und anderen Konservativen wirklich am Herzen lag, hat der Bismarck-Biograph Lothar Gall dahingehend analysiert, dass es ihnen vor allen Dingen um die Wiedereinführung der politischen Mitwirkung und Mitregierung der Stände, in erster Linie des Adels, zur Sicherung der bestehenden gesellschaftlichen Ordnung gegenüber willkürlichen Eingriffen von außen und oben zu tun gewesen sei. Es ist demnach um Selbstbehauptung einer gesellschaftlich nach wie vor exponierten, aber um ihren politischen Einfluss fürchtenden Schicht gegangen. Bismarck selbst hat dazu angemerkt: *"Mir hat immer als Ideal eine monarchische Gewalt vorgeschwebt, welche durch eine unabhängige, nach meiner Meinung ständische oder berufsgenossenschaftliche Landesvertretung soweit kontrolliert wäre, daß Monarch oder Parlament den bestehenden Rechtszustand nicht einseitig, sondern nur communi consensu ändern können, bei Öffentlichkeit und öffentlicher Kritik aller staatlichen Vorgänge durch Presse und Landtag."*

Dass Bismarck recht bald aus dem Windschatten der von Gerlachs und anderer Förderer heraustreten wollte, hat er im Zuge des sich verschärfenden innerdeutschen Dualismus unter Beweis gestellt. Selbst der König war nach der Märzrevolution 1848 auf ihn aufmerksam geworden. Noch wollte der Monarch den bekennenden Royalisten und Urpreußen, der während des vergangenen revolutionären Geschehens plante, nicht nur seine Bauern zur Unterstützung Friedrich Wilhelms IV. zu bewaffnen, sondern auch auf Gut Schönhausen Fahnen in den alten preußischen Traditionsfarben schwarz und weiß anstatt schwarz, rot und gold schwenken ließ, allerdings nicht zum Minister ernennen. *"Nur zu brauchen, wo das Bajonett schrankenlos waltet,"* lautet eine unmissverständliche einschlägige Aktennotiz.

Der inzwischen fünfunddreißigjährige Abgeordnete hat seine politische und rhetorische Begabung jedoch wenig später eindrucksvoll bei einer berühmt gewordenen Rede vor der Zweiten Kammer des Preußischen Landtags im Dezember 1850 unter Beweis stellen können. Hier verteidigte er den kurz zuvor in der *"Olmützer Punktation"*, einem diplomatischen Abkommen mit Österreich und Russland, von Preußen geleisteten Verzicht.

47. Als Bundestagsgesandter 1858 in Frankfurt am Main.

Bismarck erläuterte die gegebene Situation weitsichtig: *"Es ist leicht, mit dem populären Winde in die Kriegstrompete zu stoßen und sich dabei an seinem Kaminfeuer zu wärmen oder donnernde Reden zu halten."* Als Triebfeder der Außenpolitik bekennt sich Bismarck hier zu staatlichem Egoismus, aber auch gegen Demokratie: *"Ich sehe die preußische Ehre darin, dass Preußen vor allem sich von jeder schmachvollen Verbindung mit der Demokratie fernhalte."* Auf dem nunmehr eingeschlagenen Weg zur Realpolitik versteht er es, die Auswüchse konservativer Prinzipienreiterei hinter sich zu lassen. Auch an höherer Stelle war man mit solchen Ansichten offenbar einverstanden. Jedenfalls wurde der Junker aus Schönhausen im August 1851 zum Preußischen Gesandten am Bundestag in Frankfurt am Main berufen.

Die Ernennung zum Ministerpräsidenten und Außenminister in Preußen lag zu diesem Zeitpunkt noch ein gutes Jahrzehnt in der Zukunft. Es war schließlich ein veritabler Verfassungskonflikt unter einem mittlerweile neuen Monarchen, Wilhelm I., der Otto von Bismarck für die kommenden dreißig Jahre in die internationale Spitzenpolitik befördern sollte. Die diplomatischen Zwischenstationen in St. Petersburg und Paris werden dafür gewiss nicht hinderlich gewesen sein.

c.) Der Deutsch-Dänische Krieg 1864

Was sich vor gut 150 Jahren hoch im Norden abgespielt hat, ist hierzulande kaum mehr im allgemeinen Bewusstsein verankert. Wohl zu viele militärische Konflikte, in die man involviert war, kamen danach, als dass die spannungsgeladenen Ereignisse des Jahres 1864 einen bedeutenderen Platz in der kollektiven Erinnerungskultur einnehmen würden. Noch am ehesten wird im *Deutsch-Dänischen Krieg* die Ouvertüre in der Reihe der drei Einigungskriege, die schließlich 1871 in die Reichsgründung eingemündet haben, gesehen. Wie selbstverständlich nehmen in diesem Kontext die Schlachten von Königgrätz und Sedan einen gewichtigeren Rang als diejenige an und auf den Düppeler Schanzen ein.

Das ist in Dänemark ganz anders. Neben zahlreichen Gedenkfeiern, die im Beisein von Königin Margarethe II. im festlichen Rahmen eingeläutet wurden, hat sich die teuerste Fernsehproduktion des skandinavischen Landes überhaupt mit einem Kostenvolumen von über 170 Millionen dänischen Kronen 2014 diesem Thema zugewendet. Mit dem internationalen Star Lars Mikkelsen an der Spitze der Darstellerriege trägt die achtteilige Serie dann auch folgerichtig den Titel: *„1864".* Viel Pathos und beeindruckende Bilder lassen an Dramatik nicht zu wünschen übrig, allein die historische Wahrheit bleibt mehr als einmal auf der Strecke.

Die Schleswig-Holstein-Frage

Worum es eigentlich ging, was also die Ursache der Auseinandersetzungen war, ist nicht so ganz einfach zu beantworten. Dem eher prodänisch orientierten, 1865 verstorbenen britischen Premierminister Lord Palmerston wird die bemerkenswerte Aussage zugeschrieben: *"Only three people have ever really understood the Schleswig-Holstein business - the Prince Consort, who is dead - a German professor, who has gone mad - and I, who have forgotten all about it."* Wer sich diesem Fatalismus nicht anschließen möchte, ist dazu angehalten, sich mit der politischen Lage in der Mitte des 19. Jahrhunderts auseinanderzusetzen, sogar bis ins Mittelalter zurückzugehen.

Da begegnet die bis ins Jahr 1326 zurückreichende Bestimmung der *Constitutio Waldemariana*, wonach Dänemark und das Herzogtum Schleswig nicht vereinigt werden dürften. Über das Verhältnis der Ritterschaft von Schleswig und Holstein zueinander notiert der Vertrag von Ripen - juristisch nach Auffassung vieler Fachleute eine nur für die Regierungszeit eines Herrschers gültige sogenannte *Handfeste* - 1460: *"dat se bliven ewich tosamende ungedelt"*, dass sie also auf ewig ungeteilt zusammenbleiben. Was ursprünglich eigentlich auf das Verhältnis der Stände zueinander gemünzt war, hat dann im Rahmen der auf die Schriften von Fichte und Ernst Moritz Arndt zurückgehenden nationalen Bewegung im noch immer nicht geeinten Deutschland, dass staatsrechtlich seit 1815 als Deutscher Bund figurierte, eine neuartige Brisanz entfaltet. Der Historiker Friedrich Christoph Dahlmann hat seinerzeit eine folgenreiche, weil verfälschende Uminterpretation vorgenommen, wonach die *ewige Ungeteiltheit* sich auf die Territorien der Herzogtümer Schleswig und Holstein beziehen würde.

Dahlmann war nun kein namenloser Stubengelehrter, sondern genoss als einer der *Göttinger Sieben* und als Abgeordneter der im Mai 1848 als Folge der Märzrevolution desselben Jahres eröffneten, auch als Paulskirchenparlament bekannt gewordenen Frankfurter Nationalversammlung ein nicht unerhebliches Prestige. Wer hier vor Ort zu seinem Forum zählte, hat Golo Mann in seiner *„Deutschen Geschichte des 19. und 20. Jahrhunderts"* anschaulich beschrieben: Demnach habe es auf Erden nie ein gebildeteres Parlament gegeben. Welche Berufsgruppen haben dazu gehört? Neben einhundert Professoren und zweihundert Juristen waren vor allem Schriftsteller, Geistliche, Ärzte, Bürgermeister, hohe Verwaltungsbeamte, Fabrikanten, Bankiers und Gutsbesitzer in der Paulskirche vertreten. Ein paar Handwerksmeister auch, freilich kein einziger Arbeiter. Bei aller nicht weg zu diskutierenden Gelehrsamkeit: Weder eine Verfassung noch die nationale Einheit konnten verwirklicht werden. Was als Reichsverfassung für ein politisches System im Sinne der konstitutionellen Monarchie erdacht worden war, scheiterte spätestens an der Weigerung des preußischen Königs Friedrich Wilhelm IV. die ihm angetragene Kaiserkrone aus der Hand von Kaufleuten entgegenzunehmen. Mit seinem Herrschaftsverständnis von Gottes Gnaden war eine derartige Konzeption unvereinbar.

Die relative Machtlosigkeit sowohl der Nationalversammlung, die ihr Ende bereits ein Jahr später im Mai 1849 gefunden hat, als auch der ihr zeitlich seit dem Wiener Kongress vorausgehenden und bis 1866 nachfolgenden Bundesversammlung, dem im Frankfurt tagenden ständigen Gesandtenkongress der Mitgliedstaaten des Deutschen Bundes, wird überdeutlich, wenn man sich die Signatarstaaten des Londoner Protokolls, eines völkerrechtlichen Vertrages, vom 8. Mai 1852 anschaut. Vertreter Großbritanniens, Frankreichs, Russlands, Preußens, Österreichs, Schwedens und Dänemarks waren zugegen. Deutscher Bund dagegen: Fehlanzeige! Inhaltlich ist es in London um die Schleswig-Holsteinische Erhebung vom März 1848 gegangen, die sich zum *Ersten* bis 1851 andauernden *Schleswig-Holsteinischen Krieg* ausgeweitet hat. An der Integrität des Dänischen Gesamtstaates als europäischer Notwendigkeit und ständigem Prinzip wurde in London festgehalten. Die drei Elbherzogtümer Schleswig, Holstein und Lauenburg sollten auch weiterhin vom dänischen König in Personalunion regiert werden. Während Holstein und Lauenburg zudem Mitglieder des Deutschen Bundes waren, hatte das nördlich des Grenzflusses Eider etwa auf geographischer Breite Kiels beginnende Herzogtum Schleswig den Status eines Lehens. In moderne Rechtsbegriffe übertragen, heißt das so viel wie: Es war auf keinen Fall Eigentum Dänemarks, sondern allenfalls temporärer Besitz.

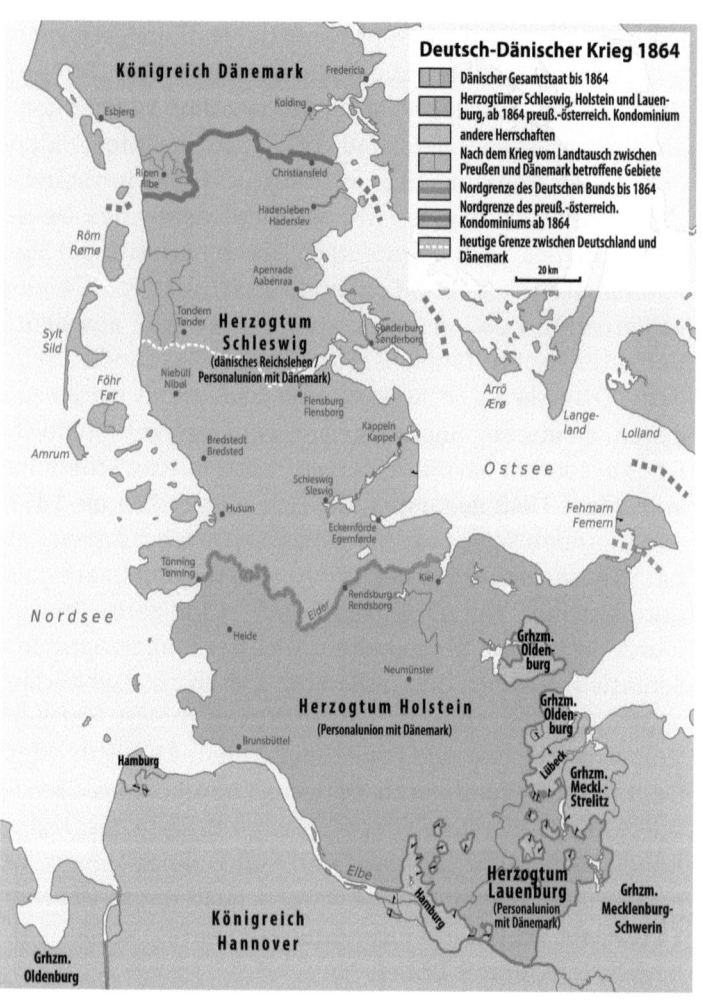

48. Karte der Grenzänderungen durch den Deutsch-Dänischen Krieg
1864.

Etwaiges Rütteln an den bestehenden Zuständen in der Zukunft konnte klar erkennbar Konflikte mit schwer bestimmbaren Konsequenzen heraufbeschwören. Jedenfalls sofern sich das zunehmend fragilere Gleichgewicht der großen Mächte ändern würde.

Wenige Jahre später

Preußen, die jüngste und damit am wenigsten arrivierte der europäischen Großmächte, zu Beginn der 1850er Jahre nicht unerheblich geschwächt, nahm am Ende des Jahrzehnts eine gestärkte Position ein, obschon der innerdeutsche Dualismus mit Österreich unvermindert mit unklarem Ausgang fortdauerte. Es war der von 1853 bis 1856 vor allem an der nördlichen Schwarzmeerküste ausgefochtene Krimkrieg, der Österreich im Bündnis mit den Westmächten England und Frankreich sah, die seit Jahrzehnten bewährte Heilige Allianz mit dem unbeteiligten Preußen und dem Hauptgegner Russland somit mit Füßen tretend. Im Frieden von Paris musste Russland den Verlust des Donaudeltas und die Neutralisierung des Schwarzen Meeres akzeptieren. Die kontinentale Hegemonie des Zarenreiches war mehr als nur angekratzt, weshalb von dieser Seite zukünftig ein gewisses Wohlwollen, vielleicht sogar Dankbarkeit, gegenüber Preußen aufgrund der in der Alvenslebenschen Konvention vereinbarten Zusammenarbeit bei der gemeinsamen Niederkämpfung der polnischen Aufstandsbewegung vorhanden war. 1859 war Österreich wiederum europäisch engagiert, als im Verlauf des italienischen Einigungskrieges der Verlust der reichen Lombardei hingenommen werden musste.

Preußen ist in diesem Fall zwar nicht vollständig neutral geblieben, konnte sich militärisch aber heraushalten, während Österreich geschwächt dastand, was für die zukünftige Position der Habsburger innerhalb des Deutschen Bundes wenig Gutes verhieß. Der Handlungsspielraum war in den frühen 1860er Jahren für Berlin eher größer, der für Wien eher kleiner geworden.

Vor diesem allgemeinen europäischen Hintergrund trat 1863 in Dänemark auf Druck der dänischen Nationalbewegung eine neue "eiderdänische" Verfassung, die Novemberverfassung, in Kraft, nach der Schleswig mit seiner mehrheitlich deutschsprachigen Bevölkerung zum festen Bestandteil des dänischen Königreiches erklärt wurde. Ein klarer Verstoß gegen das weiter oben angeführte Londoner Protokoll aus dem Jahr 1852, dessen Bestimmungen vom gerade erst im September 1862 zum Ministerpräsidenten von Preußen ernannten Otto von Bismarck peinlich genau beachtet wurden. Am Silvesterabend 1863 hat Bismarck mit dem für ihn so charakteristischen Blick für das Wesentliche und Machbare erklärt: *"Die Up ewig-ungedeelten müssen einmal Preussen werde. Das ist das Ziel, nach dem ich steure (...)"* Ein erfolgloses Ultimatum an die dänische Regierung, die neue Verfassung aufzuheben, verstrich, so dass alliierte preußisch-österreichische Truppen am 21. Januar 1864 in Holstein einmarschierten.

Ein neuartiges Element war in diesem Zusammenhang der Truppentransport per Eisenbahn. Zwar wurden schon einige Jahre zuvor badische und pfälzische Revolutionäre durch auf diesem Weg herangeführtes Militär aus

Preußen bekämpft und besiegt, doch erst 1864 ist im preußischen Generalstab eine eigene Eisenbahnsektion eingerichtet worden. Chef des Generalstabs war seit 1857 der legendäre Planer Helmuth von Moltke, der die neue Art von Mobilität innovativ in seine strategischen Überlegungen einzubinden verstand.

Wie die Operationen zu Land begannen, darüber sind wir recht präzise unterrichtet. Am 31. Januar 1864 haben sich zwei preußische Offiziere am Dannewerk – aus gänzlich anderen in die Wikingerzeit verweisenden Gründen heutzutage gemeinsam mit Haithabu Teil des UNESCO-Welterbes – eingefunden, um dem hier vor Ort weilenden dänischen Oberkommandierenden aufzufordern, das Herzogtum Schleswig unverzüglich zu räumen. Da dem Begehren keine Folge geleistet wurde, ist es bereits am 1. Februar frühmorgens zur Überquerung des Flusses Eider (s. Abb. 48) durch preußische Truppen gekommen. Wenige Stunden danach ist im Rahmen eines schnellen Vorrückens die Eckernförder Bucht erreicht worden.

Die militär- und ausrüstungstechnisch unterlegenen dänischen Soldaten konnten am Ende des Tages nichts Entscheidendes ausrichten. Ausgerüstet mit antiquierten Vorderladern, die zu viel Zeit zum Nachladen in Anspruch nahmen, waren speziell ihre mit modernen Hinterladern versehenen preußischen Gegner zu sehr im Vorteil. Der Einsatz von Kanonen und Geschützen von Krupp verwies bereits 1864 auf die Zeit des erbarmungslos nach industriellen Maßstäben geführten Krieges der Zukunft, der seinerzeit noch ein halbes Jahrhundert entfernt war.

49. Erstürmung der Düppeler Schanzen.

Es kam, wie es wohl unweigerlich kommen musste. Am 30. Oktober 1864 einigte man sich im Frieden von Wien auf die Abtretung der Herzogtümer Schleswig, Holstein und Lauenburg an Preußen und Österreich. Im Gegenzug wurde Jütland, Kern des dänischen Festlands, von feindlichen Truppen kurz danach geräumt. Der Habsburger Monarchie unter Kaiser Franz Joseph indes sollte das Engagement so weit entfernt von der Donau kein Glück bringen. Es barg die Saat von Zwist und Zwietracht in sich, die sich bald darauf im deutschen Bruderkrieg entladen hat.

d.) Nur ein Mythos? Die 1871 mit der Ausrufung des Kaiserreichs und Begründung des Nationalstaats gewonnene deutsche Einheit

Nachdem sich der Hamburger Historiker Tillmann Bendikowski bereits vor einigen Jahren als Autor intensiv mit *Friedrich dem Großen* auseinandergesetzt hat, liegt seit Mai 2020 eine neue Arbeit zum Thema preußisch-deutscher Geschichte vor. Der Titel *"1870/71"* verweist darauf, dass thematisch die Reichsgründung, die Erschaffung des von vielen Beobachtern als zeitlich überfällig wahrgenommenen Nationalstaats und die Kaiserproklamation im Spiegelsaal des Schlosses von Versailles (s. Abb. 50) im Mittelpunkt der historischen Analyse stehen. Ereignisse, die von denen, die sie erlebt haben, so aufgenommen werden konnten, wie Heinrich August Winkler es im ersten Band von *"Der lange Weg nach Westen"* vor zwanzig Jahren unter Hinweis darauf, dass die Begeisterung keine Grenzen gekannt habe, eindringlich beschrieben hat. Ein ansonsten eher nüchtern denkender Zeitgenosse wie der damals dreiundfünfzigjährige nationalliberale Historiker Heinrich von Sybel hat sich geradezu überschwänglich in einem Brief an einen Kollegen wie folgt geäußert: *"Wodurch hat man die Gnade Gottes verdient, so große und mächtige Dinge erleben zu dürfen? Und wie wird man nachher leben? Was zwanzig Jahre der Inhalt alles Wünschens und Strebens gewesen, das ist nun in so unendlich herrlicher Weise erfüllt! Woher soll man in*

245

meinen Lebensjahren noch einen neuen Inhalt für das wei-
tere Leben nehmen?"

50. Historienbild in Öl auf Leinwand Anton von Werners: Die Proklama-
tion des deutschen Kaiserreiches am 18. Januar 1871 im Spiegelsaal
von Versailles. Im Bildzentrum in weißer Paradeuniform Otto von Bis-
marck, rechts von ihm in Profilansicht Helmuth von Moltke. Auf dem
Podest: Im Zentrum Kaiser Wilhelm I., links von ihm Kronprinz Friedrich
Wilhelm, der spätere Kaiser Friedrich III.

Vielleicht etwas zu überschwänglich und exaltiert möch-
ten wohlmeinende Leserinnen und Leser nachsichtig at-
testieren, grundsätzlich aber durchaus verständlich! Bendikowski hingegen vertritt eine vollkommen gegensätz-
liche Position, die er auf 400 Seiten seines beim Bertels-
mann Verlag erschienen Buches zu verdeutlichen versucht. Schon der Untertitel *"Der Mythos von der*

deutschen Einheit" lässt erahnen, dass es vor allem um diejenigen geht, die von Bismarcks und Preußens nationalstaatlichen Ambitionen überrollt und überfahren worden sind, sie womöglich gar nicht mitgetragen haben. Aus einem in weiten Teilen der Bevölkerung falsch verstandenen Gründungsmythos habe sich dann über die Jahre eine Hybris nationaler Unbesiegbarkeit entwickelt, die mitursächlich für den zweifach beschrittenen Weg in die Weltkriege des 20. Jahrhunderts gewesen sei.

Eine haltbare These?

Eine methodisch geschickte Anordnung des Stoffes will man dem Autor zunächst zugutehalten. Aufgespannt zwischen Vorwort und der als *"In der Vitrine der Erinnerung"* übertitelten Nachbetrachtung nähert sich Bendikowski in jeweils chronologisch geordneten Tagesumfeldern dem historischen Geschehen. Das mit Datum 30. Juni 1866 versehene erste Kapitel heißt *"Ein deutscher König auf der Flucht",* im Anschluss daran wird unter dem Datum 18. Mai 1868 die Frage *"Ein Parlament für Deutschland?"* gestellt, bis es zuletzt im neunten Kapitel, dem 16. Juni 1871, um *"Sieg, Frieden und wieder Krieg?"* geht.

Es beginnt also im Jahr des deutschen Bruderkriegs, 1866, dem Jahr, in dem sich nach Königgrätz die politische Landschaft weiter in Richtung einer kleindeutschen - gegen Österreich gerichteten - Klärung der nationalstaatlichen Frage zubewegt. Der aus dem altehrwürdigen Adelsgeschlecht der Welfen stammende König Georg V. von Hannover befindet sich notgedrungen auf der Flucht, um

247

nicht in Gefangenschaft zu geraten. Vorausgegangen ist ein zweiwöchiger preußisch-hannoverscher Krieg, der vom Königreich Hannover am Ende des Tages erwartungsgemäß nicht zu gewinnen war. Deshalb befindet sich Georg V. am 30. Juni 1866 in fast aussichtsloser Lage, die Tillmann Bendikowski zufolge ihre tieferen Ursachen hat. In der Hauptsache in einem seit den Tagen Friedrichs des Großen erprobten preußischen Expansionskurses, in dem es vor allem darum gegangen sei, permanent und rücksichtslos die eigene Macht zu erweitern. Das Mittel dazu waren Eroberungen, wie sie mit der Einverleibung der österreichischen Provinz Schlesien im *Ersten Schlesischen Krieg* (1740 -1742) begonnen haben. Nun war also das Königreich Hannover an der Reihe.

Gegen eine Kontinuität der Annexionspolitik seit den Tagen des *"Alten Fritz"* bestehen allerdings einige Einwände, wie der unvoreingenommene Blick auf das Geschehen des 19. Jahrhunderts verrät. Bekanntermaßen hatte Preußen infolge der verlorenen Doppelschlacht bei Jena und Auerstedt im Oktober 1806 nicht nur zeitweise die französische Besetzung Berlins zu erdulden, sondern ebenso erhebliche Kontributionen zu leisten. Die Flucht des Königspaares Friedrich Wilhelms III. und Luises ganz in den Nordosten des Königreiches gehört ebenso in diesen Kontext wie der im Frieden von Tilsit im Juli 1807 verankerte Verlust des kompletten westelbischen Territoriums, das bislang zu Preußen gehörte. Unter anderem daraus ist zeitgleich das von Napoleons Bruder Jérôme regierte Königreich Westphalen hervorgegangen, das aus Teilen der heutigen Bundesländer Nordrhein-Westfalen,

Hessen, Niedersachsen, Thüringen, Sachsen-Anhalt, Bremen und Hamburg bestanden hat. Speziell das Kurfürstentum Hannover, das korrekterweise als Kurfürstentum Braunschweig-Lüneburg anzusprechen wäre, ist im Jahr 1810 ins Königreich Westphalen integriert worden. Das ist insofern nicht unwichtig, als im Rahmen der Völkerschlacht bei Leipzig im Oktober 1813 als alliierte, also auch als preußische Gegner auf französischer Seite stehende Soldaten aus dem Königreich Westphalen auszumachen sind. Annähernd 2000 Akteure sind in diesem Sinne gezählt worden. Sie haben gewissermaßen den Gegenpol zu den später bei Waterloo zu einiger Bekanntheit gelangten Angehörigen der *King's German Legion (KGL)* aus ursprünglich kurhannoverschen Diensten gebildet. Doch das ist eine andere Geschichte, die hier nicht weitererzählt werden kann.

Beim Wiener Kongress schließlich werden nach Beendigung des Napoleonischen Spuks die Weichen neu gestellt, auch in territorialer Hinsicht. Preußen erhält die Rheinprovinz und den gebietsmäßig nicht mit dem ehemals französischen Königreich Westphalen identischen, sondern eher dem heutigen westfälischen Teil des Bundeslandes entsprechenden westdeutschen Sprengel. Weiter nordöstlich davon konstituiert sich politisch unabhängig davon das Königreich Hannover. Die Probleme des Welfen König Georg V. sind bereits vorgestellt worden. Sie gehen nicht zuletzt auf den Umstand zurück, dass die ökonomisch bedeutende Rheinprovinz und Westfalen gemeinsam das Ruhrgebiet beheimaten, die Industrialisierung vor Ort zwischen 1814/15 und den 1860er Jahren gewaltige Fortschritte gemacht, inzwischen der in der Wirtschaftsgeschichte so bezeichnete *"take-off"*, ein beschleunigtes Abheben, stattgefunden hat. Es existiert aber keine gesicherte Landverbindung zwischen den Westprovinzen und dem preußischen Kernland. Bonn und Köln sind preußisch, Allenstein und Königsberg sind es ebenso wie Berlin, wo man sich an den Schalthebeln der Macht der ökonomischen Potenz an Rhein und Ruhr immer klarer wird, auch. Störender Faktor und Hindernis dazwischen ist das Königreich Hannover, das sich 1866 im Konflikt Preußens mit der habsburgischen Donaumonarchie auf die Seite Wiens begibt.

Das als System der Pentarchie bekannte Gleichgewicht der europäischen Großmächte sah für Preußen seit dem Ende des Krimkriegs 1856, in dem es sich neutral verhalten hat, eine insbesondere durch die Annäherung an Russland begünstigte und verbesserte Ausgangsposition vor. Sofern Frankreich und England sich still verhielten, war eine Veränderung der innerdeutschen Lage im Sinne Berlins möglich. Der mitentscheidende Politiker vor Ort, Ministerpräsident und Außenminister von Bismarck, hatte schon einige Jahre zuvor seine Gedanken in der Zweiten Kammer des Abgeordnetenhauses zum Ausdruck gebracht: *"Die einzige gesunde Grundlage eines großen Staates, und dadurch unterscheidet er sich wesentlich von einem kleinen Staate, ist der staatliche Egoismus und nicht die Romantik."*

Hierin haben wir die in hohem Maße gegenwärtigen Gründe und Ursachen für die Annexion des Königreichs

Hannover wie übrigens auch der Freien Stadt Frankfurt, des Herzogtums Nassau und des Kurfürstentums Hessen nach meinem Dafürhalten zu sehen und eben nicht in einer behaupteten Kontinuität und Handlungslogik, die uns zu Friedrich dem Großen und dem Ersten Schlesischen Krieg zurückführt.

Unter dynastischen Gesichtspunkten sind neben den Welfen vor allem die über das Königreich Bayern gebietenden Wittelsbacher, namentlich Ludwig II., in den späten 1860er und frühen 1870er Jahren von den heimischen politischen Entwicklungen betroffen gewesen. Viele Konflikte zwischen König, Beratern, Lokalpolitikern und ihren preußischen Pendants waren auch hier auszustehen, bis der "Kaiserbrief", der einen Verzicht auf eigene Souveränitätsrechte zugunsten Wilhelm I. implizierte, unterzeichnet werden konnte. Vieles erfährt man beim Autor über die seinerzeitige Lage vor Ort in München und den enorme Geldsummen verschlingenden, royalen eskapistischen Neigungen dienenden Märchenschlössern, die finanziert sein wollten.

Schlussfolgerungen

Noch während des Deutsch-Französischen Krieges, der erst mit dem in Frankfurt am Main am 10. Mai 1871 unterschriebenen Friedensvertrag beendet worden ist, ist es zur Gründung des zweiten deutschen Kaiserreiches und der Proklamation von Wilhelm I. zum Kaiser gekommen. Den meisten Leserinnen und Lesern wird das Bild von der Zeremonie am 18. Januar 1871 im Spiegelsaal von

Versailles, gemalt von Anton von Werner, natürlich geläufig sein (s. Abb. 50).

Tillmann Bendikowski möchte ich beipflichten, insofern er folgert, dass die nationale Einigung von 1871 nicht die langersehnte Erfüllung eines historischen Erbes war. In den Worten des Autors heißt es dazu sinngemäß, dass das neu begründete Reich mit dem mittelalterlichen Kaiserreich wenig gemeinsam gehabt hätte schon aufgrund der von den Hohenzollern etablierten Erbmonarchie. Im Gegensatz dazu gab es im Mittelalter ein Wahlkönigtum. Daran mochte man ganz offensichtlich nicht anknüpfen. Aber wie steht es mit der These, die nationale Einigung von 1871 sei nicht alternativlos gewesen?

Mit der jahrelangen Erfahrung der Okkupationspolitik Napoleons zu Beginn des 19. Jahrhunderts im Hintergrund ist die forcierte allgemeineuropäische Errichtung von Nationalstaaten nicht nur geradezu eine Modeerscheinung (Belgien, Griechenland, Italien) der Zeit gewesen, sondern vielerorts als eine unvermeidliche Notwendigkeit erkannt worden. Kleinstaaterei und Partikularismus, so dass vorherrschende Bewusstsein der im Deutschen Bund lebenden Menschen, hatten sich aufgrund eigener leidvoller Erfahrungen nachgewiesenermaßen als untauglich genug erwiesen, um weniger wohlgesonnenen Nachbarvölkern, die national und zentral organisiert waren, im Falle eines Falles entschieden Paroli bieten zu können.

51. Karte deutsches Kaiserreich ab 1871.

e.) Kaiser Friedrich III: Ein (fast) vergessener Herrscher

Als sein Vater Wilhelm I. an den Schalthebeln der Macht saß, ist im Rahmen der kleindeutschen Lösung 1871 das Kaiserreich gegründet worden, unter seinem Sohn Wilhelm II. ist es - keine fünfzig Jahre später - endgültig und unwiederbringlich untergegangen. Nicht unähnlich der römischen Geschichte, die auf ein problembehaftetes Vierkaiserjahr zurückblickt, in dem sich 69 n. Chr. der Flavier Vespasian, ein Karrieresoldat, schlussendlich gegenüber allen Widersachern (Galba, Otho, Vitellius) durchgesetzt hat, so kennt die deutsche Geschichte ein Dreikaiserjahr: 1888.

In diesem Jahr ist Friedrich III. für einen lediglich 99 Tage währenden Zeitraum als Kaiser herausragendster Repräsentant des noch jungen hiesigen Nationalstaats gewesen. Eine liberale Gesinnung ist ihm nachgesagt worden, so dass schon häufiger die berechtigte Frage aufgeworfen wurde (und im Rahmen kontrafaktischer Szenarien immer noch wird), ob denn mit Blick auf den ersten Globalkonflikt des 20. Jahrhunderts alles hätte anders kommen können, wenn nicht ein schwerwiegender Krankheitsverlauf ihn so früh, allzu früh aus der Bahn geworfen hätte? Der hell- und weitsichtige Altphilologe und Philosoph Friedrich Nietzsche hat seinen Tod als *großes entscheidendes Unglück für Deutschland* angesehen und gefolgert, dass die letzte Hoffnung auf eine freiheitliche Entwicklung hierzulande zu Grabe getragen worden sei. In einer noch im Todesjahr des Monarchen erschienen Biographie des Journalisten Ludwig Ziemssen hieß es voll von unverhohlener Bewunderung und wertschätzender Ehrerbietung gegenüber dem frisch Verschiedenen: *„(...) die Idealgestalt des gütigen, milden, ernsten, aufgeklärten Herrschers – so ist sein Bild der Seele seines Volkes tief und fest eingegraben."* Wer also war Friedrich III.?

Ein Leben in der Warteschleife oder der ewige Kronprinz

Am Jahrestag der Völkerschlacht von Leipzig ist er als preußischer Kronprinz Friedrich Wilhelm im Oktober 1831 in Potsdam im Neuen Palais geboren worden. Die Welt hatte sich seit den Tagen Napoleons mittlerweile erheblich verändert. Europa wurde durch das als Pentarchie bekannte System im Gleichgewicht gehalten, in der Mitte des Kontinents war als Ergebnis des Wiener Kongresses der Deutsche Bund, ein Staatenbund mit einer Vielzahl von Mitgliedern, ins Leben gerufen worden, und die Industrialisierung strebte hierzulande mit großen Schritten ihrem *"take off"*, einem beschleunigten Abheben, entgegen, das bald nach der Jahrhundertmitte erfolgen sollte. Der damit notwendigerweise einhergehende gesellschaftliche Wandel verlangte nach neuartigen politischen Antworten zu seiner verträglichen Bewältigung. Rezepturen wie sie der aufgeklärte Absolutismus des 18. Jahrhunderts zur Verfügung gestellt hat, taugten nicht mehr. Die großen Weltanschauungen des 19. Jahrhunderts wurden daher Konservativismus, Sozialismus und Liberalismus. Der Liberalismus deutscher Ausprägung hat bei allen Unterschieden im einzelnen seinen gemeinsamen Nenner im zunächst vergeblichen Streben nach Einheit und einer Verfassung gefunden.

Als Student der Rechtswissenschaften an der von seinem Großvater, dem preußischen König Friedrich Wilhelm III., gegründeten Rheinischen Friedrich-Wilhelms-Universität Bonn ist Kronprinz Friedrich Wilhelm mit liberalem Gedankengut in Kontakt gekommen. Zwischen 1850 und 1852 hat er hier vor Ort Vorlesungen beim alten, kurz vor der Emeritierung stehenden Ernst Moritz Arndt, dem Verfasser von *"Was ist des Deutschen Vaterland?"*, und beim Historiker Friedrich Christoph Dahlmann, bekannt geworden als einer der *Göttinger Sieben*, besucht. Sowohl Arndt als auch Dahlmann sind als Leitfiguren der nationalliberalen Bewegung anzusehen.

Als zweite Quelle dieser die menschliche Freiheit schätzenden Denkungsart und Lebenseinstellung sind speziell die intensiven Beziehungen zum britischen Königshaus ausgemacht worden. 1851 ist die vom aus Coburg stammenden Prinz Albert, dem Ehemann von Queen Victoria, organisierte erste Weltausstellung im Londoner Crystal Palace von mehreren interessierten Angehörigen der Dynastie der Hohenzollern besucht worden. Der preußische Kronprinz hat bei dieser Gelegenheit nicht nur die älteste Tochter des Herrscherpaares kennen und schätzen gelernt. Victoria (in adelstypischer Verkürzung "Vicky" genannt) und Friedrich Wilhelm heirateten sogar sieben Jahre später. Es ergab sich darüber hinaus ein nicht nur oberflächlicher Kontakt zu Prinz Albert. Eine Vielzahl noch heute erhaltener Briefe gibt uns Einblicke in den sorgsam gepflegten persönlichen Austausch der beiden. In einem der Briefe – heute in den Royal Archives von Windsor befindlich - kann man die an Friedrich Wilhelm gerichtete mahnende Einschätzung lesen, *"Preußen muss erst moralisch Herr von Deutschland sein, ehe es in Europa sein Haupt erheben kann"*, was *"nicht durch plötzliche Entschlüsse, (...) sondern durch eine lange selbstbewusste, consequente, muthige, echt deutsche und durchaus liberale Politik"* geschehe. So sympathisch Prinz Albert ganz allgemein durch die oftmals in seiner Lebenspraxis zum Ausdruck kommende Humanität gewesen sein mag - von ihm stammen die ersten Entwürfe für feuerfeste mit Wasserleitungen versehene Arbeiterwohnungen und er präsidierte der Gesellschaft für die Abschaffung der Sklaverei -, so manchem altgedienten konservativen Berater im Umfeld des kronprinzlichen Vaters - zugleich Monarch - war die von Angehörigen der preußischen Herrscherdynastie zu den britischen Inseln gepflegte persönliche Beziehung zutiefst suspekt, da zu viele Interna in falsche Hände zu geraten drohten; es wohl auch sind.

Nachdem dargelegt worden ist, dass Friedrich Wilhelm auf mindestens zwei Ebenen liberalen Ansichten begegnet ist, bleibt die Frage bestehen, inwiefern sie irgendeine Relevanz in seinem Leben gehabt haben. Sind sie zudem mit einem erfolgreichen Militärführer, der 1866 bei Königgrätz das schlachtentscheidende Manöver mit seiner zweiten Armee durchgeführt hat, widerspruchsfrei in Übereinstimmung zu bringen?

52. Kronprinz Friedrich Wilhelm und Victoria 1858. Doppel-Porträt im Oval.

Positionen im Antisemitismusstreit und im Kulturkampf

Gegen Ende der 1870er Jahre begann eine kontrovers geführte Debatte die Gemüter im seit einigen Jahren

258

bestehenden Kaiserreich zu erhitzen. Die Rede ist vom berüchtigten Antisemitismusstreit, der in wirtschaftlich schwierigem Umfeld, angeheizt von Wortführern wie dem Journalisten Wilhelm Marr, dem Theologen und Hofprediger Adolf Stoecker und dem seinerzeit überaus prominenten Historiker Heinrich von Treitschke (auf ihn haben sich später als *spiritus rector* die Nationalsozialisten berufen), immer weitere Kreise zog. Im Kern ging es um die Frage, inwieweit die Emanzipation der jüdischen Minderheit in Staat und Gesellschaft weiter vorangebracht werden sollte oder eben nicht. Eine an den Reichskanzler Otto von Bismarck gerichtete Petition, die mehr als 250.000 Unterschriften aufwies, verlangte in diesem Zusammenhang die Rücknahme wesentlicher Gleichstellungsgesetze. Kronprinz Friedrich Wilhelm hat dazu mehrfach Gegenpositionen vertreten, unter anderem als er im Januar 1881 öffentlich erklärte, dass er antisemitische Handlungen aufs Äußerste missbillige und verwerfe und dass *"sein Gefühl durch die Hineintragung der judenfeindlichen Tendenzen in die Schule und in die Hörsäle am meisten verletzt sei."*

Gänzlich andere Positionen des Thronfolgers erleben wir jedoch einige Jahre zuvor im von Bismarck gegen katholische Kirche und Bevölkerung - wiederum aufs Ganze gesehen eine Minderheit - gerichteten Kulturkampf. Wie vehement dabei staatlicherseits zu Werke gegangen wurde, zeigt ein kurzer Überblick über die in diesem Zusammenhang 1873 verabschiedeten Gesetze, die sogenannten Mai-Gesetze. Ihnen zufolge durfte kein Geistlicher mehr ohne Zustimmung der Staatsbehörden angestellt oder versetzt werden, wobei für die Besetzung eines geistlichen Amtes eine Anzeigepflicht galt. Wer hingegen aus der Kirche austreten wollte, brauchte zukünftig nur noch eine einfache Erklärung vor einem Richter abgeben. Verständlicherweise weigerten sich die katholischen Bischöfe die einen massiven, nachhaltigen Eingriff in innerkirchliche Belange bedeutenden Mai-Gesetze anzuerkennen. Dadurch wurde Reichskanzler Bismarck zu einer weiteren Verschärfung des legislativen Maßnahmenkatalogs angetrieben. Als *ultima ratio* des Staates wurden nunmehr Ausbürgerung von Geistlichen und Streichung finanzieller Zuwendungen an die Kirche angedroht, sofern man sich nicht auf die Beachtung der Mai-Gesetze verpflichten wollte.

Wenn wir heute briefliche Miteilungen Friedrich Wilhelms zum Thema zur Kenntnis nehmen, *"Wir können und dürfen nicht zurück, nachdem wir es soweit gebracht haben; nachdem Pius IX. durch seine Enzyklika uns offen den Krieg erklärt (...), ist ein Paktieren nicht mehr denkbar,"* so erscheinen die darin getroffenen Statements alles andere als liberal. Seit jedoch auf dem Vatikanischen Konzil 1870 das Dogma der päpstlichen Unfehlbarkeit in Glaubensfragen verkündet worden ist, gehörte es für Liberale gewissermaßen zum guten Ton, gegen die darin enthaltene gegen alle Wissenschaft gerichtete Aufklärungsfeindlichkeit aufzubegehren.

Wäre also vieles anders, manches in einem freiheitlichen Sinne besser geworden, wenn Friedrich III. nicht nur 99 Tage lang, sondern 10, 15 oder 20 Jahre Kaiser geblieben wäre? Der Historiker Frank Lorenz Müller hat, wie ich finde, überzeugend darauf verwiesen, dass Friedrich III. fraglos ein Produkt wie Bestandteil der Gesellschaft, Kultur und Politik seiner eigenen Zeit gewesen sei. Keineswegs ein beziehungsloser Außenseiter. Insofern würden Versuche, die es durchaus gegeben hat, ihn als untypischen preußischen Hohenzollern zu charakterisieren, ihm nicht wirklich gerecht werden. Trotz des Lebens als Kronprinz in jahrzehntelanger Warteschleife einschließlich der damit verbundenen Spannungen und Frustrationen. Bis dann endlich das Zepter übernommen werden durfte. Sein durch die britische Ehefrau und den Schwiegervater beeinflusster Liberalismus hat gleichwohl dem hierzulande verankerten Nationalliberalismus sehr nahe gestanden, was ihn noch längst nicht zur legendenhaft überhöhten Gestalt macht, die der deutschen Nation so unendlich viel Leid erspart hätte. Wohl niemand würde genauso wie bei seinem Vater, Kaiser Wilhelm I., ein robustes Verständnis der preußischen Staatsräson bei Friedrich III, in Frage stellen.

Die ihn schließlich dahinraffende schwere Krankheit ist in der Öffentlichkeit mit viel Anteilnahme und Mitgefühl bedacht worden. Überaus populär ist *„unser Fritz"* bei seinen Landsleuten, deren Herzen er zu erreichen verstand, immer gewesen. – Und viele Jahrzehnte lang geblieben!

53. Friedrich III, deutscher Kaiser und König von Preußen im Dreikaiserjahr 1888.

f.) Der Gründerkrach 1873: Ökonomische Verwerfungen im noch jungen deutschen Kaiserreich

"Glücklich ist, wer vergisst, was doch nicht zu ändern ist!"

So heißt es in der im April 1874 im Theater an der Wien uraufgeführten komischen Operette *"Die Fledermaus"* von Johann Strauß, dem allseits als Walzerkönig bekannten Komponisten. Wegen Beamtenbeleidigung ist es dem Rentier Gabriel von Eisenstein auferlegt worden, eine mehrtägige Haftstrafe anzutreten. Doch die allgemeine Hochstimmung, Champagnerlaune und eskapistische Neigungen obsiegen. Erst muss noch rasch ein rauschendes Fest beim Prinzen Orlofsky besucht und ausgiebig gefeiert werden.

Dabei hatten die an der Börse der Donaumetropole aktiven Kapitalanleger und Spekulanten in Wirklichkeit gerade erst einen gehörigen Dämpfer erlitten. Als *Schwarzer Freitag* ist der 9. Mai 1873 mit 120 Insolvenzen an nur einem einzelnen Tag in die Geschichte der seit 1867 bestehenden kaiserlichen und königlichen Doppelmonarchie Österreich-Ungarn eingegangen. Die Kursverluste der Aktien waren derart drastisch, dass die Börse um 13.00 Uhr sogar von der Polizei geschlossen werden musste. Wenige Tage zuvor wurde das für so manchen schicksalhafte Geschehen in Gang gesetzt, als die Franco-Ungarische Bank eine Sonderdividende wohl zugesagt, dann aber nicht ausbezahlt hatte. Daraufhin setzten bereits einige Turbulenzen ein, und ein schier unaufhaltsamer immer weitere Kreise ziehender Vertrauensverlust in das reibungslose Funktionieren der Finanzmärkte war die Folge. Und dabei hatte man sich so viel vorgenommen. Die Anfang Mai 1873 im festlichen Rahmen von Kaiser Franz Joseph I. persönlich in Wien mit viel Pomp eröffnete Weltausstellung, die erste im deutschsprachigen Raum überhaupt, sollte das Publikum nicht zuletzt davon überzeugen, dass es in einem wohlgeordneten und fortschrittlichen Staatswesen leben würde oder im Fall von ausländischen Besuchern in einem solchen zu Gast sei. Die sieben Jahre zuvor bei Königgrätz gegen die Preußen erlittene Schmach hätte durch eine beeindruckende Präsentation und gelungene Selbstdarstellung getilgt, mindestens erheblich abgeschwächt werden können.

Stattdessen: ein Börsencrash. Der Gründerkrach und die sich daran anschließende sogenannte Gründerkrise waren bei weitem keine ausschließlich lokal beschränkten, die Wirtschaftsstimmung und -lage nachhaltig beeinträchtigenden Ereignisse. In Wien nahmen sie nur ihren Anfang. Vielmehr zeigte sich schon sehr bald eine internationale Dimension, wie sie im September 1873 auch in New York an den dortigen massiven Kursverlusten und am Zusammenbruch der vor allem den Eisenbahnbau finanzierenden Bank Jay Cooke & Company sichtbar geworden ist.

54. *Schwarzer Freitag an der Wiener Börse im Mai 1873: Aufgeregtheit und Turbulenzen bei den verunsicherten Anlegern.*

Im deutschen Kaiserreich

Die Erschaffung des deutschen Nationalstaats im Januar 1871 lag da noch keine drei Jahre zurück. Bekanntermaßen war es die Österreich ausschließende *kleindeutsche* Lösung mit einem übermächtigen, nahezu zwei Drittel des Reichsgebiets umfassenden Preußen als Zentrum, die sich als Ergebnis der drei Einigungskriege herausgeschält hat. Frankreich als Gegner des letzten und entscheidenden Waffengangs war mit dem Frieden von Frankfurt nicht nur zur Abtretung von Elsass und Lothringen, sondern ebenso zur Zahlung von Reparationen in Höhe von 5 Milliarden Francs verpflichtet worden. Zusätzliche Liquidität flutete in der Folge die Kapitalmärkte.

55. Adelbert Delbrück (1822 – 1890), einer der Gründer der Deutschen Bank im Jahr 1870.

Das ökonomische Geschehen in den frühen 1870ern war noch eindeutig von den sich in Richtung Freihandel bewegenden wirtschaftsliberalen Vorstellungen des 1834 zu Zeiten des Deutschen Bundes gegründeten Zollvereins bestimmt. Dazu passen die 1870 vorgenommene weitgehende Liberalisierung des Aktienrechts und die Abschaffung der Konzessionspflicht für Aktiengesellschaften. Großbanken mit Tausenden von Angestellten sind in der Zwischenzeit entstanden: Deutsche Bank, Dresdner Bank, Darmstädter Bank, Disconto-Gesellschaft, Berliner Handelsgesellschaft, um nur einige zu nennen. Die enormen Gewinnmöglichkeiten, die sich potenziell aus Börsengängen ergeben, wurden von den *Herren des Geldes* zielsicher erkannt. Auch die Risiken. Um die eigenen Risiken zu minimieren, verfiel man auf die Idee der Gründung von Makler- oder Aktienbanken. Sie entsprachen ziemlich genau den heute als Investmentbanken bekannten Instituten. Einer ihrer Hauptzwecke bestand darin, Unternehmen als Aktiengesellschaften an die Börse zu bringen. Und sie taten es. Zwischen 1871 und 1873 entstanden im Deutschen Reich 938 Aktiengesellschaften mit einem Nominalkapital von 2,75 Milliarden Mark.

Wie gewaltig die Veränderungen damals - auch im Vergleich zu heute - gewesen sein müssen, wird augenfällig, wenn man sich vergegenwärtigt, was Golo Mann in seiner *„Deutschen Geschichte des 19. und 20. Jahrhunderts"* schon vor etlichen Jahren betont hat. Während es auf deutschem Territorium um 1830 vier Fünftel der Einwohner waren, die auf dem Lande und von der Landwirtschaft lebten, waren es 1860 drei Fünftel und 1882 lediglich noch zwei Fünftel. Landflucht der agrarisch geprägten Bevölkerung in die rasch anwachsenden urbanen Zentren der Industrialisierung, um hier vermeintlich bessere Arbeits- und Lebenschancen wahrzunehmen, war das große Thema der Zeit. Für die Hauptstadt Berlin bedeutete dies laut Daten der Volkszählungen im Jahr 1800 eine Einwohnerzahl von 172.000, im Jahr 1852 438.000 und für 1871 826.000, also fast eine Verfünffachung gegenüber dem Jahrhundertbeginn.

Man kann leicht erahnen, dass es - milde ausgedrückt - nicht spannungsfrei zugegangen sein kann. Dass sich in dem Maß, wie das Geld nach Berlin floss, das Gesicht der Stadt verändert hat und dergestalt zum Spiegel der sozialen Widersprüche einer neuen Ordnung wurde. Oder wie Fritz Stern es so treffend beschrieben hat: *„Verwirklichte Kapitalistenwünsche ließen Berlin aufschwellen, und es wurde eine Stadt der Extreme: die Reichen bauten sich im Westen ihre Paläste, die Armen hausten in den Mietskasernen des Proletariats. Geschmackloser Prunk kontrastierte hart zu armseliger Schönheit. In Neu-Berlin gab es keine Harmonie der Klassen und keine der Baustile."* Einem anderen namhaften Historiker, Friedrich Meinecke, verdanken wir folgende Beschreibung der Zeit nach der Gründung des Deutschen Reichs: *"Gröbere Züge materieller und egoistischer Art begannen das geistige und politische Leben der Nation seit 1870 zu verunstalten (...) Wir denken mit Beschämung heute zurück an den ordinären Rausch der Gründerzeit, an den ahnungslosen Uebermut, mit dem ein trivialer Liberalismus den Kulturkampf führte, an so mancherlei Kurzsichtigkeit und Hartherzigkeit, mit der man den freilich oft maßlos roh sich äußernden Ansprüchen des vierten Standes begegnete; und nicht in*

letzter Linie trauerten wir über den ästhetischen Stumpf-
sinn, mit dem man es ertrug, dass das alte, liebe, beschei-
den-feine Deutschland unserer Jugendzeit, der stille Reiz
unserer alten Städte, Gärten und Hausgeräte dem billigen
Putze der Massenindustrie und des Massengeschmackes
zum Opfer fielen." In jener Zeit erbaute, im Eigentum eines wohlsituierten Bürgertums befindliche mehrstöckige
Stadthäuser, soweit sie denn die Verwüstungen des 2.
Weltkriegs unbeschadet überstanden haben, spiegeln in
ihrem architektonischen Aufbau wenigstens ausschnitts-
weise immer noch die damals gültige gesellschaftliche
Hierarchie wider. Der großzügigste Wohnungszuschnitt
einschließlich der höchsten Decken war dem 1. Stockwerk, der Beletage, vorbehalten. Je weiter es nach oben
bis hin zu den bescheidenen, mit kleinen Fenstern versehenen Dachmansarden ging, desto weniger vornehm
wurde es, hatte wer hier lebte, ein weniger gutes Los ge-
zogen. Nicht nur, was das mühselige und beschwerliche
Hochschleppen der Kohle im Winter zu Heizzwecken be-
traf.

Überhitzte Industrie, überhitzte Börsen

England ist das Mutterland der Industrialisierung. Hier
hatte in den 1780er Jahren eine vor allem von der in den
Midlands ansässigen Bekleidungsindustrie getragene Entwicklung eingesetzt, der mit einigen Jahrzehnten Verzögerung die industrielle Revolution in deutschen Landen
nachfolgte. Zum *Take-off*, dem beschleunigten Abheben
in der Terminologie des US-amerikanischen Ökonomen
und Wirtschaftshistorikers Walt Rostow, ist es hier nach

269

allgemeiner Auffassung erst in den 1840er Jahren gekommen, und zwar hauptsächlich in der Eisen- und Stahlindustrie, dem Steinkohlebergbau und dem Maschinenbau. Der Gründerkrach im Deutschen Reich hat seinen Anfang spätestens mit der Insolvenz der Quistorpschen Vereinsbank im Oktober 1873 genommen, die Aktienkurse in Berlin hatten ihre Höchststände bereits zuvor gen Süden verlassen und fielen weiter. Viele Kleinanleger wurden Opfer eines allzu leichtfertigen, allzu spekulativen Anlegerverhaltens. Dennoch ist die nunmehr einsetzende erhebliche wirtschaftliche Abschwächung nicht nur auf eine Spekulationskrise an der Börse und auf den Immobilienmärkten zurückzuführen, sondern ebenso auf eine Überproduktionskrise des schwerindustriellen Führungssektors. Die sprunghafte Ausdehnung der Produktionskapazitäten führte hier im Ergebnis zu Überproduktion, was wiederum die Preise etwa für Eisen und Kohle Ende 1873 einbrechen ließ. Tausende Fabrikarbeiter wurden infolgedessen entlassen, die soziale Lage verschärfte sich.

Es sollte mehrere Jahre bis 1879 dauern, bevor sich die Lage wieder stabilisierte. Für Reichskanzler Bismarck begründeten die unlängst erlittenen unangenehmen Erfahrungen eine Abkehr von den wirtschaftsliberalen Ideen des Freihandels zugunsten einer protektionistischen Schutzzollpolitik. An die Fabrikarbeiterschaft insgesamt wurde die schrittweise eingeführte Sozialgesetzgebung adressiert, schließlich konnte damit und mit den Sozialistengesetzen der Aufstieg der Sozialdemokratie vorerst unterbunden werden. Die damals eingeführten und noch in unserer Gegenwart nicht nur einen wichtigen Baustein,

sondern den Kernbestand sozialer Sicherungssysteme abgebenden Unfall-, Alters- und Krankenversicherungen
stehen für erfolgreiche staatliche Krisenintervention und
uneingeschränkt positive Relikte einer sich zunehmend
weiter entfernenden, immer mehr verblassenden Epoche, derjenigen der deutschen Kaiserzeit.

g.) Kulturkampf

Päpstliches Selbstverständnis

Nachdem Gregor XVI. am 1. Juni 1846 verstorben war, bestimmte das alsbald zusammengetretene Konklave nach rascher Entscheidung den aus einer adeligen Familie in der Nähe von Ancona an der Adria stammenden vierundfünfzigjährigen Kardinal Giovanni Maria Mastai Ferretti zu dessen unmittelbaren Amtsnachfolger. Wer auch immer den Pontifikat als Erbe des in Rom während der Herrschaft des sinistren Nero tapfer das Martyrium erduldenden Apostelfürsten Petrus, ob nun in ununterbrochener Sukzession oder eben nicht, bekleidet hatte, niemand war länger als 31 Jahre Papst als der relativ jung ins Amt gelangte Pius IX. Jedenfalls bisher nicht.

Was Pius IX. angetrieben und motiviert hat, was ihm wichtig erschien, wird bereits anhand des ersten von ihm am 9. November 1846 publizierten päpstlichen Lehrschreibens, der Antrittsenzyklika *„Qui pluribus"*, deutlich. Pointiert wird darin – ein Novum – gegen den allmählich an Boden gewinnenden Kommunismus Stellung bezogen. Als abscheuliche, dem Naturrecht geradezu entgegengesetzte Irrlehre wird vor ihren verderblichen Folgen in Form eines radikalen Umsturzes der Rechte, ja der schadenbringenden Auswirkungen für die menschliche Gesellschaft überhaupt aufgrund der beabsichtigten Sozialisierung von Besitz und Eigentum gewarnt. Noch systematischer, mit weiterreichenden Intentionen gegen den verderblichen Einfluss der Moderne ist Papst Pius IX. dann im *„Syllabus errorum"*, dem Anhang zur achtzehn Jahre später veröffentlichten Enzyklika *„Quanta cura"* vorgegangen. Insgesamt 80 Thesen sind in diesem *„Verzeichnis der Irrtümer"* innerhalb von zehn Paragraphen subsumiert worden. Thematisch aufgespannt zwischen § 1 *„Pantheismus, Naturalismus und absoluter Rationalismus"* über § 5 *„Irrtümer über die Kirche und ihre Rechte"* bis zu § 10 *„Irrtümer, welche sich auf den Liberalismus unserer Tage beziehen"*.

Einer der grundlegenden Irrtümer der modernen Welt besteht demnach in der ketzerischen Behauptung (§ 1, 3): *„Die menschliche Vernunft ist ohne irgendwelche Rücksicht auf Gott der einzige Schiedsrichter zwischen Wahr und Falsch, Gut und Böse: sie ist sich selbst Gesetz und reicht hin, durch ihre natürlichen Kräfte das Wohl des Menschen und der Völker zu begründen:"* Völlig daneben ist es auch ernsthaft die zutiefst fehlgeleitete Ansicht zu vertreten (§ 5, 26): *„Die Kirche hat kein angeborenes und legitimes Recht auf Erwerb und Besitz."* Oder (§10, 80): *„Der römische Papst kann und muss sich mit dem Fortschritt, dem Liberalismus und der modernen Zivilisation versöhnen und vergleichen."*

Fortschrittliche Konzeptionen wie diejenige vom modernen Staat und dem ihm immanenten Führungs- und Erziehungsanspruch gegenüber der innerhalb seiner Grenzen lebenden Bevölkerung, einer sich nach allgemeinem Dafürhalten für korrekt befundenen Erkenntnissen der Wissenschaft, insbesondere den aufstrebenden Naturwissenschaften, unterordnenden Religion oder Forderungen nach Religionsfreiheit waren damit kompromisslos vom Tisch gefegt.

Dass eine derartige explizite Rückwärtsgewandtheit des mit reizbarer Emotionalität ausgestatteten römischen Oberhirten nicht nur unter protestantischen und orthodoxen Anhängern der christlichen Glaubensgemeinschaft Widerstand anfachte, ist naheliegend. Indessen schien umstürzlerisches revolutionäres Geschehen, das in Italien vor allem in Palermo, Mailand und Venedig vehement um sich griff, allzu weit gespannten geistlichen Ambitionen zunächst ein Ende zu bereiten, da im Februar 1849 die weltliche Herrschaft des Papstes einstweilen für beendet erklärt und in Rom die Republik ausgerufen worden ist. Doch das katholische Frankreich in Gestalt der Truppen Louis Napoléons eilte zu Hilfe, machte sich schon Anfang Juli 1849 vorübergehend zum Herrn über die Tibermetropole, so dass Pius IX. im April des folgenden Jahres zwar ergraut und ob des Geschehenen ernüchtert, aber ansonsten unbeschadet mit ungebrochenem Tatendrang zurückkehren konnte.

Eine überzeugende theologische Antwort auf die vorausgegangenen Ereignisse war zu finden. Ergebnis war die enorme Aufwertung, die die Gottesmutter Maria zukünftig erfuhr. Am 8. Dezember 1854 wurde von Pius IX. in diesem Sinne zum Dogma erhoben, dass die Gottesgebärerin Maria selbst durch göttliche Gnade ohne den Makel der Erbsünde empfangen worden sei. Einer unkritisch allzu wissenschaftsgläubigen, den Philosophen der

Aufklärung wie dem unaufhaltsamen menschlichen Fortschritt anhängenden Welt wurde damit vermeintlich Gottes Allmacht vor Augen geführt. War er es doch, der zu jeder beliebigen Zeit an jedem beliebigen Ort die in der Theorie bestehenden Naturgesetze nach eigenem Ermessen aufheben konnte. Wiederum sollte der gebürtige Pisaner Galilei, mit ihm das heliozentrische Weltbild an die zweite Stelle treten. Gleichsam wie zur Bestätigung des neu belebten Wunderglaubens ist 1858 der damals vierzehnjährigen Bernadette Soubirous in Südfrankreich mehr als einmal eine weiß gekleidete Frau erschienen. Abertausende Gläubige strömen seitdem alljährlich nach Lourdes in die Mariä-Empfängnis-Basilika.

Was der *„Syllabus errorum"* und das Dogma der Unbefleckten Empfängnis vorbereitet hatten, wurde während des am 8. Dezember 1869 feierlich eröffneten Vatikanischen Konzils nicht nur bekräftigt, sondern auf eine neuartige Ebene erhoben. Nachdem es zunächst um die Erörterung von Fragen wie derjenigen des zueinander bestehenden Verhältnisses von Glauben und Wissenschaft ging, wobei dem Glauben das höhere Erkenntnisvermögen zugestanden wurde, war es am 18. Juli 1870 so weit. Die Abstimmung über die päpstliche Unfehlbarkeit, die sogenannte *infallibilitas*, stand auf der Tagesordnung. Seitdem gilt die mit der vollen apostolischen Autorität (*ex cathedra*) verkündete Lehre des Papstes in sämtlichen Fragen des Glaubens und der Sittenlehre als unfehlbar und unwiderruflich. Und ist damit für alle Angehörigen des römisch-katholischen Glaubens unbedingt verbindlich. Wer sich mit dem Gedanken partout nicht anzufreunden vermochte, wie die altkatholischen Kirchen bzw. deren nahe Ableger in Deutschland, Österreich und der Schweiz, spaltete sich ab. Doch was sollten gläubige Katholiken in Zukunft tun, wenn der Papst kraft der ihm zugebilligten Kompetenz die Ehegesetzgebung oder die Sittengesetze eines Staates anprangerte. Das Gesetz brechen oder auf das persönliche Seelenheil verzichten?

Freilich sollten über derartigen Erwägungen handfeste machtpolitische Kategorien in Form von Landbesitz – der wohl unbestritten wichtigsten Währung, die die Geschichte kennt - nicht gänzlich aus dem Blickfeld geraten. Die Rede ist vom bis 1870 bestehenden Kirchenstaat, jenem weite Teile Mittelitaliens umfassenden territorialen Gebildes mit dem Papst als maßgeblichem, seit alters her mit dem zweifachen Primat (innerkirchlich und weltlich) versehenen Herrscher. Im 8. Jahrhundert während des Frühmittelalters gelangten ehemals langobardische Gebiete sowie das vormals zu Byzanz, noch früher zum Oströmischen Reich, zugehörige Exarchat von Ravenna durch die juristisch fragwürdige Pippinische Schenkung in römisch-katholische Hände. Eine großzügige Gabe der aufstrebenden Karolinger. Und bildeten die bedeutendste je vorgenommene Ergänzung der bis dahin überschaubar umfangreichen, unter der Bezeichnung *Patrimonium Petri* bekannt gewordenen Ländereien des römischen Bischofs.

Der erst kurz zuvor neu gegründete italienische Nationalstaat unter König Viktor Emanuel II. eignete sich jedoch 1870 den Kirchenstaat, einen Stachel im Fleisch bzw.

Störfaktor im monarchischen Staatsgebilde, kurzerhand an. Was gewiss mit erheblicheren Schwierigkeiten behaftet gewesen wäre, wenn nicht die traditionellen katholischen Schutzmächte, das habsburgische Österreich nach Königgrätz 1866 und das französische Kaiserreich Napoleons III. nach Sedan 1870, ihre vorher mit aller gebotenen Ernsthaftigkeit ausgefüllte Rolle weiterhin machtvoll hätten einnehmen und ausfüllen können Bekanntermaßen haben sich die Dinge anders entwickelt. Und zwar im Sinne des protestantischen Preußen, das eindeutig die Vorrangstellung im am 18. Januar 1871 proklamierten deutschen Nationalstaat und Kaiserreich – überhaupt im kontinentalen Mitteleuropa - eingenommen hat. Es war am Ende des Tages die *„kleindeutsche"* Lösung unter Ausschluss Österreichs, die obsiegte. Die hier lebenden Katholiken, vor allem in Bayern, Baden, dem Rheinland und in Westfalen, waren, ob sie wollten oder nicht, auf den Status einer relevanten religiösen Minderheit zurückgeworfen worden.

Wie würde sich die religiöse Minorität insgesamt, wie ihre exponiertesten Vertreter politisch im neuen Staatsgebilde verhalten? Würde man im Sinne des Gemeinwesens mitarbeiten oder sich auf eine oppositionelle Rolle im Parlament, dem Reichstag, zurückziehen?

Der Papst jedenfalls, dem per Gesetz vom Mai 1871 Besitzrechte über Liegenschaften wie den Petersdom und Lateranpalast neben weiteren Zugeständnissen staatlicherseits in einem Akt der zeitnah erfolgten Reue erneut zuerkannt wurden, übte sich vorerst in Verzicht. Die

277

selbstgewählte *„vatikanische Gefangenschaft"* währte schließlich mehrere Jahrzehnte. Bis 1929 in den mit Mussolini abgeschlossenen Lateranverträgen Abhilfe geschaffen wurde.

Die Zentrumspartei

Die maßgeblichen politischen Strömungen des 19. Jahrhunderts Liberalismus, Konservativismus und Sozialismus waren zuerst da. Ihnen entsprechende Parteien einschließlich aussagekräftiger, inhaltlich auf belastbare Forderungen, auf markante Themen setzende Programme folgten erst später nach. In diesem Sinne gilt die vorwiegend dem liberalen Spektrum zuzuordnende *Deutsche Fortschrittspartei*, am 6. Juni 1861 von nach dem Dreiklassenwahlrecht bestimmten Volksvertretern des preußischen Abgeordnetenhauses gegründet, als Neuland.

Ebenso als Kind der Zweiten Kammer des Preußischen Landtags darf man die am 13. Dezember 1870 von 48 Mitgliedern des preußischen Abgeordnetenhauses vorgenommene Etablierung der Fraktion des Zentrums mit Fug und Recht bezeichnen. Erster Vorsitzender wurde der Karrierediplomat Karl Friedrich von Savigny, Sohn eines weithin berühmten Juristen. Ebenfalls aktiv an der Gründung der Zentrumspartei beteiligt war der Mainzer Bischof Wilhelm Emmanuel von Ketteler, dem wir überdies instruktive Einsichten in die weiter oben angesprochene Verschiebung der konfessionellen Gewichte hierzulande verdanken: *„Wenn wir im öffentlichen Leben ohne Macht und Einfluss dastehen, haben wir von unseren Gegnern*

278

alles zu befürchten, und zwar umso mehr, als wir mit dem Ausscheiden Österreichs aus dem Deutschen Reiche zehn Millionen Katholiken verloren haben und jetzt nurmehr ein Drittel der Gesamtbevölkerung ausmachen, während wir früher mehr als die Hälfte bildeten."

Was die Zentrumspartei inhaltlich wollte, darüber informieren erste Programme wie diejenigen von Essen vom Juni 1870 oder Soest vom Oktober 1870. Noch vor der Reichsgründung zeichnen sich hier Ansätze einer überkonfessionellen, in Kategorien des Gemeinwohls sich bewegenden Sozialpolitik ab. In diesem Sinne ging es dem Zentrum auch um eine gerechtere Verteilung der Steuerlast und die Beseitigung von sozialen Missständen. Eindeutiger in Richtung eines politischen Katholizismus wirkten hingegen Forderungen nach dem Erhalt von Konfessionsschulen und der kirchlichen Schulaufsicht.

Dass es sich bei alledem **nicht** um die Positionen von Außenseitern ohne jegliches politisches Gewicht gehandelt hat, darüber geben die Stimmanteile des Zentrums bei den ersten Reichstagswahlen Auskunft. 1871 ist man auf 18,6 %, 1874 auf 27,9% und 1877 auf 24,8% der abgegebenen Stimmen gekommen. Noch bei den ersten Wahlen im neuen Jahrhundert konnte man 1903 19,8% an nach wie vor stabilen Zustimmungswerten für sich verbuchen. Daraus folgt, dass in den ersten drei Jahrzehnten der Existenz der Partei zwischen einem Fünftel und gut einem Viertel aller Wahlberechtigten dem Zentrum stets ihre Stimme bei Reichstagswahlen gegeben haben.

Insofern ist es durchaus naheliegend von einer stände- und klassenübergreifenden Volkspartei zu sprechen. Einer Partei, der es nicht nur um Klientelinteressen gegangen sein kann, die überdies vom Bauern bis zum Adeligen wählbar gewesen ist. Und dennoch ist das Zentrum immer die Partei der katholischen Bevölkerung geblieben. Einer Bevölkerung, die in der historischen Forschung eher als ländlich-kleinstädtisch, als bäuerlich-handwerklich und weniger als bildungsbürgerlich-akademisch oder unternehmerisch-wirtschaftsbürgerlich angesprochen worden ist.

Die erste wichtige politische Forderung, die Vertreter der Zentrumspartei genau einen Monat nach der Reichsgründung noch im Hauptquartier von Versailles gegenüber Bismarck erhoben haben, war nun ausgerechnet diejenige nach der Wiederherstellung der weltlichen Herrschaft des Papstes. Es hat sich daran wenige Wochen später ein Antrag der Reichstagsfraktion angeschlossen, demzufolge in die Reichsverfassung die Zusicherung der Freiheit der Religionsausübung und das Recht der kirchlichen Selbstverwaltung aufzunehmen sei.

„Nach Canossa gehen wir nicht."

Die Erzählung vom exkommunizierten König Heinrich IV., der sich schweren Herzens im Winter 1076/77 auf den Weg zur Höhenburg von Canossa gemacht hat, gehört zu den bekannteren Episoden des Hochmittelalters. Hier vor Ort am Rande des Appenins zwischen Bologna und Parma war seitens des römisch-deutschen Königs gegenüber

Papst Gregor VII. Abbitte zu leisten, damit dieser ihn vom schmachvollen Bannfluch erlöste. Eine ganz wesentliche Voraussetzung, um wieder über vollständige Handlungsfreiheit zu verfügen. Der Empfang der heiligen Kommunion aus der Hand des Papstes und ein anschließendes Versöhnungsmahl sollen die vorherigen Zwistigkeiten ausgeräumt und friedlich beendet haben.

Szenenwechsel. Zur Revitalisierung der Canossa-Episode ist es knapp 800 Jahre später im Mai 1872 im Reichstag durch den ersten Reichskanzler mit den vielzitierten Worten, *„Nach Canossa gehen wir nicht,"* gekommen. Da es angesichts des erst kürzlich dem Papst verloren gegangenen Kirchenstaates (s. o.) mitnichten darum zu tun gewesen sein kann, dem kraftstrotzenden deutschen Nationalstaat lediglich eine mit König Heinrich IV. vergleichbar bescheidene Machtbasis zuzugestehen, müssen zwingend andere glaubwürdigere Faktoren im Vordergrund gestanden haben.

Außer Frage steht: Bereits im Zeitalter des Absolutismus, im 17. und 18. Jahrhundert, ist es in mehr als einer Beziehung zu erheblichen qualitativen Veränderungen im Sinne von gesteigerten Aktivitäten und organisatorischen Verbesserungen auf staatlicher Ebene in Europa gekommen (s. S. 12). Gleichwohl hat es sich im Vergleich zu dem, was nunmehr im 19. Jahrhundert - mit dem wohlfeilen Etikett des *Nationalen* versehen - heraufzog, um kaum mehr als bloße Nachtwächterstaaten gehandelt. Der sich später etablierende, in die Belange seiner Staatsbürger*innen allüberall (z. B. beim Ausüben der Schulaufsicht) einmischende moderne Interventionsstaat ist dagegen von einer neuen Qualität gewesen. Damit ist nicht die Einmischung eines Staates in die Angelegenheiten eines anderen Staates gemeint, also die sehr spezielle völkerrechtliche Ebene betroffen, sondern allein die innenpolitische. Hier bezeichnet der gebräuchliche Begriff des Interventionsstaates den Versuch, die wirtschaftlichen und gesellschaftlichen Belange eines Staates mit gezielten Interventionen absichtsvoll zu gestalten bzw. die offensichtlich vorhandenen sozialen und ökonomischen Probleme durch staatliche Eingriffe systematisch zu lösen.

Den gegebenen Anlass für ein erstmaliges kulturkämpferisches Engagement und anschließendes aktives Eingreifen der hiesigen staatlichen Exekutive im Zusammenhang mit der kontrovers geführten Debatte der verschiedenen politischen Lager – hier bürgerlich-liberal, dort katholisch - über den Verfassungsantrag des Zentrums (s. o.) könnte man eigentlich als weniger bedeutsam, kaum der Rede wert abtun. Wenn dadurch nicht der Beginn einer weittragenden Entwicklungslinie markiert worden wäre. Konkret ist es um die mit Kabinettsbeschluss vom Juni 1871 vollzogene Aufhebung der *„Katholischen Abteilung"* des preußischen Kultusministeriums gegangen. Von Bismarck als *„Staatsministerium des Papstes in Preußen"* verunglimpft, hat diese zwischen verschiedenen Interessengruppen vermittelnde, so manche Differenzen überbrückende Einrichtung für die Dauer von drei Jahrzehnten im Grunde genommen gute Dienste geleistet. Doch der Geist der Zeiten hatte sich gewandelt. Was vormals als brauchbar und nützlich angesehen wurde, galt insbesondere im

konservativen Lager zunehmend als partikulare Interes-
senvertretung, als unvereinbar mit dem Gedanken vom
über den Parteien stehenden Staat. Daher die Abkehr.

Dabei ist es keineswegs geblieben. Es ging wesentlich darum der Kirche insgesamt wie auch jeder anderen aktiven
Religionsgemeinschaft unmissverständlich zu verdeutlichen, dass bisher tolerierte Eigenständigkeit in außer-
kirchlichen Dingen nicht mehr gewünscht, so gut wie jedes über den eigentlichen Kernaufgabenbereich hinaus
beanspruchte profane Mandat staatlicherseits vehement
bestritten, mindesten kontrovers diskutiert wurde.

Das war dezidiert auch die Zielrichtung des von 1871 bis
1953 (in der DDR bis 1968) gültigen Kanzelparagraphen,
dem am 10. Dezember 1871 in das Strafgesetzbuch auf-
genommenen § 130a. Ohne Umschweife wurde darin erklärt: *„Ein Geistlicher oder anderer Religionsdiener, welcher in Ausübung oder in Veranlassung seines Berufes
öffentlich vor einer Menschenmenge, oder welcher in einer Kirche, oder an einem anderen zu religiösen Versamm-
lungen bestimmten Orte vor Mehreren Angelegenheiten
des Staates in einer den öffentlichen Frieden gefährdenden Weise zum Gegenstande einer Verkündigung oder Erörterung macht, wird mit Gefängnis oder Festungshaft bis
zu zwei Jahren bestraft."* Als ob mit der strafbewehrten
Regelung noch nicht Genüge getan worden wäre, ist gut
vier Jahre später nachfolgende Ergänzung und Präzisie-
rung vorgenommen worden: *„Gleiche Strafe trifft denjenigen Geistlichen oder anderen Religionsdiener, welcher
in Ausübung oder in Veranlassung der Ausübung seines*

Berufes Schriftstücke ausgibt oder verbreitet, in welchen Angelegenheiten des Staates in einer den öffentlichen Frieden gefährdenden Weise zum Gegenstand einer Verkündigung oder Erörterung gemacht sind."

Der Kanzelparagraph ist nicht nur als wirkungsvolle Drohkulisse aus der Taufe gehoben, sondern tatsächlich zur Anwendung gebracht worden. Ein prominentes Opfer war Mieczysław Halka Ledóchowski, Erzbischof von Gnesen und Posen sowie Primas von Polen. Einem Land, dessen staatliche Existenz aufgrund der Annexionen gleichkommenden Teilungen von 1772, 1793 und 1795 verglüht war. Als Angehöriger der polnischen, ganz überwiegend tiefgläubig katholischen Minorität im Deutschen Reich brachte ihm seine unbeugsame, wenig konziliante Haltung wegen Verstoßes gegen die Bestimmungen des Kanzelparagraphen letztendlich zwei Jahre Haft ein. Trotz der mit dem hohen Amt verbundenen respektheischenden geistlichen Autorität. Erst die Ernennung zum Kardinal im März 1875 durch Papst Pius IX. befreite ihn aus der misslichen Lage.

Während die bereits angesprochenen Mai-Gesetze des Jahres 1873, wonach kein Geistlicher ohne staatliche Zustimmung mehr angestellt oder versetzt werden durfte, ihren örtlichen Geltungsbereich geographisch eingeschränkt in Preußen und nicht überall entfaltet haben, machten weitere reichsweit geltende legislative Einschränkungen nicht nur, aber vor allem der katholischen Kirche das Leben schwer.

Dazu gehörte fraglos die unter dem Kurztitel *Jesuitenge-* *setz* Bekanntheit erlangende Bestimmung vom 4. Juli 1872, wonach künftig Niederlassungen des Jesuitenordens auf dem Boden des Deutschen Kaiserreichs verboten waren. Die Regierung wurde in diesem Zusammenhang dazu ermächtigt, gegen einzelne Angehörige des als überzeugte Speerspitze des Ultramontanismus geltenden Ordens Aufenthaltsverbote auszusprechen und ausländische Jesuiten jederzeit auszuweisen. Erst 1917, als man Zugeständnisse an die für eine Regierungsbildung unentbehrlich gewordene Zentrumspartei machen musste, ist es zur Abschaffung dieses Gesetzes gekommen.

Natürlich gehört auch die reichsweite Regelung vom Februar 1875 hierher, dass vor dem Gesetz ausschließlich die Eheschließung des Standesamtes Gültigkeit beanspruchen konnte. Und nicht mehr die kirchliche Trauung. Womit bis auf weiteres die allein familienrechtliche Wirksamkeit entfaltende Zivilehe eingeführt war.

Resümierend lässt sich anfügen: Der Kulturkampf des 19. Jahrhunderts war kein spezifisch deutsches Phänomen, sondern kontinentübergreifend eines von gemischtkonfessionellen Gesellschaften. Ein Katalysator, der weithin zur allmählichen Trennung von Kirche und Staat einen erheblichen Beitrag geleistet hat. Sofern es allerdings den Liberalen und Bismarck darum gegangen ist die Zentrumspartei – verstanden als politisches Sprachrohr des katholischen Glaubens - entscheidend zu schwächen, haben sie versagt. Das Zentrum hat sich behauptet. Die Kirche unter veränderten Vorzeichen auch.

Nachdem Papst Pius IX. im Februar 1878 verstorben war, ist es unter seinem Nachfolger Leo XIII. zu einer Wiederannäherung an den deutschen Staat gekommen. Dem einen Gegner ein verzagtes Adieu zurufend, ist mit den Sozialisten der nächste bereits ins Visier geraten.

h.) Die Kongo-Konferenz 1884/85 in Berlin und der Wettlauf um Afrika

Der Berliner Kongress, bei dem Reichskanzler Bismarck sich als *"ehrlicher Makler"* so vorzüglich, weil scheinbar jenseits aller schnöden Parteiinteressen stehend, präsentieren konnte, lag erst sechs Jahre zurück, als die Reichshauptstadt erneut in die Gastgeberrolle für ein bedeutendes internationales Zusammentreffen rückte. Von November 1884 bis Februar 1885 tagte in Berlin eine Konferenz, die nichts weniger als Regeln für die Aufteilung eines kompletten Kontinents beschlossen hat. Zwar wäre es falsch zu behaupten, dass Afrika in Berlin vollständig unter interessierten oder meistbietenden Kolonialmächten aufgeteilt worden ist, aber an dem in zahlreichen Diskussionen, Gesprächen, Informationsveranstaltungen und Vorträgen erarbeiteten Ergebnis ist nicht zu rütteln: Mit der Kongoakte ist für auswärtige Mächte, die sich bei ihrem Tun nicht länger in die Quere kommen sollten, ein Regelwerk für die möglichst reibungslose Inbesitznahme kolonialer Territorien auf dem afrikanischen Kontinent geschaffen worden. Übrigens, ohne dass ein einziger davon Betroffener, ein Einheimischer, daran teilgenommen hätte.

Vor langer Zeit

Dass der afrikanische Kontinent dazu angetan ist, Begehrlichkeiten bei Ortsfremden zu wecken, war den Berliner Konferenzteilnehmern wohlvertraut und beileibe kein neuartiges Phänomen des letzten Drittels des 19. Jahrhunderts, kein Alleinstellungsmerkmal des Hochimperialismus.

56. Im Vordergrund: Die Teilnehmer der Kongo-Konferenz. Im Hintergrund an der Wand: Eine Karte des afrikanischen Kontinents.

Bereits der mächtige ägyptische Pharao Ramses III. musste sich zu Beginn des 12. vorchristlichen Jahrhunderts den in mehreren Angriffswellen über das Mittelmeer vorgetragenen Attacken der sogenannten Seevölker erwehren. Wer sie überhaupt waren, ist eine bis heute nicht wirklich geklärte Frage. Kamen sie aus der Ägäis, aus dem westlichen Anatolien oder doch Illyrien? Jedenfalls verstrickten sie die überaus glanzvolle Hochkultur des Neuen Reiches in einen erbarmungslosen Existenzkampf am Nildelta, in dem für die Ägypter gerade

soeben das Schlimmste abgewendet werden konnte. Andere - wie die Hethiter im zentralen und östlichen Klein-
asien oder die Einwohner Trojas - hatten nicht so viel
Glück. Das Ende der Bronzezeit war unwiderruflich gekommen (s. S. 89 ff.)!

Von den ersten tatsächlich durchgeführten Koloniegrün-
dungen durch auswärtige Mächte in Afrika kann man daher nicht vor dem Erscheinen der ursprünglich an der
Küste des heutigen Libanon sesshaften Phönizier sprechen. Diese den mittelalterlichen Kauffahrern der norddeutschen Hanse nicht unähnlich agierenden levantini-
schen Händler - ihr Metier war zwar nicht der Transport
und Vertrieb von Hering oder Stockfisch, sondern Bekanntheit erlangten sie vor allem durch ihre Fähigkeit zur
Gewinnung von Purpur als Farbstoff und die daran anschließende kunstvolle Bearbeitung von kostbaren Ge-
wändern und Stoffen - haben der schriftlichen Überlieferung zufolge um 1100 v. Chr. das tunesische Utica
gegründet. Die Aussagekraft der archäologischen Be-
funde hingegen macht das 8. Jahrhundert v. Chr. für die
Anlage einer ersten Siedlung dortselbst wahrscheinlicher.
Ähnliche Datierungen dürften für das als hartnäckiger Wi-
dersacher Roms ungleich bekanntere Karthago im Golf
von Tunis und Lixus an der atlantischen Nordwestküste
Marokkos jenseits der Säulen des Herakles, der Straße
von Gibraltar, vorausgesetzt werden.

Die Motive für die Anlage urbaner Siedlungen, von Pflanz-
städten, fernab der Heimat sind vorrangig wirtschaftlicher Natur gewesen. Doch ein entscheidender weiterer

Grund muss bestanden haben. So wie die *pilgrim fathers* des 17. Jahrhunderts ohne religiöse Verfolgung wohl kaum die gefahrvolle Schiffspassage über den Atlantik angetreten hätten, um in der *Neuen Welt* ihr Glück zu suchen und ihren Glaubensvorstellungen entsprechend zu leben, so wird es in Tyros oder Sidon, in den Städten an der Levanteküste eine Art von sozialer Pression oder sonstiger Verfolgung, eine Art von Bevölkerungsdruck gegeben haben, die neben ökonomischen Gründen in Betracht zu ziehen ist. Die nahezu zeitparallel erfolgende griechische Kolonisation im Mittelmeerraum, im östlichen Nordafrika sind etwa das im 7. Jahrhundert v. Chr. gegründete Kyrene oder wenig später Naukratis zu nennen, findet ihre Erklärung jedenfalls in einer signifikanten Überbevölkerung der Poleis, der Städte, des Mutterlandes.

Doch was glaubten Phönizier und Griechen, dann nach der Zerstörung Karthagos im 3. Punischen Krieg 146 v. Chr. die Römer und ab dem siebten nachchristlichen Jahrhundert die Araber außer Siedlungsraum eigentlich in Nordafrika zu finden?

Sie trafen zunächst auf einen Kontinent, dessen nördlicher fruchtbarer Küstensaum sehr viel weiter nach Süden reichte, als das heute der Fall ist. Den Römern galten ihre durch ein Straßennetz von hoher Qualität miteinander verbundenen nordafrikanischen Provinzen geradezu als Kornkammern des Imperiums. Ausreichende Niederschlagsmengen waren ganz offensichtlich vorhanden. Der Prozess der Desertifikation, der immer weitere Landstriche umfassenden Verwüstung, war lange nicht so weit fortgeschritten wie in unserer Gegenwart und in dem Wissen, dass die letzte Feuchtzeit in der mittlerweile mehr als 9 Millionen Quadratkilometer Fläche umfassenden Sahara vor rund 6000 Jahren zum Ende gekommen ist. Die Sahara war damals vielerorts eine grüne Steppe mit Flüssen und Seen. Der populäre Roman von Michael Ondaatje *"Der englische Patient"* illustriert mit den hier thematisierten Felszeichnungen in der *"Höhle der Schwimmer"* im Südwesten Ägyptens das erstaunliche Phänomen, das minimale periodische Schwankungen in der Erdbahn um die Sonne allmählich beendet haben. Um möglichen Missverständnissen oder Fehldeutungen vorzubeugen: Es gibt natürlichen Klimawandel. In diesem Fall hat er stattgefunden. Daneben gibt es den anthropogen verursachten, menschengemachten Klimawandel, der seit dem Beginn der Industrialisierung im späten 18. Jahrhundert in Europa durch Schadstoffemissionen von Verbrennungsprozessen extrem nachteilige Folgen für Klima und Umwelt mit sich bringt.

Von den im Vergleich zu heute günstigeren naturräumlichen Gegebenheiten haben Phönizier, Griechen, Römer und Araber zweifelsohne hinsichtlich beeindruckender landwirtschaftlicher Erträge enorm profitiert. Um nur ein Beispiel in diesem Zusammenhang zu geben: Die Anlage von Olivenhainen zur Ölgewinnung machte ein pflanzliches Naturprodukt zum eigenen Gebrauch oder Export verfügbar, das gleichermaßen als Nahrungsmittel, Lichtquelle oder Mittel zur Körperpflege Verwendung finden konnte. Zu einer vollumfänglichen Durchdringung oder auch nur ansatzweisen Beherrschung des überwiegenden Teils des afrikanischen Kontinents war dennoch keine dieser frühen und in ihrer Zeit führenden Schriftkulturen willens oder in der Lage. Während etwa die Strecke von Kapstadt nach Alexandria in der Luftlinie rund 7300 Kilometer misst und die Entfernung zwischen dem südlichsten und nördlichsten Punkt Afrikas, zwischen Kap Agulhas in Südafrika und Ras ben Sakka in Tunesien ungefähr 8000 Kilometer beträgt, lag das nordafrikanische Gebiet, das effektiv von den Römern beherrscht wurde in einer Entfernung von maximal 650 Kilometern vom Mittelmeer. Innerhalb ihrer fünf Provinzen Mauretania Tingitana, Mauretania Caesariensis, Africa Proconsularis, Cyrenaica und Aegyptus war auch das lediglich bei der letztgenannten kaiserlichen Provinz der Fall. In Teilen der dem heutigen Libyen entsprechenden Cyrenaica beschränkte sich die Herrschaftsgewalt des Imperium Romanum oft nur auf einen 100 Kilometer breiten Küstenstreifen. Einige Jahrhunderte später lässt sich feststellen, dass das gesamte Territorium, das mehr als 1500 Kilometer von der Nordspitze des Kontinents entfernt war, außerhalb der von den Arabern beanspruchten Zone lag, der 2600 Kilometer nördlich des Äquators verlaufende Wendekreis des Krebses wurde von ihnen nicht tangiert. 80 Prozent Afrikas in Nord-Süd Ausrichtung blieben also im Ergebnis sich selbst überlassen und waren keiner fremden Macht unterworfen.

Bekanntermaßen haben die Europäer im 15. Jahrhundert das Zeitalter der Entdeckungen eingeläutet. Als wagemutige Pioniere waren anfangs vor allem die Portugiesen unterwegs. Neuartige hochseefähige Schiffstypen, Fortschritte in der Kartographie, verbesserte nautische Instrumente und die konkurrenzlose Feuerkraft der Schiffsgeschütze bildeten gemeinsam den Mix technologischer Überlegenheit der Europäer gegenüber den Völkern der übrigen Kontinente, wie der Historiker Paul Kennedy im *"Aufstieg und Fall der großen Mächte"* schon vor mehr als drei Jahrzehnten überzeugend dargelegt hat. 1488 erreichte Bartolomeu Dias das Kap der Guten Hoffnung im Süden Afrikas und bahnte so den Kurs für Vasco da Gama zehn Jahre später auf seinem Seeweg nach Indien. Handelsstützpunkte, Kontore und Häfen wurden an günstig erscheinenden Orten angelegt. Den Portugiesen folgten dabei vor allem Niederländer, Briten und Franzosen nach. Doch selbst zu Zeiten der Kongo-Konferenz in den 1880er Jahren waren weite Teile des afrikanischen Kontinents im Osten, im Südwesten und in Äquatornähe sich selbst überlassen und keiner fremden Macht zugehörig. Die sich in den 1830er Jahren in Südafrika auf den Weg ins Landesinnere etliche hundert Kilometer von der Küste entfernt aufmachenden „Trekker" oder „Vortrekker", die später als Buren bezeichnet wurden, bildeten eine Ausnahme. Unzufrieden mit der britischen Dominanz am Kap, deren Lebensart, Kultur, Sprache und Rechtssystem nicht akzeptierend, wollten diese ursprünglich niederländischstämmigen Siedler Weideland für ihre Familien erschließen. So entstanden der Oranje-Freistaat und die Südafrikanische Republik Transvaal. Umfangreiche Goldfunde im Witwatersrand bei Johannesburg im Jahr 1886 führten schlussendlich zu unlösbaren Konflikten mit den erweiterte Teilhabe an den dortigen Reichtümern anstrebenden Briten, die 1899 in den Burenkrieg mündeten. Doch das ist eine andere Geschichte, die hier nicht weiterzuerzählen ist.

Sklaven und Gold

Die Sahara hatte sich stets als wirkungsvoller, wenn auch keineswegs undurchdringlicher Sperrriegel erwiesen. Wer südlich der großen Wüste wirtschaftliche Aktivitäten entfalten wollte, konnte dies durch Anlage von Stützpunkten oder Städten direkt an der Küste tun. Die im 11. Jahrhundert von Arabern im heutigen Kenia gegründete Stadt Mombasa, wichtigster Hafen der Ostküste, ist ein Beispiel dafür. Oder man wurde Teilnehmer am entbehrungsreichen und nicht ungefährlichen Transsaharahandel. Doch welche gewinnbringenden Güter hätten die damit verbundenen erheblichen Anstrengungen gerechtfertigt?

Hauptmotiv für den Transsaharahandel war die realistische Aussicht auf den Erwerb von Gold und Sklaven. Deshalb machten sich Karawanen von Kairo, Tripolis, Tunis oder Algier auf den beschwerlichen Weg nach Westafrika, um die begehrten Waren gegen Salz, Stoffe oder Waffen einzutauschen. Bereits antike Aufzeichnungen berichten davon, dass der in punischen Diensten befindliche Hanno der Seefahrer im 5. Jahrhundert v. Chr. an die Guineaküste, die später nach ihren bevorzugten Exportgegenständen in Pfeffer-, Elfenbein- Gold- und Sklavenküste unterteilt wurde, vorgestoßen ist. Das bedeutet: Ein ganz grundsätzliches geographisches Wissen um die

Gegebenheiten und Verhältnisse vor Ort ist seit dieser Zeit innerhalb der Stadtmauern der ortsfremden Kolonialmacht Karthago vorhanden gewesen. Griechen, Römer und Araber sind in der Terminologie von Karl Marx ebenfalls Sklavenhaltergesellschaften gewesen, die ein vergleichbares dauerhaft auf den Handel mit Menschen gerichtetes wirtschaftliches Interesse späterhin an den Tag gelegt haben.

Die frühneuzeitlichen Europäer schließlich standen ganz offensichtlich den älteren antiken und mittelalterlichen Hochkulturen bei ihrer schaurigen Geschäftätigkeit in nichts nach, wie etwa im Jahr 1482 an der Errichtung von Fort São Jorge da Mina - bekannt als Elmina Castle - an der Goldküste, dem heutigen Ghana, sichtbar wird.

Es waren Orte wie dieser, wo allmählich der berüchtigte transatlantische Dreieckshandel etabliert wurde. Allein im Zeitraum von 1701 bis 1800 wurden mehr als zweieinhalb Millionen schwarze Sklaven von Afrika nach Amerika verbracht, um dort etwa die mühevolle Arbeit auf den Zuckerrohrplantagen in der Karibik zu verrichten. Erst 1807 erließen die Briten ein Verbot des Sklavenhandels, doch sollte es noch bis 1865 dauern, bis die allgegenwärtige Sklaverei, Geschäftsgrundlage nahezu jeder Baumwollplantage in den Südstaaten der USA, am Ende des *Civil War* abgeschafft worden ist.

Wieder in Berlin

Als weiße Flecken auf der Landkarte verzeichnete Gebiete über die man wenig bis gar nichts wusste, besser gesagt als Europäer nichts wusste, sind im Verlauf des 19. Jahrhunderts zusehends weniger geworden. Dafür hatten erkenntnishungrige Forschungsreisende und wagemutige Abenteurer gesorgt. Ein Schwerpunkt ihrer Missionen lag in der Erkundung von Flussläufen. Waren sie schiffbar und für Warenverkehr nutzbar oder nicht? Die Briten John Speke, Florence und Samuel White Baker oder John Grant haben sich aufgemacht, um die Quellen des Nil zu finden. Ihr Landsmann Mungo Park verstarb 1806 während seiner zweiten Reise auf dem Niger. Die Forschungsberichte des deutschen Wissenschaftlers Heinrich Barth bilden noch in unserer Gegenwart eine wichtige Grundlage zur Kenntnis der Sahara, der angrenzenden Regionen und der vor Ort lebenden Ethnien. Ähnlich die wichtigen Westafrikastudien des Franzosen René Caillié. Dem schottischen Missionar David Livingstone ist schließlich die Entdeckung der Victoriafälle im Süden des Kontinents 1855 zu verdanken. Der sich auf die Suche nach dem zeitweilig verschollenen Livingstone begebende britisch-amerikanische Journalist Henry Morton Stanley machte sich zudem einen Namen dadurch, dass er den Kongo in weiten Teilen erforscht hat. Er ist deswegen auch auf der Berliner Kongo-Konferenz als Experte und Kenner Afrikas zugegen gewesen.

Die Positionen führender politischer Vertreter des Deutschen Reichs zum Thema Kolonialpolitik erscheinen nicht nur im Rückblick widersprüchlich und ambivalent. In einer Reichstagsrede ließ sich Bismarck 1881 dazu noch folgendermaßen aus: *"So lange ich Reichskanzler bin, treiben wir keine Kolonialpolitik:"* Im April 1884, ein gutes halbes Jahr vor Beginn der Kongo-Konferenz, wies er dennoch per Telegramm an, dass die Besitzungen des Bremer Kaufmanns Lüderitz in Südwestafrika unter deutschen Schutz zu stellen seien. Nur wenig später folgten entsprechende Schutzbriefe für Togo, Kamerun und Deutsch-Ostafrika, womit die Liste der als Schutzgebiete betitelten deutschen Kolonien in Afrika komplett wäre.

Über diesen Sinneswandel haben mehrere Generationen von Historikern nachgedacht und immer wieder die einschlägigen Argumente gewogen. Dass Gründe des nationalen Prestiges, eines damit verbundenen wiederum nationalen Sendungsbewusstseins, die Schaffung von Absatzmärkten für heimische Überproduktion, das Sicherstellen überseeischer Rohstoffe so gar nicht dazu gehört hätten, scheint jedenfalls nicht wirklich überzeugend zu sein. Ebenso ist für das Deutsche Kaiserreich ein grundsätzlicher Wechsel in der Wirtschaftspolitik im Gefolge des eine Stagnation nach sich ziehenden Gründerkrachs von 1873 zu veranschlagen. Ab 1879 wurde die bis dato betriebene liberale Freihandelspolitik von der dann favorisierten Schutzzollpolitik abgelöst. Jedenfalls war es für Belgien, Portugal, Deutschland, Großbritannien, Frankreich, Italien und Spanien wichtig, beim Wettlauf um Afrika nicht zu kurz zu kommen. Das in der Kongoakte festgeschriebene Prinzip der Effektivität sah vor, dass nur diejenige Macht das Recht auf den Erwerb einer Kolonie haben sollte, die sie tatsächlich auch in Besitz nahm.

57. Ein Kenner Afrikas: Henry Morton Stanley.

Wer Anspruch, wie es damals häufiger hieß, auf einen Platz an der Sonne erhob, oft genug zu Lasten der davon betroffenen Einheimischen, konnte dies von Februar 1885 an wenigstens im pures Chaos verhindernden geordneten Rahmen einer internationalen Übereinkunft tun. Trotz einer Vielzahl kleiner Konflikte und nicht weniger zwischenstaatlicher Reibereien hatten die Regelungen der Kongoakte fast dreißig Jahre bis zum Ausbruch des 1. Weltkriegs Bestand.

58. Titelseite des belgischen Satiremagazins „Le Frondeur". In der Mitte der belgische König Leopold II. Am seiner linken Seite der begierig auf den Anteil wartende russische Zar. Gegenüber der deutsche Kaiser.

6. Exkurs

a.) Schwieriges Erbe der Kolonialzeit: Afrikanische Raubkunst in europäischen Museen

In zeitlich dichter Reihung ist die Gründung der ersten völkerkundlichen Museen hierzulande erfolgt. Den Anfang haben dabei die *Königlich Ethnographische Sammlung* in München 1862 und das *Königliche Museum für Völkerkunde* in Berlin 1873 gemacht. Entsprechende Institutionen in Leipzig, Dresden und Hamburg sind darauf in den Jahren von 1874 bis 1879 eingerichtet und eröffnet worden. Eine seinerzeit erhöhte Aufmerksamkeit und ein grundsätzlich bestehendes Interesse gegenüber fernen Kontinenten, fremden Kulturen und exotischen Objekten dürfen daher sowohl bei den Ausstellungsmachern als auch beim damaligen Publikum angenommen und vorausgesetzt werden.

In europäischen Nachbarländern lassen sich durchaus vergleichbare Entwicklungen beobachten. Die Anfänge des renommierten niederländischen *Museum Volkenkunde* in Leiden mit zunächst fernöstlicher Ausrichtung können sogar bis ins Jahr 1837 zurückverfolgt werden, was es zu einer der ältesten Einrichtungen seiner Art überhaupt macht. Einen sehr direkten Bezug zur eigenen Kolonialgeschichte stellt das zeitlich jüngere in Tervuren bei Brüssel befindliche *Königliche Museum für Zentral-*

Afrika her. Es ist auf persönliche Initiative von König Leopold II. von Belgien, dem als ein Ergebnis der Berliner Kongo-Konferenz 1884/85 (s. o.) das rohstoffreiche Kongobecken zu Zwecken der Nutzung und Ausbeutung als Privatbesitz der belgischen Krone übertragen worden ist, entstanden. Um bei kritischen Landsleuten mehr Verständnis für seine kostenintensiven Afrikapläne zu erreichen, hat der umtriebige Monarch 1897 im Park von Tervuren kongolesische Dörfer nachbauen lassen und anlässlich der zeitgleich dort stattfindenden Weltausstellung dem zahlenden Publikum Menschen aus Afrika, von 267 Personen ist die Rede, als bestaunenswerte Attraktion präsentiert. Sogenannte Völkerschauen waren indessen im letzten Drittel des 19. Jahrhunderts in Europa nicht ungewöhnlich, sie sind vielmehr als Ausdruck einer weit verbreiteten Geisteshaltung zu verstehen und erfreuten sich allgemeiner Beliebtheit.

Der 1861 als Königreich Italien nach langwierigen und schwierigen Auseinandersetzungen etablierte Nationalstaat auf der Appeninenhalbinsel hat sich recht bald nach seiner Entstehung der heimischen Vorgeschichte zugewendet, wohl nicht zuletzt um den Italienern eine positive Bekräftigung ihrer selbst durch historische Identifikationsmöglichkeiten an die Hand zu geben. Im Ergebnis ist die 1876 heute als *Museo Nazionale Preistorico Etnografico "Luigi Pigorini"* bekannte stadtrömische Einrichtung ins Leben gerufen worden, dessen umfangreiche außereuropäische ethnographische Abteilung dem Publikum zugänglich gemacht wurde, als der öffentliche, auf den Erwerb von Kolonien gerichtete Ruf immer lauter wurde. Es ist dabei noch gar nicht so lange her, dass manche Historiker Italien und Deutschland als *"verspätete Nationalstaaten"* etikettiert haben und daraus allerlei Folgenreiches fürs 20. Jahrhundert abzuleiten wussten. Richtig ist in jedem Fall: Sowohl das Königreich Italien als auch das Deutsche Reich traten als Kolonialmächte in Afrika sehr spät auf den Plan. Das als Schutzgebiet adressierte Deutsch-Südwestafrika 1884 und Italienisch-Somaliland 1888 waren die jeweils ersten Kolonien dieser beiden Länder in der *„dunkel lockenden Welt"*, um eine Metapher der dänischen Autorin Tania Blixen aufzugreifen.

Über die umfangreichsten Besitztümer aller Kolonialmächte auf dem afrikanischen Kontinent, wie das eindeutige Überwiegen der Farbe Britisch-Rot auf historischen Karten anschaulich zeigt, verfügte fraglos mit weitem Abstand das *British Empire*. Der von chauvinistischen Überlegenheitsfantasien angetriebene Imperialist Cecil Rhodes träumte von einer durchgehenden Eisenbahnlinie im Osten, die am Ende des Tages Kapstadt mit Kairo verbinden sollte, um dergestalt einen wichtigen Beitrag zur Integration des britischen Herrschaftsgebiets zu leisten. Fast wären die ambitionierten Wunschvorstellungen des Namenspatrons von Rhodesien, des heutigen Simbabwe, Realität geworden. Es verwundert vor diesem Hintergrund nicht sehr, dass das seit 1759 im Herzen von London befindliche *British Museum* über die weltweit größte - rund 200.000 Objekte umfassende - permanente Sammlung afrikanischer Kunst und Kultur verfügt. Die durch die innerhalb des Museums befindlichen *Sainsbury African*

Galleries pilgernden Besucherscharen bekommen davon allerdings nur 0,3 Prozent zu sehen.

Das historische Königreich Benin

In Westafrika auf dem Territorium Nigerias befand sich einst das nur dem Namen nach mit dem modernen Staatswesen identische historische Königreich Benin. Trotz mehrerer Jahrhunderte weiter zurückreichender Anfänge lässt sich seine Geschichte anhand von Königslisten bis etwa zum Jahr 1200 zurückverfolgen. Im Zeitraum vom 15. bis zum 19. Jahrhundert avancierte es zu einem der mächtigsten Reiche Westafrikas.

Unter der politischen und rituellen Oberherrschaft eines *Oba* genannten Königs, der nach Art eines absolutistischen Herrschers aufzutreten verstand, konnten sich in Benin City bemerkenswerte städtische Strukturen entfalten, deren Regelhaftigkeit in der zu diesem Thema spärlich vorhandenen Literatur bisweilen mit fraktalem Design verglichen wird. Rechtwinklig zueinander verlaufende Hauptstraßen, die über eine unterirdische Entwässerung verfügten, prägten das Erscheinungsbild rund um den im Zentrum der Stadtanlage befindlichen Königshof. Die in mehreren Ringen in der Form von Erdwerken als Gräben und holzverstärkte Dämme um die Stadt gelegten Mauern zählen zu den umfangreichsten, von Menschen weltweit geschaffenen Baustrukturen überhaupt.

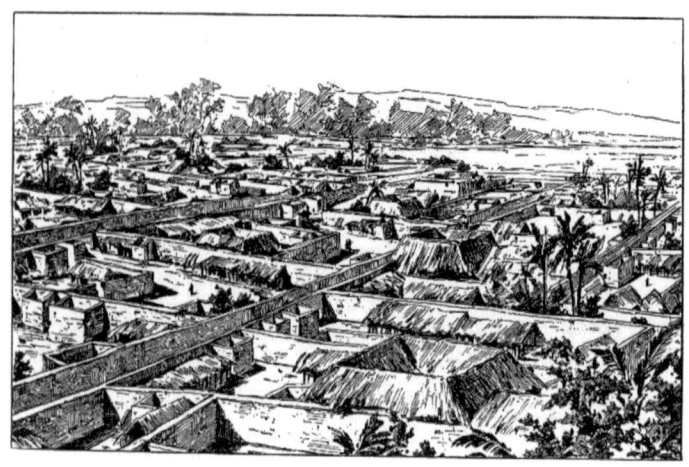

59. Zeichnerische Darstellung der Stadtanlage von Benin City kurz vor der Zerstörung im späten 19. Jahrhundert.

Als die Portugiesen auf Entdeckungsfahrt im 15. Jahrhundert im Golf von Guinea erschienen, kam es zu nachhaltigen Handelsbeziehungen zwischen ihnen und den Einheimischen. Sklaven, Elfenbein und Gewürze wurden gegen Waffen eingetauscht, so dass das Königreich Benin seine Machtbasis vor Ort geographisch ausdehnen und vergrößern konnte. Eine eigenständige Kunstproduktion hat, soweit das überhaupt überblickt werden kann und die Vergänglichkeit verwendeter Materialien nicht auch andere frühere Datierungen wahrscheinlich macht, spätestens hier eingesetzt. Sie war dazu imstande, insbesondere auf dem Gebiet des Metallgusses nach dem Wachsausschmelzverfahren bedeutende Meisterwerke hervorzubringen. Die entweder als Reliefplatten oder Skulpturen entstandenen Benin-Bronzen (s. Abb. 60) sind hier zu nennen. Grundsätzlich nach den gleichen technisch-künstlerischen Prinzipien angefertigt wie etwa die auf 1015 datierte zweiflügelige Bernwardstür im Westportal des Doms zu Hildesheim oder andere bedeutende Bronzekunstwerke des frühen Mittelalters in Europa, bewahren die Benin-Bronzen noch in der Gegenwart die kulturelle Identität der Menschen Nigerias in sich.

Als 1897 eine britische Strafexpedition, angeführt vom Admiral Sir Harry Holdsworth Rawson, verwüstend, brandschatzend, plündernd und mordend über das Königreich Benin herfiel, um unbotmäßiges Verhalten abzustrafen und im Zeichen des Imperialismus dem britischen Protektorat Nigeria weiteres Territorium anzugliedern, wurden neben vielen anderen Dingen zwischen 3000 und 5000 der Benin-Bronzen außer Landes gebracht. Sie befinden sich heute in europäischen oder nordamerikanischen Museen (Boston, Chicago, Denver, New York, Philadelphia). Ihrem Thema nach oft in spezialisierten ethnologischen Institutionen. Die meisten von ihnen, mehr als 900, im *British Museum*, London, oder im *Ethnologischen Museum der Staatlichen Museen zu Berlin,* mehr als 400, im 2021 neueröffneten Humboldt Forum im Berliner Schloss.

Die Restitution afrikanischer Kunst: Eine emotionale Debatte

Scheinbar ist die Debatte darüber, ob und in welchem Umfang europäische Museen ihre in kolonialen Kontexten erworbenen Kunstgegenstände an die jeweiligen afrikanischen Herkunftsländer rückerstatten sollen, neu. Der französische Staatspräsident Emmanuel Macron hat jedenfalls 2017 anlässlich eines Staatsbesuchs in Burkina Faso angekündigt, dass sein Land innerhalb der kommenden fünf Jahre die Voraussetzungen dafür schaffen wolle, dass dies möglich sein werde und geschehen könne (Zitat: *"Das wird eine meiner Prioritäten* sein.").

60. Eine der Benin-Bronzen aus dem Horniman-Museum, London.

Im November 2021 war dann der Augenblick für die Unterzeichnung eines Übergabevertrages zwischen Frankreich und dem afrikanischen Staat Benin gekommen, und infolgedessen konnten 26 zum Teil aus meterhohen Statuen und geschnitzten Thronen bestehende Kunstschätze aus dem historischen Königreich Dahomey rückerstattet werden. Das Pariser *Musée du Quai Branly* ist damit einen bemerkenswerten ersten Schritt gegangen.

Doch die Debatte ist nicht wirklich neu, sie wird im Grunde genommen bereits seit vielen Jahrzehnten geführt, wie die Kunsthistorikerin Bénédicte Savoy in ihrer Arbeit *"Afrikas Kampf um seine Kunst"* nachdrücklich auseinandergesetzt hat. Die von afrikanischen Staaten als Gerechtigkeits- und Identitätsthema an ehemalige europäische Kolonialstaaten vermehrt herangetragenen Rückgabeforderungen sind in der Vergangenheit jedoch auch von hierzulande tätigen Museumsverantwortlichen oftmals abschlägig beschieden worden. Mit Verweis auf fehlende Inventarlisten bei den eigenen Sammlungen und verbunden mit der Weigerung solche anzufertigen, war es möglich, die Probleme viele Jahre auszusitzen, jedenfalls so lange bis die öffentliche Meinung sich wieder neuen, anders gelagerten Themen zuzuwenden begann. Oder durch das Hervorheben der eigenen bloßen Verwaltungsfunktion, die es einem Museum verbiete eigentumsrechtliche Übertragungen vorzunehmen, die nur einem Staat zustehen würden.

Doch inzwischen ist auch hierzulande Bewegung in die Angelegenheit geraten. Das Linden-Museum in Stuttgart hat jedenfalls einige Exponate eindeutiger Provenienz 2019 an Namibia rückübertragen. Dass es dabei "nur" um die Bibel und die Peitsche eines Nama-Anführers ging, zeigt dennoch: Ein Anfang ist gemacht!

Wer demnächst ein ethnologisches Museum besucht, zum Beispiel dasjenige im gerade vor kurzem in Anwesenheit von viel politischer Prominenz eröffneten Humboldt Forum in Berlin, sollte sich bei Betrachten der Ausstellungsstücke schon einmal die Frage stellen, wo sie herkommen und auf welchem Weg sie hergelangt sein könnten.

7. Nachwort

Wir haben uns mittlerweile von der lange gültigen Vorstellung verabschiedet, Kulturgeschichte habe sich mit den allen und jedem geläufigen Meisterwerken der Kunst, Literatur und Philosophie zu beschäftigen. Gewissermaßen einem vertrauten Kanon, der durch gelungene Neuinterpretationen bisweilen eine zeitgemäße Ergänzung erfährt.

Stattdessen sind Kulturhistoriker*innen des 20. und 21. Jahrhunderts oftmals breiter ausgelegten Pfaden, weniger deutlich sichtbaren Spuren gefolgt, wie sie in einem ethnographisch umfassenderen Ansatz von dem britischen Anthropologen Edward Burnett Tylor schon 1871 in der Arbeit *„Primitive Culture"* definiert worden sind. Tylor zufolge ist Kultur *„jenes komplexe Ganze, das Wissen, Glauben, Kunst, Moral, Recht, Brauchtum und alle übrigen Fähigkeiten und Gewohnheiten umfasst, die der Mensch als Mitglied der Gesellschaft benötigt."*

Alle möglichen Themen und Gegenstände eignen sich demnach als Gegenstand einer Analyse mit kulturgeschichtlichem Schwerpunkt. Vom risikoreichen Glücksspiel bis zur risikominimierenden Lebensversicherung, von der Geheimhaltung bis zum öffentlichen Protest. Eine wegweisende Studie aus den 1990er Jahren des US-amerikanischen Politologen Samuel P. Huntington hat unmittelbar nach dem Ende des Kalten Krieges, dem Wegfall des Eisernen Vorhangs beinahe die ganze Welt in einen

Kampf der Kulturen verstrickt sehen wollen. Je weiter die Zeit voranschreitet, desto mehr scheinen sich jedoch Huntingtons dreißig Jahre alten – zugegebenermaßen provokanten – Thesen zu bewahrheiten.

Insofern bedarf die hiermit vorgelegte deutsche Kulturgeschichte des 19. Jahrhunderts ganz generell keiner sie legitimierenden Rechtfertigung. Gewiss hätten manche darin vorgestellte Themen eine noch ausführlichere Bearbeitung verdient gehabt. Wenn darauf verzichtet wurde, dann aus Gründen der Ausgewogenheit und Proportionalität. Wer dennoch mehr über deutsche und europäische Kulturgeschichte erfahren möchte, möge auf Egon Friedells umfangreiche, nach wie vor überaus lesenswerte zweibändige *„Kulturgeschichte der Neuzeit"* zurückgreifen!

8. Auswahlbibliografie

Arndt, Ernst Moritz: Der Rhein. Teutschlands Strom, nicht aber Teutschlands Gränze, Leipzig 1813.

Arndt, Ernst Moritz: Gedichte. Vollständige Sammlung, Bd. 2, hrsg. von Heinrich Meisner, Leipzig 1894.

Äsop: Fabeln, Griechisch/Deutsch, übersetzt von Thomas Vosskuhl, Stuttgart 2005.

Assman, Jan: Das kulturelle Gedächtnis. Schrift, Erinnerung und politische Identität in frühen Hochkulturen, München 2018[8].

Athenaeum. Eine Zeitschrift von August Wilhelm Schlegel und Friedrich Schlegel, 6 H. in 3 Bdn., Berlin 1798 – 1800.

Bauer, Franz J.: Das „lange" 19. Jahrhundert (1789 – 1917). Profil einer Epoche, Ditzingen 2010[4].

Baumgart, Winfried (Hrsg.): Kaiser Friedrich III. Tagebücher 1866 – 1888, Paderborn 2012.

Beethoven, Ludwig van: Briefwechsel, Gesamtausgabe, hrsg. von Sieghard Brandenburg, München 1996.

Ben-David, Joseph: Fundamental Research and the Universities: Some Comments on International Differences, Paris – London 1968.

Bendikowski, Tillmann: Friedrich der Große, München 2011.

Bendikowski, Tillmann: 1870/71. Der Mythos von der deutschen Einheit, München 2020.

Benevolo, Leonardo: Die Geschichte der Stadt, Frankfurt am Main 2007[9] (ital. Orig.: Storia della città, Rom – Bari 1982[6]).

Benz, Richard: Die romantische Geistesbewegung, in: Golo Mann (Hrsg.), Propyläen Weltgeschichte. Eine Universalgeschichte, Bd.8, Frankfurt am Main – Berlin 1960, S. 193 – 234.

Beuys, Barbara: Blamieren mag ich mich nicht. Das Leben der Annette von Droste-Hülshoff, Berlin 2019[5].

Bismarck, Otto von: Die politischen Reden des Fürsten Bismarck. Historisch-kritische Gesamtausgabe besorgt von Horst Kohl, 14 Bde., Stuttgart 1892 – 1905.

Bismarck, Otto von: zitiert in: Julius von Eckardt, Lebenserinnerungen Bd. 2, Leipzig 1910, S. 123.

Bismarck, Otto von: zitiert in: Otto von Bismarck, Die gesammelten Werke, Bd.15, Berlin 1932, S.15.

Bleek, Wilhelm: Vormärz. Deutschlands Aufbruch in die Moderne. Szenen aus der deutschen Geschichte 1815 – 1848, München 2019.

Blixen, Tania: Afrika -dunkel lockende Welt, Zürich 1986 (dän. Orig.: Den afrikanske Farm, Kopenhagen 1937).

Boeckh, August: Die Staatshaushaltung der Athener, 2 Bde., Berlin 1817.

Bourdieu, Pierre: Die feinen Unterschiede. Kritik der gesellschaftlichen Urteilskraft, übersetzt von Bernd Schwibs u. Achim Russer, Frankfurt am Main 2014[24] (franz. Orig.: La distinction. Critique sociale de jugement, Paris 1979).

Brobjer, Thomas H.: A discussion and source of Hölderlin´s influence on Nietzsche. Nietzsches use of William Neumann´s Hölderlin, in: Nietzsche Studien, 30 (2001), S. 397 – 412.

Burke, Peter: Was ist Kulturgeschichte?, Frankfurt am Main 2005 (engl. Orig.: What is Cultural History?, Cambridge 2004).

Charney, Noah: The Museum of lost Art, London – New York 2018.

Clark, Christopher: Preußen. Aufstieg und Niedergang 1600 – 1947, München 2007[4] (engl. Orig.: Iron Kingdom.

The Rise and Fall of Prussia, 1600 – 1947, London u. a. 2006).

Clark, Christopher: Die Schlafwandler. Wie Europa in den Ersten Weltkrieg zog, München 2013[6] (engl. Orig.: The Sleepwalkers. How Europe Went to War in 1914, London 2012).

Cline, Eric H.: 1177 v. Chr. – Der erste Untergang der Zivilisation, Darmstadt 2015.

Collection complète des Tableaux Historiques de la Révolution Francaise en deux Volumes, hrsg. von Pierre Didot, Paris 1798.

Constitutio Waldemariana: in: Erich Hoffmann, Lexikon des Mittelalters, Bd. 3, München -Zürich 1986, Sp. 177.

Conze, Werner: Die Strukturgeschichte des technisch-industriellen Zeitalters als Aufgabe für Forschung und Unterricht, Köln – Opladen 1957.

Corpus inscriptionum latinarum (CIL). Consilio et auctoritate Academiae Litterarum Regiae Borussicae editum. 17 Bde. in zahlreichen Teilbänden, Berlin 1862 ff.

Craig, Gordon A.: Geschichte Europas 1815 – 1980. Vom Wiener Kongress bis zur Gegenwart, übersetzt von Marianne Hopmann, München 1983 (amerik. Orig: Europe since 1815, New York 1974).

Darwin, Charles: Über die Entstehung der Arten, Stuttgart 1860 (engl. Orig.: On the Origin of Species, London 1859).

Darwin, Charles: Die Abstammung des Menschen, Stuttgart 1871 (engl. Orig.: The Descent of Man, London 1871).

Dickens, Charles: Bleak House, übersetzt von Gustav Meyrink, München 1909 (engl. Orig.: Bleak House, London 1852/53).

Die Encyclica seiner Heiligkeit des Papstes Pius IX. vom 8. Dezember 1864, der Syllabus (die Zusammenstellung der 80 hauptsächlichsten Irrthümer unserer Zeit) und die wichtigsten darin angeführten Aktenstücke, Köln 1865.

Droste-Hülshoff, Annette von: Sämtliche Werke in zwei Bänden, hrsg. von Günther Weydt u. Winfried Woesler, München 1973.

Droysen, Johann Gustav B.: Geschichte des Hellenismus, 2 Bde., Hamburg 1836 – 1843.

Droysen, Johann Gustav B.: Grundriss der Historik, Leipzig 1882[3].

Eichendorff, Joseph von: Mondnacht, in: Joseph von Eichendorff. Werke in 6 Bdn. Bibliothek deutscher Klassiker, hrsg. von Wolfgang Frühwald, Frankfurt am Main 1985 – 1993.

Elias, Norbert: Die höfische Gesellschaft. Untersuchungen zur Soziologie des Königtums und der höfischen Aristokratie, Frankfurt am Main 1983.

Engelberg, Ernst u. Achim: Die Bismarcks. Eine preußische Familiensaga vom Mittelalter bis heute, München 2010[2].

Fichte, Johann Gottlieb: Reden an die deutsche Nation, Berlin 1808.

Fichte, Johann Gottlieb: zitiert in: Henrik Steffens. Was ich erlebte. Aus der Erinnerung niedergeschrieben, Bd.4, Breslau 1841, S. 79f.,

Fichte, Johann Gottlieb: Versuch einer Kritik aller Offenbarung, 1792, und Reden an die deutsche Nation, 1808, in: Johann Gottlieb Fichte's Sämmtliche Werke, hrsg. von Immanuel Hermann Fichte, Bd. 5, Berlin 1845 – 1846.

Fontane, Theodor: Frau Jenny Treibel, Berlin 1893.

Freud, Sigmund: Die Traumdeutung, Berlin 2018.

Friedell, Egon: Kulturgeschichte der Neuzeit. Die Krisis der europäischen Seele von der schwarzen Pest bis zum Ersten Weltkrieg, 2 Bde., München 1993[10].

Friedrich, Caspar David: zitiert in: Carl Förster, Biographische und literarische Skizzen aus dem Leben und der Zeit Karl Förster's, Dresden 1846, S. 157.

Friedrich Wilhelm IV., König von Preußen: zitiert in: Lucius von Ballhausen, Bismarck-Erinnerungen, Stuttgart – Berlin 1920, S. 20.

Galilei, Galileo: Dialog über die beiden hauptsächlichen Weltsysteme, Leipzig 1891 (ital. Orig.: Dialogo sopra i due massimi sistemi del mondo tolemaico e copernicano, Florenz 1632).

Gall, Lothar: Bismarck. Der weiße Revolutionär, Frankfurt am Main 1981[5].

Ganschow, Jan,. Haselhorst Olaf, Ohnezeit Maik, Der Deutsch-Dänische Krieg 1864, Graz 2013.

Geck, Martin: Beethoven. Der Schöpfer und sein Universum, München 2020[3].

Goethe, Johann Wolfgang von: Die Leiden des jungen Werthers, Leipzig 1774.

Goethe, Johann Wolfgang von: Wilhelm Meisters Lehr- und Wanderjahre, in: Poetische Werke. Kunsttheoretische Schriften und Übersetzungen in 22 Bdn., hrsg. von Siegfried Seidel u. a., Berlin – Weimar 1961 – 1978.

Goethe – Schiller: Briefwechsel. Mit einem Nachwort von Emil Staiger, Frankfurt am Main 1961.

Goldsmith, Oliver: The Grecian history: from the earliest state to the death of Alexander the Great, London 1774.

Gombrich, Ernst H.: Die Geschichte der Kunst. Frankfurt am Main 1996[16].

Gregor-Dellin, Martin: Richard Wagner. Sein Leben – Sein Werk – Sein Jahrhundert, München 2013[2].

Grimm, Wilhelm: Briefwechsel zwischen Jacob und Wilhelm Grimm. Bd. 1.1 der kritischen Ausgabe in Einzelbänden, hrsg. von Heinz Rölleke, Stuttgart 2001.

Großer Generalstab (Hrsg.): Der Deutsch-Dänische Krieg 1864, 2 Bde., Berlin 1886/87.

Grundmann, Herbert: Monumenta Germaniae Historica 1819 – 1969. MGH, München 1969.

Hahn, Hans-Werner: Die Industrielle Revolution in Deutschland. Enzyklopädie deutscher Geschichte Bd. 49, München 2011[3].

Heeren, Arnold Hermann Ludwig: Ideen über die Politik, den Verkehr und den Handel der vornehmsten Völker der Alten Welt, 2 Bde., Göttingen 1793 -1796.

Hegel, Georg Wilhelm Friedrich: Die Vernunft in der Geschichte, in: Vorlesungen über die Philosophie der Weltgeschichte, Hamburg 1980, Bd. 1.

Heine, Heinrich: Deutschland. Ein Wintermärchen, Stuttgart 1984.

Heine, Heinrich: Werke. Sonderausgabe in zwei Bdn., hrsg. von Paul Stapf, Wiesbaden 1970.

Helmholtz, Hermann L. F. von: Über die Erhaltung der Kraft, Berlin 1847.

Herre, Franz: Bayerns Märchenkönig Ludwig II., München 2001[6].

Heuß, Alfred: Theodor Mommsen über sich selbst. Zur Testamentsklausel von 1899, in: Antike & Abendland 6, 1957, S. 105 -117.

Hirschfeld, Christian Cay Lorenz: Theorie der Gartenkunst in fünf Bänden, Leipzig 1779 – 1785.

Hobsbawm, Eric J.: Europäische Revolutionen 1789 – 1848, Zürich 1962 (engl.: Orig.: The Age of Revolution 1789 – 1848, London 1962.

Hobsbawm, Eric J.: Die Blütezeit des Kapitals. Eine Kulturgeschichte der Jahre 1848 – 1875, Frankfurt 1980 (engl. Orig.: The Age of Capital 1848 – 1875, London 1975).

Hobsbawm, Eric J.: Das imperiale Zeitalter 1875 – 1914, Frankfurt 2004 (engl. Orig.: The Age of Empire, London 1987).

Hölderlin, Friedrich: Friedrich Hölderlins sämtliche Werke und Briefe. Kritisch-historische Ausgabe in fünf Bdn., hrsg. von Franz A. A. Zinkernagel, Leipzig 1914 – 1926.

Hoffmann, Ernst Theodor Amadeus: Der Kampf der Sänger, Leipzig 1819.

Hofmannsthal, Hugo von: Sämtliche Werke: Kritische Ausgabe in 42 Bdn., hrsg. von Rudolf Hirsch u. a., Frankfurt am Main 1967 – 2022.

Homer: Ilias. Odyssee, übersetzt von Johann Heinrich Voß, München 1957.

Homer: Ilias, übersetzt von Wolfgang Schadewaldt, Frankfurt am Main 1975.

Homer: Odyssee, übersetzt von Wolfgang Schadewaldt, Hamburg 1958.

Horen. Eine monatlich erscheinende Literaturzeitschrift, hrsg. von Friedrich Schiller in 36 Stücken, Tübingen 1795 – 1797.

Huizinga, Johan: Herbst des Mittelalters. Studie über Lebens- und Gedankenformen des 14. und 15. Jahrhunderts in Frankreich und den Niederlanden, hrsg. von Kurt Köster nach der Ausgabe der letzten Hand von 1941, Stuttgart 1987 (niederl. Orig.: Herfsttij der Middeleeuwen: Studie over levens- en gedachtenvormen der veertiende en vijftiende eeuw in Frankrijk en de Nederlanden, Amsterdam – Antwerpen 1997[21]).

Huntington, Samuel P.: Kampf der Kulturen. Die Neugestaltung der Weltpolitik im 21. Jahrhundert, München 1998 (amerik. Orig.: The Clash of Civilizations and the Remaking of World Order, New York 1996).

Illies, Florian: Zauber der Stille. Caspar David Friedrichs Reise durch die Zeiten, Frankfurt am Main 2023[2].

Jaeger, Friedrich u. Rüsen, Jörn: Geschichte des Historismus. Eine Einführung, München 1992.

Jahn, Friedrich Ludwig: Deutsches Volkstum, Bremen 1982.

Jamme, Christoph u. Schneider, Helmut (Hrsg.): Mythologie der Vernunft. Hegels ältestes Systemprogramm des deutschen Idealismus, Frankfurt am Main 1984.

Jean Paul: Herbst-Blumine oder gesammelte Werke aus Zeitschriften, Bd. 3. VI. Zeitbetrachtungen im Wonnemonat Europas im Mai 1814, Tübingen 1820.

Kaiser, Reinhard: Der glückliche Kunsträuber. Das Leben des Vivant Denon, München 2016.

Kant, Immanuel: Metaphysische Anfangsgründe der Rechtslehre, in: Otfried Höffe (Hrsg.), Immanuel Kant,

Metaphysische Anfangsgründe der Rechtslehre (= Klassiker Auslegen, Bd. 19), Berlin 1999.

Kennan, George F.: The Decline of Bismarck's European Order. Franco-Russian Relations, 1875 – 1890, Princeton 1979.

Kennedy, Paul: Aufstieg und Fall der großen Mächte. Ökonomischer Wandel und militärischer Konflikt von 1500 – 2000, Frankfurt am Main 2003[4] (amerik. Orig.: The Rise and Fall of the Great Powers, New York 1987).

Ketteler, Wilhelm Emmanuel von: Die Katholiken im Deutschen Reiche. Entwurf zu einem politischen Programm, Mainz 1873.

Klassische Musik im Überblick, hrsg. von Paul Johannsen, Marlis Mauersberger u. a., Mainz 2017.

Knaack, Jürgen: Wie die Völkerschlacht bei Leipzig 1813 zu ihrem Namen kam, in: Steffen Dietzsch, Ariane Ludwig (Hrsg.), Achim von Arnim und sein Kreis, Berlin 2010.

Koch, Wilfried: Baustilkunde. Das große Standardwerk zur europäischen Baukunst von der Antike bis zur Gegenwart, München 1991[11].

Kocka, Jürgen: Kampf um die Moderne. Das lange 19. Jahrhundert in Deutschland, Stuttgart 2021.

Kolb, Frank: Die Stadt im Altertum, Düsseldorf 2005.

Kopernikus, Nikolaus: Über die Kreisbewegungen der Weltkörper, Berlin 1959 (lat. Orig.: De revolutionibus orbium coelestium, Nürnberg 1543).

Korfmann, Manfred O.: Troia. Archäologie eines Siedlungshügels und seiner Landschaft, Mainz 2006.

Kunisch, Johannes: Friedrich der Große. Der König und seine Zeit, München 2009.

Lampedusa, Giuseppe Tomasi di: Der Leopard, übersetzt von Charlotte Birnbaum, München 1959 (ital. Orig.: Il Gattopardo, Mailand 1958).

Locke, John: Zwei Abhandlungen über die Regierung, übersetzt von Hans Jörn Hoffmann, hrsg. u. eingeleitet von Walter Euchner, Frankfurt am Main 1977 (engl. Orig.: Two Treatises of Government, London 1690).

Löwith, Karl: Sämtliche Schriften in 9 Bdn., hrsg. von Klaus Stichweh, Marc B. de Launay, Bernd Lutz und Henning Ritter, Stuttgart 1981 – 1988.

Lord Palmerston: zitiert in: Lytton Strachey, Queen Victoria, New York 1921, S. 308.

Lühning, Helga u. Brandenburg, Sieghard (Hrsg.): Beethoven. Zwischen Revolution und Restauration, Bonn 1989.

LVR-Amt für Denkmalpflege im Rheinland, Stellungnahme vom 15.11.2019, Pulheim-Brauweiler 2019.

Macron, Emmanuel: zitiert in: https://www.br.de/nachrichten/kultur/koloniales-erbe-macron-will-afrikanische-kunst-zurueckgeben,QcI552U.

Mann, Golo: Deutsche Geschichte des 19. und 20. Jahrhunderts, Frankfurt am Main 2011[13].

Marinetti, Filippo Tommaso: Manifest des Futurismus (franz. Orig.: Manifeste de Futurisme), erschienen am 20.02.1909 in Le Figaro, Paris.

Mayer, Julius Robert von: Bemerkungen über die Kräfte der unbelebten Natur, in: Annalen der Chemie und Pharmacie, Bd. 42, 1842, S. 233 – 240.

Mayer, Julius Robert von: Die organische Bewegung im Zusammenhange mit dem Stoffwechsel. Ein Beitrag zur Naturgeschichte, Heilbronn 1845.

Marx-Engels-Werke (MEW), Bd. 23, Berlin 1962.

Matuschek, Stefan: Der Gedichtete Himmel. Eine Geschichte der Romantik, München 2021.

Meinecke, Friedrich: Weltbürgertum und Nationalstaat. Studien zur Genesis des deutschen Nationalstaates, München 1911^2.

Meinecke, Friedrich: Die deutsche Erhebung von 1914. Vorträge und Aufsätze, Stuttgart – Berlin 1914.

Michel, Wilhelm: Nietzsche in unserem Jahrhundert, Berlin 1939.

Mommsen, Theodor: Römische Geschichte in 4 Bdn., Berlin 1854 – 1885.

Mommsen, Theodor: Römisches Staatsrecht in 3 Bdn., Leipzig 1871 – 1887/88.

Montesquieu, Charles de: Vom Geist der Gesetze in 2 Bdn., übersetzt u. hrsg. von Ernst Forsthoff, Tübingen 1951 (franz. Orig.: De l'Esprit des Lois, Tomes 1-5, Paris 1803).

Morris, William: zitiert in: Wilfried Koch, Baustilkunde. Das große Standardwerk zur europäischen Baukunst von der Antike bis zur Gegenwart, München 1991, S. 268.

Motte Fouqué, Friedrich de la: Der Sängerkrieg auf der Wartburg. Ein Dichterspiel, Berlin 1828.

Müller, Frank Lorenz: Der 99-Tage-Kaiser. Friedrich III. von Preußen. Prinz, Monarch, Mythos, München 2013 (amerik. Orig.: Our Fritz. Emperor Frederick III and the Political Culture of Imperial Germany, Cambridge (Mass.) – London 2011.

Münkler, Herfried: Marx – Wagner – Nietzsche. Welt im Umbruch, Berlin 2021.

Mumford, Lewis: Die Stadt, München 1979 (amerik. Orig.: The City in History, New York 1961).

Neuner, Josef u. Roos, Heinrich: Rundschreiben Papst Pius' IX. „Qui pluribus" 1846, Regensburg 1986[12].

Neunzig, Hans A.: Lebensläufe der deutschen Romantik. Schriftsteller, München 1986.

Niebuhr, Barthold Georg: Römische Geschichte in 3 Bdn., Berlin 1811 – 1832.

Nietzsche, Friedrich: Sämtliche Werke. Kritische Studienausgabe in 15 Bdn., hrsg. von Giorgio Colli und Mazzino Montinari, München – New York 1981.

Nipperdey, Thomas: Deutsche Geschichte 1800 – 1866. Bürgerwelt und starker Staat, München 1983.

Nipperdey, Thomas: Deutsche Geschichte 1866 – 1918. Bd.1, Arbeitswelt und Bürgergeist, München 1990.

Nipperdey, Thomas: Deutsche Geschichte 1866 – 1918. Bd.2, Machtstaat vor der Demokratie, München 1992.

North, Douglass C.: Theorie des institutionellen Wandels. Eine neue Sicht der Wirtschaftsgeschichte, Tübingen 1988 (amerik. Orig.: Structure and Change in Economic History, New York – London 1981).

Novalis: Logologisches Fragment Nr. 105 u. Heinrich von Ofterdingen, in: Novalis Schriften. Die Werke Friedrich von Hardenbergs. Historisch-kritische Ausgabe in 4 Bdn., begr. von Paul Kluckhohn, Richard Samuel u. a., Stuttgart 1960 – 2006.

Ondaatje, Michael: Der englische Patient, München 1993 (amerik. Orig.: The English Patient, New York 1992).

Osterhammel, Jürgen: Die Verwandlung der Welt. Eine Geschichte des 19. Jahrhunderts, München 2011.

Osterhammel, Jürgen u. Jansen, Jan C.: Kolonialismus. Geschichte, Formen, Folgen, München 2017[8].

Plessner, Helmuth: Die verspätete Nation. Über die politische Verführbarkeit bürgerlichen Geistes, Stuttgart 1959.

Plutarch: Moralische Abhandlungen in 9 Bdn., hrsg. von Johann F. S. Kaltwasser, Frankfurt am Main 1783 – 1800.

Ranke, Leopold von: Fragmente aus den dreißiger Jahren, in: Weltgeschichte, Leipzig 1888, Bd. 9/II.

Ranke, Leopold von: Über die Epochen der neueren Geschichte. Vorträge dem König Maximilian II. von Bayern gehalten, hrsg. von Hans Herzfeld, Darmstadt 1959.

Ranke, Leopold von. Preussische Geschichte. 2 Bde. in einem, hrsg. von Willy Andreas, München 1990.

Reinhardt, Volker: Pontifex. Die Geschichte der Päpste. Von Petrus bis Franziskus, München 2017.

Riis, Thomas: *Up ewig ungedeelt.* Ein Schlagwort und sein Hintergrund, in: Thomas Stamm-Kuhlmann, Jürgen Elvert, Birgit Aschmann, Jens Hohensee (Hrsg.): Festschrift für Michael Salewski zum 65. Geburtstag (= Historische Mitteilungen. Beiheft 47), Stuttgart 2003, S.167.

Rostow, Walt W.: Stadien wirtschaftlichen Wachstums. Eine Alternative zur marxistischen Entwicklungstheorie, Göttingen 1960 (engl. Orig.: The Stages of Economic Growth: A Non-Communist Manifest, Cambridge 1960).

Rothmann, Kurt: Kleine Geschichte der deutschen Literatur, Stuttgart 1992[12].

Rotteck, Karl von: zitiert in: Manfred Meyer, Freiheit und Macht. Studien zum Nationalismus süddeutscher, insbesondere badischer Liberaler 1830 -1848, Frankfurt 1994, S.149.

Rousseau, Jean-Jacques: Emil oder über die Erziehung, Paderborn 1971 (franz. Orig.: Émile, ou de L'Éducation, Bde. 1 – 5, Paris 1824).

Royal Archives, Windsor, Victorian Archive I: Brief Prinz Albert an Kronprinz Friedrich Wilhelm vom 1. Mai 1861, Kopie.

Safranski, Rüdiger: Hölderlin, München 2019.

Savoy, Bénédicte: Afrikas Kampf um seine Kunst. Geschichte einer postkolonialen Niederlage, München 2021.

Savoy, Bénédicte: zitiert in: deutschlandfunk.de/kunst-napoleons-raubzug-durch-europa.691.de. html?dram:article id=273138.

Schelling, Friedrich Wilhelm J.: zitiert in: Ideen zu einer Philosophie der Natur, 1797, in: Historisch-kritische Ausgabe in 40 Bdn., hrsg. von Thomas Buchheim, Christian Danz, Jochem Hennigfeld u. a. Stuttgart – Bad Cannstatt 1976 ff.

Schiller, Friedrich von: Wallensteins Lager, in: Schiller. Werke und Briefe in zwölf Bdn., hrsg. von Gerhard Kluge, Otto Dann, Norbert Oellers u. a., Frankfurt am Main 1992 – 2002.

Schlegel, Friedrich: zitiert in: Kritische Friedrich-Schlegel-Ausgabe in 11 Bdn., hrsg. von Ernst Behler u. a. Paderborn 1958 - 1979, Bd. 2, S. 182.

Schliemann, Heinrich: Trojanische Alterthümer. Bericht über die Ausgrabungen in Troja, Leipzig 1874.

Schoeps, Hans-Joachim: Preussen. Geschichte eines Staates, Berlin 1995.

Schubert, Klaus u. Klein, Martina: Das Politlexikon, Bonn 2020[7].

Schulze: Dorothee: Die Restitution von Kunstwerken. Zur völkerrechtlichen Dimension der Restitutionsresolutionen der Generalversammlung der Vereinten Nationen, Bremen 1983.

Shelley, Mary: Frankenstein oder Der moderne Prometheus, übersetzt von Gerd Leetz, Leipzig 1912 (engl. Orig.: Frankenstein; Or, the Modern Prometheus, London 1818).

Sieyès, Emmanuel Joseph: Was ist der dritte Stand?, Berlin 2010 (franz. Orig.: Qu'est-ce que le Tiers-État?, Paris 1789).

Smith, Adam: Untersuchung über Wesen und Ursachen des Reichtums der Völker, übersetzt von Monika Streissler mit einer Einleitung von Erich W. Streissler, Düsseldorf

1999 (engl. Orig.: An Inquiry into the Nature and Causes oft the Wealth of Nations, in two Volumes, London 1776).

Staël, Germaine de: Deutschland, Reutlingen 1815 (franz. Orig.: De l'Allemagne, London 1813).

Stäudlin, Gotthold Friedrich (Hrsg.): Musenalmanach fürs Jahr 1792, Stuttgart 1791.

Stern, Fritz: Gold und Eisen. Bismarck und sein Bankier Bleichröder, München 2011[2] (amerik. Orig.: Gold and Iron, New York 1977).

Stern, Fritz u. Osterhammel, Jürgen (Hrsg.): Moderne Historiker. Klassische Texte von Voltaire bis zur Gegenwart, München 2011 (amerik. Orig.: The Varieties of History. From Voltaire to the present, New York 1956).

Stifter, Adalbert: Bunte Steine, hrsg. von Helmut Bachmaier, Stuttgart 1994.

Stifter, Adalbert: Der Nachsommer, Zürich – Düsseldorf 2005[15].

Strabons Geographika in 10 Bdn., hrsg. von Stefan Radt, Göttingen 2002 – 2011.

Stürmer, Michael, Teichmann Gabriele u. Treue, Wilhelm: Wägen und Wagen. Sal. Oppenheim jr. & Cie. Geschichte einer Bank und einer Familie, München 1989[2].

Sybel, Heinrich von: zitiert in: Julius Heyderhoff (Hrsg.), Die Sturmjahre der preußisch-deutschen Einigung 1859 – 1870. Politische Briefe aus dem Nachlass liberaler Parteiführer, Bonn – Leipzig 1925, S.494.

Treitschke, Heinrich von: Deutsche Geschichte im 19. Jahrhundert, 5 Bde., Leipzig 1879 – 1894.

Tylor, Edward Burnett: Die Anfänge der Cultur: Untersuchungen über die Entwicklung der Mythologie, Philosophie, Religion, Kunst und Sitte, Leipzig 1873 (engl. Orig.: Primitive Culture: Researches into the Development of Mythology, Philosophy, Religion, Art and Custom, 2 vols., London 1871).

Ullrich, Volker: Die Nervöse Grossmacht 1871 – 1918. Aufstieg und Untergang des deutschen Kaiserreichs, Frankfurt am Main 2014[2].

Urbach, Karina: Between Saviour and Villain. 100 Years of Bismarck Biographies, in: The Historical Journal, Jg. 41, Nr. 4, Dezember 1998, S.1142.

Voltaire, Francois-Marie, Das Zeitalter Ludwigs XIV., übersetzt von Robert Habs, Berlin 2015 (franz. Orig.: Le siècle de Louis XIV, Berlin 1751).

Voltaire, Francois-Marie, Versuch einer allgemeinen Weltgeschichte, zeitgenössische Übersetzung, Dresden 1760 – 1762 (franz. Orig.: Essai sur l'histoire générale et sur les moeurs et l'esprit des nations depuis Charlemagne jusq'à nos jours, Genf 1754).

Wagner, Richard, Das Kunstwerk der Zukunft, Leipzig 1850.

Wagner, Richard, Oper und Drama, Leipzig 1852.

Wagner, Richard: Briefe. Ausgewählt und kommentiert von Hanjo Kesting. München – Zürich 1983.

Walpole, Horace: Das Schloss von Otranto, übersetzt von Hans Wolf, München 2014 (engl. Orig.: The Castle of Otranto, London 1764).

Weber, Max: Wissenschaft als Beruf, in: Geistige Arbeit als Beruf. Vier Vorträge vor dem Frei-studentischen Bund. Erster Vortrag, München 1919.

Wehler, Hans-Ulrich: Deutsche Gesellschaftsgeschichte 1700 – 1815, Bd. 1: Vom Feudalismus des Alten Reiches bis zur Defensiven Modernisierung der Reformära 1700 – 1815, München 1989[2].

Wehler, Hans-Ulrich: Deutsche Gesellschaftsgeschichte 1815 – 1845/49, Bd. 2: Von der Reformära bis zur industriellen und politischen „Deutschen Doppelrevolution" 1815 – 1845/49, München 2005[4].

Wilamowitz-Moellendorf, Ulrich von: Theodor Mommsen – Warum hat er den vierten Band der Römischen Geschichte nicht geschrieben?, in: Internationale Monatsschrift 12, 1918.

Winckelmann, Johann Joachim: Gedanken über die Nachahmung der griechischen Werke in der Malerey und Bildhauerkunst, Dresden u. Leipzig 1756[2].

Winckelmann, Johann Joachim, Geschichte der Kunst des Alterthums in zwei Bänden, Dresden 1764.

Winkler, Heinrich August: Der lange Weg nach Westen. Deutsche Geschichte in 2 Bdn., München 2010[7].

Woller, Hans: Mussolini. Der erste Faschist, München 2016[2].

Wulf, Andrea: Fabelhafte Rebellen. Dir frühen Romantiker und die Erfindung des Ich, München 2022 (engl. Orig.: Magnificent Rebels: The First Romantics and the invention oft he Self, London 2022).

Ziemssen, Ludwig: Friedrich. Deutscher Kaiser und König von Preußen. Ein Lebensbild, Berlin 1888.

9.Bildnachweis

Titelmotiv © Die Gartenlaube 1885

1. Textilfabrik Cromford, Ratingen © Hans Peter Schaefer in: wikimedia commons, CC BY-SA 3.0, unverändert.

2. Eisenwalzwerk, Öl auf Leinwand © Adolph von Menzel – pgFVPI1J1YGXZA – Google Arts & Culture.

3. Wilhelm von Humboldt, 1767 – 1835 © gemeinfrei, Lithographie von Friedrich Oldermann nach einem Gemälde von Franz Krüger.

4. Poppelsdorfer Schloss in Bonn © YvoBentele in: wikimedia commons, CC BY-SA 4.0, unverändert.

5. Grundrissplan von Milet © gemeinfrei, Hippodamos.

6. Königsallee, Düsseldorf © Hauke Christen.

7. Wohnhaus aus dem späten 18. Jahrhundert © Hauke Christen.

8. Gaslaterne vom Typ Alt-Düsseldorfer © Hauke Christen.

9. Friedrich Hölderlin, 1770 – 1843 © gemeinfrei, Franz Carl Hiemer.

10. Theodor-Mommsen-Denkmal © gemeinfrei, Shyamal.

22. Haupteingangsbereich Kunstakademie Düsseldorf © Jula2812 in: wikimedia commons, CC BY-SA 4.0, unverändert.

23. Fassade Oberlandesgericht Düsseldorf © Hauke Christen.

24. Jena um 1790, kolorierte Radierung © gemeinfrei, Johann Lorenz Julius von Gerstenberg.

25. Friedrich Wilhelm Schelling, 1775 – 1854 © gemeinfrei.

26. Die Büsten von Caroline, August Wilhelm und Friedrich Schlegel vor dem Romantikerhaus in Jena © Tomukas – Thomas Holbach in: wikimedia commons, CC BY-SA 3.0, unverändert.

27. Caspar David Friedrich, Grabmale alter Helden © gemeinfrei, 1. The Yorck Project (2002) *10.000 Meisterwerke der Malerei* (DVD-ROM), distributed by DIRECTMEDIA Publishing GmbH. ISBN: 3936122202. 2. PaintingDb, Object 8127 3. Bildindex der Kunst und Architektur: object 00040296 – photograph number XKH141322 – image file XKH141322a.jpg.

28. Caspar David Friedrich, Zwei Männer in Betrachtung des Mondes © gemeinfrei.

29. Peter Paul Rubens, Die Kreuzigung des Apostels Petrus © Christian Nitz in: wikimedia commons, CC BY-SA 3.0, unverändert.

30. Die Rosse von San Marco © Ondrej Zvasek in: wikimedia commons, CC BY 4.0, unverändert.

31. Zuschauerraum des Richard-Wagner-Festspielhauses © gemeinfrei, Édouard Schuré – Revue wagnérienne, vol. V, June 8th, 1885.

32. Schloss Neuschwanstein © Rémih in: wikimedia commons, CC BY-SA 4.0, unverändert.

33. Mobiliar der Biedermeierzeit © James Steakley in: wikimedia commons, CC BY-SA 4.0, unverändert.

34. Carl Spitzweg, Der Sonntagsspaziergang © gemeinfrei, The Yorck Project (2002) 10.000 Meisterwerke der Malerei (DVD-ROM), distributed by DIRECTMEDIA Publishing GmbH. ISBN: 3936122202.

35. Annette von Droste-Hülshoff © gemeinfrei, Johann Sprick, 1838.

36. Hofgarten Düsseldorf © Hauke Christen.

37. Hofgarten Düsseldorf © Hauke Christen.

38. Hofgarten Düsseldorf © Hauke Christen

39. Gedenkstein für Turnvater Jahn im Hofgarten Düsseldorf © Hauke Christen.

40. Friedrich Nietzsche © gemeinfrei, Photographie von Gustav-Adolf Schultze.

41. Seccesionsgebäude in Wien © Salisburgensis, CC BY-SA 4.0, unverändert.

42. Composing verschiedener Jugendstilmotive © von links oben nach rechts unten: Ske gemeinfrei; Jean-Louis Venet Creative Commons Attribution – Share Alike 3.0 Unported; Paris 16 Creative Commons Attribution 2.0 Generic; Guerinf Creative Commons Attribution – Share Alike 3.0 Unported; Wolfgang Moroder Creative Commons Attribution – Share Alike 3.0 Unported; Justlettersandnumbers gemeinfrei; Myrabella Creative Commons Attribution – Share Alike 3.0 Unported; Sage Ross gemeinfrei. Alle unverändert.

43. Karl von Rotteck. Lithografie mit Handschriftenfaksimile aus dem Jahr 1830 © gemeinfrei.

44. Friedrich Christoph Dahlmann © gemeinfrei.

45. Bismarckdenkmal in Hamburg © SKopp in: wikimedia commons, CC BY 4.0, unverändert.

46. Jugendbildnis Otto von Bismarcks aus dem Jahr 1833 © Philipp Petri – 1. Welt.de 2. Bridgeman Art Library Objeht 308444, gemeinfrei.

47. Bismarck als Bundestagsabgeordneter 1858 in Frankfurt © gemeinfrei.

48. Karte der Grenzänderungen durch den Deutsch-Dänischen Krieg 1864 © Maximilian Dörrbecker (Chumwa) in: wikimedia commons, CC BY-SA 3.0, unverändert.

49. Erstürmung der Düppeler Schanzen © unbekannt – https:/www.deutschefotothek.de/documents / obj/ 30115911/df_hauptkatalog_0054115, CCO, unverändert.

50. Kaiserproklamation im Spiegelsaal von Versailles © Anton von Werner, gemeinfrei.

51. Karte deutsches Kaiserreich ab 1871 © ziegelbrenner in: wikimedia commons, CC BY-SA 3.0, unverändert.

52. Kronprinz Friedrich Wilhelm und Victoria. Kreidelithographie mit beigefarbenem Tondruck © Galerie Bassenge, gemeinfrei.

53. Friedrich III., deutscher Kaiser und König von Preußen. Arbeit in Öl auf Papier © Bonsack? – Portrait in Room VII of the Victoria and Albert, Vicky & the Kaiser exhibition in the German Historical Museum, Berlin, gemeinfrei.

54. Schwarzer Freitag an der Wiener Börse im Mai 1873. Holzschnitt © User: el_bes, gemeinfrei.

55. Bankier Adelbert Delbrück © gemeinfrei.

56. Teilnehmer der Kongo-Konferenz in Berlin © History of the World (textbook) published in 1897, gemeinfrei.

57. Henry Morton Stanley © Post of Belgian Congo, gemeinfrei.

58. Titelseite des Satiremagazins „Le Frondeur" © François Maréchal, gemeinfrei.

59. Zeichnung der Stadtanlage von Benin City © H. Ling Roth, gemeinfrei.

60. Benin-Bronze aus dem Horniman-Museum, London © Mike Peel in: wikimedia commons, CC BY-SA 4.0, unverändert.